Boris Entrup

make up

Einfach schön aussehen!

Boris Entrup

make up

Einfach schön aussehen!

riva

IMPRESSUM

1. Auflage 2012
© 2009 riva Verlag, München
Alle Rechte vorbehalten.

Umschlagfotos: Dirk Schmidt
Umschlaggestaltung: Karolina Stasiak, Bettina Stickel
Bildbearbeitung »Die Looks«: andreas doria postproduktion/upfront
Layout: Sabine Krohberger
Lektorat: Kirsten Sonntag, Jutta Friedrich, Caroline Kazianka
Satz: Agentur MCP, Holzkirchen
Druck: Florjancic Tisk d.o.o., Slowenien
Printed in the EU

Bildnachweis

Alle Fotos von Dirk Schmidt außer:
Action Press: 14, 15; Bettmann/Corbis: 17 re.; DIGITALstock/S. Grafe: 58; Getty Images: 29 re., 24; Getty Images/Agostini, Evan: 31 u.; Getty Images/Bavagnoli, Carlo: 29 li.; Getty Images/Benett, Dave M.: 34; Getty Images/Beranger, Veronique: 38; Getty Images/Hulton Archive: 23; Getty Images/Hurrell, George: 18, 21 li.; Getty Images/Hussein; Samir: 34; Getty Images/John Kobal Foundation: 21 re.; Getty Images/Melnychuk, Rob: 40; Getty Images/Michael Ochs Archives: 22; Getty Images/National Archives: 26; Getty Images/Oppenheim, Max: 50; Getty Images/Purser, Caroline: 57; Getty Images/Takamura, Meg: 54; Getty Images/Taro, Yamada: 53; Getty Images/Turner, Peter: 12; Getty Images/RDA: 28; Getty Images/Rossi, Mario: 31 o.; Getty Images/von Tuempling Caroline: 49; Getty Images/Wasser, Julian: 30; Hellestad, Rune/Corbis: 32; Interfoto/Daniel: 17 li.; Interfoto/Decker, Karger: 16; iStockphoto: 59, 63, 173; Kirkland, Douglas/Corbis: 27; Maybelline Jade: 109, 133, 257, 270, 271; StockFood/Akiko, Ida: 61; StockFood/Food Photogr. Eising: 41, 42; StockFood/Scrivani, Andrew: 46; StockFood/Weiner, Danya: 44; StockFood/Zogbaum, Armin: 45

ISBN 978-3-86883-234-1

Bibliografische Information der Deutschen Nationalbibliothek: Die Deutsche Nationalbibliothek verzeichnet diese Publikation in der Deutschen Nationalbibliografie; detaillierte bibliografische Informationen sind im Internet über http://dnb.d-nb.de abrufbar.

Dank

Boris Entrup und der Verlag bedanken sich besonders bei den Modelagenturen (→ Adressen Seite 272) und den Models, die sich für das Shooting zur Verfügung gestellt haben. Ein besonderer Dank geht auch an BrandFaktor, das Management von Boris Entrup, für die großartige Zusammenarbeit und das Engagement während der Entstehung dieses Buches, und an Dirk Schmidt, den Fotograf, für die tollen Make-up-Fotos und die tatkräftige Unterstützung bei den Shootings. Danke auch all denen für das Styling und Beauty-Treatment der Models: Adam & Eve Beautylounge, Marco Hülsebus, Ursula Musall, Jana von Oheimb-Rosta, Romina Pleschko und Luci Schomborg. Ein Dank geht auch an die Parfümerie Schöner in München für die Bereitstellung der Make-up-Pinsel auf den Seiten 89 und 93.

Für Fragen an Boris Entrup:
sigrid.engelniederhammer@brandfaktor.com

Für Fragen und Anregungen zum Buch:
borisentrup@rivaverlag.de

Gern senden wir Ihnen unser Verlagsprogramm:
vp@rivaverlag.de

riva Verlag
ein Imprint der Münchner Verlagsgruppe GmbH
Nymphenburger Straße 86
80636 München
Tel.: 089 651285-0
Fax: 089 652096
E-Mail: info@rivaverlag.de

www.rivaverlag.de

Für meine Eltern, die an mich glauben, mich unterstützen und mich bisher auf meinem Weg begleitet
haben. Sie haben mir das ermöglicht, was ich heute
tue und mir geholfen, meine Träume zu verwirklichen.
Für meine Schwester, von der ich viel gelernt habe
und es immer noch tue; die mir gezeigt hat, dass die
kleinen Dinge im Leben zählen.
Für das Team von Maybelline Jade, das mir so viele
Chancen ermöglicht und durch das ich bisher so viel
Aufregendes und Spannendes erleben durfte.

Ich freue mich auf die nächsten Jahre und auf das,
was noch kommen wird.

Inhalt

»Der eine wartet, dass die Zeit sich wandelt,
der andere packt sie an und handelt.«
DANTE ALIGHIERI

Dieser Spruch gefällt mir sehr gut, denn er ist mein Motto und gilt für mich in allen Lebensbe-reichen. Mit meinem Buch möchte ich Ihnen sagen: Gut aussehen kann jeder – wenn man etwas dafür tut! In der Regel ist es kein Zufall, wenn man jemanden als »schön« oder »attraktiv« empfindet. Das wussten auch schon die »großen« Damen der Vergangenheit. Daher stelle ich Ihnen im ersten Kapitel einige bedeutende Stil-Ikonen vor: Bereits Kleopatra verkörperte in der Antike ein bestimmtes Schönheitsideal, ebenso Elisabeth I. in der Spätrenaissance. In den 1920ern bis 1970ern waren es oft Filmstars, die den Stil ihrer Zeit prägten wie Marilyn Monroe oder Audrey Hepburn. Heute sind es Stars wie Kate Moss, Madonna oder Dita von Teese, deren Looks uns faszinieren.

Schönheit wird jedoch nicht nur über Make-up definiert, ein großer Teil kommt auch von in-nen. Eine ausgeglichene, gesunde Lebensweise, die richtige Ernährung und sorgfältige Pflege legen den Grundstein für Wohlbefinden und strahlende Haut. Zahlreiche nützliche Tipps und Informationen dazu finden Sie im zweiten Kapitel »Beauty Basics«. Mehr denn je kann man heute sein Äußeres gezielt verändern – und das mit nur wenigen geschickten Handgriffen. Entscheidend dabei ist, dass man seinen Typ erkennt und findet und die eigene Persönlich-keit unterstreicht. Eine ideale Möglichkeit, sein Äußeres positiv zu beeinflussen, ist Make-up. Im dritten Kapitel »Die Looks« habe ich für Sie 50 ganz unterschiedliche Make-ups umgesetzt und Schritt für Schritt erklärt, wie sie gemacht werden. Mal dezent und edel, mal aufregend und extravagant. Ich bin sicher, sobald Sie sich mit den Basis-Make-ups vertraut gemacht ha-ben, wagen Sie sich bestimmt an einen etwas ausgefalleneren Look heran, auch wenn er Ih-nen im ersten Moment vielleicht als nicht tragbar erscheint. Wichtig ist, dass Sie das Make-up zur passenden Gelegenheit tragen. Vielleicht wird genau dieser Look zu Ihrem individuellen Fashion Statement. Experimentieren Sie, seien Sie kreativ und verändern Sie das ausgewählte Make-up auch einfach mal, indem Sie andere Farben verwenden. Mit der Zeit werden Sie ein Gefühl dafür entwickeln, welche Looks am besten zu Ihnen passen.

Mir macht es große Freude, gestalterisch tätig zu sein, zu verändern und immer wieder etwas Neues auszuprobieren – und Sie können das auch. Sie werden sehen, wie einfach es ist.

Ihr

Boris Entrup

STIL
IKONEN

Kleopatra – Glanz der Antike

Schönheit war schon immer ein Schlüssel zur Macht. Die Götter, so glaubte man im alten Ägypten, vergaben ein ansprechendes Äußeres an wenige Auserwählte. Kleopatra (69–30 v. Chr.), der letzte weibliche Pharao des ptolemäischen Reiches, wurde großzügig damit bedacht. Sie galt als schönste Frau ihrer Zeit – was für sie jedoch kein Grund war, auf Make-up zu verzichten. Im Gegenteil: Kleopatra liebte starke Farben. Den Teint grundierte sie in sattem Ocker oder dunklem Orange, das ihre Diener aus einer Mischung von Milch und Henna gewannen. Die Augen ließ sie mit schwarzem Kohlenstaub umranden, die Oberlider mit blauem Lapislazulistaub, die Unterlider mit grünem Malachitstaub pudern. Der mit schwarzem Kajal bis zu den Schläfen verlängerte Lidstrich machte die Augen zum Mittelpunkt des Gesichts. Ihre vollen Lippen wurden mit Honig, Brauneisenstein und Kalk betupft. Auf die Brüste und das Dekolleté trugen ihre Diener großzügig Goldstaub auf. Doch Make-up hatte im alten Ägypten nicht nur kosmetische, sondern auch medizinische und hygienische Bedeutung: Die Farbschichten schützten die Haut vor Insekten, Sandstaub und der Sonne. Es war normal, dass auch Männer Make-up trugen. Wohlhabend musste man allerdings sein, um sich diesen Luxus erlauben zu können. Denn die Zutaten der Pasten und Salben waren kostbar, die Herstellung nach geheimen Rezepturen und die Aufbewahrung in speziellen Gefäßen aufwendig.

Natürlich war Kleopatra sich der unwiderstehlichen Wirkung ihres Make-ups bewusst, denn schließlich begeisterte sie nacheinander die beiden mächtigsten Römer ihrer Zeit für sich: Gaius Julius Cäsar und Marcus Antonius. Dank dieser Beziehungen konnte sie ihr blühendes Reich erhalten – und sich eines aufregenden Liebeslebens erfreuen.

In der Rolle der Kleopatra (1963) trug Elizabeth Taylor ein Make-up, wie es im alten Ägypten Trend war. Im Mittelpunkt standen die expressiv geschminkten Augen, deren Ummalung keilförmig bis zum Haaransatz reichte.

Elisabeth I. – die erste Fashion-Queen

Blasser Teint, blutrote Lippen, kupferfarbenes Haar: die Schauspielerin Cate Blanchett in ihrer preisgekrönten Rolle als Elisabeth I. Allein die Maske dauerte täglich bis zu sechs Stunden.

Klein war sie, und knabenhaft schmal. Ihr Gesicht war keineswegs ebenmäßig. Die Nase war zu lang, das Kinn zu spitz. Ihre Augen lagen zu eng beieinander. So zumindest schildern Zeitgenossen Elisabeth I. von England (1533–1603). Offensichtlich wurde schon damals Public Relation betrieben, denn alle überlieferten Porträts zeigen eine schöne Frau mit perfekt geschnittenem Gesicht und üppigem roten Haar.

Elizabeth unternahm einiges, um ihrer Darstellung auf den Gemälden ein Stück näher zu kommen. Ungeheuer diszipliniert unterzog sie sich ihrer Morgentoilette, die Stunden gedauert haben soll. Nach einer Pockenerkrankung im Alter von 29 Jahren war ihr Gesicht von tiefen Narben gezeichnet. In dicken Schichten ließ sie eine Paste aus Essig und giftigem Bleiweiß auf Gesicht und Dekolleté auftragen. In diesem blassen Antlitz leuchteten ihre blutrot geschminkten Lippen umso intensiver. Die Cochenillelaus lieferte den nötigen Farbstoff. Mit Eiweiß vermischt, diente dieser auch als Rouge. Mit diesem Make-up setzte sie den Standard ihrer Zeit und wurde vielfach kopiert.

Elisabeth I. war eine frühe Fashionista. Tauchte an den Herrscherhäusern von Frankreich oder Italien ein neuer Modetrend auf, ließ sie die Roben nachschneidern – nur noch prächtiger. Wertvolle Edelsteine und kostbare Goldstickereien zierten ihre Kleider und Umhänge. Nicht nur auf ihr eigenes Styling legte die geschickte Politikerin größten Wert, sondern verlangte auch von ihrer höfischen Entourage ein perfektes Äußeres. Trotz einiger leidenschaftlicher Flirts heiratete die hochintelligente Königin nie. »Ich bin mit England verheiratet und der Krönungsring ist mein Ehering!« Mode und Make-up waren, zumindest offiziell, ihre einzigen irdischen Freuden.

»Die Liebe wird nicht durch Schönheit entzündet.«
ORHAN PAMUK

Mit eiserner Disziplin und Entschlossenheit regierte Elisabeth I. von England ihr großes Reich. Sie prägte nicht nur die Politik ihrer Zeit, sondern auch einen ganz eigenen Look.

Sarah Bernhardt – Raffinesse pur

Sarah Bernhardt prägte den Look des späten 19. und frühen 20. Jahrhunderts. Auch wenn ihre Auftritte oft hohe Wellen schlugen – was die Diva trug, galt als dernier cri.

Sie war die geborene Diva und genoss es, der Pariser Gesellschaft Stoff für Party-Talk zu liefern. Doch Sarah Bernhardt (1844–1923) war mehr. Die begnadete Schauspielerin verzückte das Publikum der Comédie Française, des Pariser Odéon und später auf ihren Tourneen ganz Europa und die halbe Welt. Alles, was die ehemalige Klosterschülerin trug, wurde heiß diskutiert – und fast automatisch zum neuesten Trend. Von den nahezu durchsichtigen, spitzenbesetzten Dekolletés ihrer langen Roben über die mit Edelsteinen geschmückten Strumpfbänder, die sie, natürlich völlig unabsichtlich, aufblitzen ließ, bis hin zu den enormen Hüten: *La divine*, die Göttliche, prägte das Bild der eleganten Frau des späten 19. Jahrhunderts.

Auch machte sie kräftiges Make-up salonfähig. Galten bis dahin geschminkte Damen in der Öffentlichkeit als völlig indiskutabel bis vulgär, erschien »die Bernhardt« mit glamourösem Make-up – das Highlight in ihrem schmalen, oft melancholisch wirkendem Gesicht waren ihre leuchtend rot geschminkten Lippen. Kurz zuvor hatten zwei französische Parfümeure auf der Weltausstellung 1883 in Amsterdam ihre Lippenpomade in Stiftform vorgestellt. In Sarah Bernhardt fanden sie die ideale Werbe-Ikone. Sie war hingerissen von der kompakten Form und der Farbenvielfalt des Stiftes und nannte ihn *stylo d'amour*, ihren Liebesstift. In feines Seidenpapier eingeschlagen, aus einer Masse aus Bienenwachs, Rizinusöl und Farbpigmenten gemischt, machte sie den bis dato verpönten Lippenstift zum Must-have für jede perfekt geschminkte Frau. Nachdem man den leicht bröckelnden Stift 1910 in eine Metallhülse gesteckt hatte, trat dieser – mit freundlicher Unterstützung der »Göttlichen« – seinen Siegeszug rund um die Welt an.

*Dramatische Gesten, Brombeermund
und nachtschwarze Augen:
Die Amerikanerin Gloria Swanson* (links) *und
die Dänin Asta Nielsen* (rechts) *setzten in der
Stummfilmzeit Trends – jede auf ihre Art.*

DIE STUMMFILM-STARS DER 1920ER

Gloria Swanson (1899–1983) war die große Mondäne des Stummfilms. Die winzige Person, nur 150 Zentimeter groß, füllte die Kinosäle wie keine vor ihr. Ihre Lust auf Luxus war legendär, ihr Styling das Gesprächsthema jeder Party. Den brombeerfarben geschminkten Mund und die nachtschwarz umrandeten Augen behielt sie auch bei ihren privaten Auftritten bei. Mit ihren bizarren Federhüten und hautengen Brokatroben war sie einzigartig. Ihre opulente Silberfuchsstola schlang sie selbst im Sommer um ihre Schultern.

Asta Nielsen (1881–1972) liebte die leisen Töne. Statt aufwendiger Glitzerroben bevorzugte sie elegante schwarze Kleider, nach raffinierten Schnitten aus edlen Materialien geschneidert. Ihr glatter Pagenkopf mit langem Pony war die Modefrisur der 1920er Jahre. Ihre dunkel geschminkten Augen, heute als Smoky Eyes bezeichnet, machten Furore und wurden von den Damen der besseren Gesellschaft eifrig kopiert.

Marlene Dietrich — Mythos der 1930er

Die tolle Lola in Josef von Sternbergs Film *Der blaue Engel* (1930) war nicht Marlene Dietrichs Debüt, aber ihr großer Durchbruch mit dem Tonfilm. Sie verdrehte den Männern die Köpfe, wie sie da lasziv mit schwarzen Seidenstrümpfen, auf einem Barhocker sitzend, den Zylinder schräg auf den blondierten Locken, das freche Lied der Lola sang. Und als Marlene Dietrich (1901–1992) Deutschland 1933 endgültig den Rücken kehrte, war klar, dass auch die neue Welt sie lieben würde.

Sie hatte ganz genaue Vorstellungen, wie ihr Make-up aussehen musste, und unternahm diszipliniert und konsequent einige recht unübliche »Eingriffe«, um ihre legendäre Optik zu kreieren. So rasierte sie beispielsweise ihre Augenbrauen zu dünnen Sicheln und blondierte sich ihre ursprünglich bei weitem nicht so hellen Haare selbst, was man in Hollywood *shocking* fand. Und um den angesagten hohlwangigen Look zu erreichen, ließ Marlene Dietrich sich sämtliche Backenzähne ziehen — zumindest behaupten das Gerüchte. Sicher hat auch der Make-up-Artist gute Arbeit geleistet.

Auch ihre Vorstellungen in Sachen Bühnengarderobe waren extravagant. Ihr berühmtestes Outfit war eine Robe aus einem eigens für sie erfundenen Stoff namens Souffle. Das hauchdünne Material, in ihrem Hautton eingefärbt, wurde ihr direkt auf den Leib geschneidert. Aufrecht stehend, ertrug sie klaglos die stundenlange Prozedur, in der die Pailletten und Perlen aufgenäht wurden — die Wirkung war grandios. Nach dem Auftritt schnitt eine Garderobiere die Diva aus ihrer kostbaren Hülle. Privat liebte die Dietrich Hosen mit eleganten weiten Schnitten. Sie war es, die den Abendsmoking für Frauen populär machte — eine Inspiration, die zahlreiche Couturiers in den folgenden Jahrzehnten und bis heute dankbar aufgriffen.

Die 1930er bis 1950er Jahre waren die Glanzzeit des German fräulein. *Mit ihrem androgynen Look und ihrer Freizügigkeit faszinierte sie die Öffentlichkeit.*

»Männer betonen immer wieder, sie liebten die innere Schönheit einer Frau.
Komischerweise aber schauen sie ganz woanders hin.« MARLENE DIETRICH

JEAN HARLOW – PLATINBLONDER VAMP

»Jean war die erste Sexbombe, die die Welt glauben machte, dass Blondinen
mehr vom Leben haben«, sagte ihr Filmpartner Clark Gable von »Baby«-Jean
Harlow. Ihre Auftritte in der Öffentlichkeit inszenierte Jean Harlow bis ins kleinste
Detail. Sie erschien jedes Mal perfekt geschminkt. Die kirschroten, hochglänzen-
den Lippen bildeten einen starken Kontrast zu ihrem milchweißen Teint. Die dreifach übereinander geklebten, pechschwarzen Wimpern saßen immer millimeter-
korrekt. Der aufgeklebte Schönheitsfleck hingegen wanderte vom Kinn über die
Oberlippe bis zum Jochbein. Angeblich hat die Harlow damit geheime Botschaf-
ten an ihre Liebhaber gesandt. Über jeden ihrer Auftritte sollte die Klatschpresse
etwas Neues zu schreiben haben, und am besten eine News, die einen Skandal
auslösen würde. Ganz nebenbei ließ sie Bemerkungen fallen wie: »Wozu soll
Unterwäsche gut sein? Mein Körper ist süchtig nach frischer Luft!« oder »Dumme
Männer verströmen einen unangenehmen Geruch. Selbst ein paar Millionen können diesen nicht überdecken!«
So gekonnt Super-Baby-Jean den lasziven Vamp spielte, ein Dummchen war sie
nicht. Sie hatte genau begriffen, was die Fans hören und sehen wollten. Ihre hell-
braunen Haare ließ sie wöchentlich mit Wasserstoffsuperoxyd bleichen und ver-
breitete gezielt, dass sie am ganzen Körper platinblond sei – was die Fantasien
in jener Zeit heftig befeuerten. Ihr Körper war ihr Kapital, das wusste Jean Harlow
ganz genau. Damit die Kurven der nur 156 Zentimeter großen Person nicht zu üp-
pig wurden, verordnete sie sich regelmäßig mörderische Diäten, die aus Wasser
mit Zitronensaft und drei Äpfeln pro Tag bestanden. Dass das nicht gesund sein
konnte, war ihr egal. Am Set von *Saratoga* brach Jean Harlow in den Armen ihres
Filmpartners Clark Gable zusammen. Die Ärzte stellten totales Nierenversagen
fest. Sie starb mit 26 Jahren.

*In den 1930er Jahren verkörperte
Jean Harlow (1911–1937) Glamour pur.
In den zehn Jahren ihrer Karriere drehte
sie 21 Filme an der Seite von Hollywood-
Helden wie Spencer Tracy, Clark Gable
und James Cagney.*

*Sehr schmale, sichelförmige
Augenbrauen, anthrazit geschminkte
Augen und dunkelrote Lippen in einem
milchweißen Teint – Jean Harlow war
in den 1930ern der Inbegriff der
Hollywood-Beauty.*

Marilyn Monroe — Sexappeal der 1950er

Mit ihren sinnlichen Körperformen, glamourösen Roben, platinblonden Locken und sorgfältig geschminkten, glänzenden Lippen zog Marilyn Monroe in den 1950ern ihr Publikum in den Bann.

Es ist dieses eine Bild, das man sofort vor Augen hat, wenn man an Marilyn Monroe denkt: eine platinblonde Frau, auf einem Lüftungsschacht der New Yorker U-Bahn stehend, die lachend versucht, den hochwirbelnden Rock ihres tief dekolletierten, weißen Kleides in Zaum zu halten. Marilyn Monroe war damals 29 Jahre alt und auf dem Gipfel ihres Ruhmes. Sie war das Sexsymbol Hollywoods schlechthin. Aber das war ihr nicht in die Wiege gelegt worden. Unehelich geboren als Norma Jeane Mortenson, getauft auf den Namen Norma Jeane Baker, stand sie mit 16 am Fließband einer Fallschirmfabrik und posierte in ihrer Freizeit als Model für eine Frontzeitschrift der U.S. Army und Versandhauskataloge. Damals war ihr Haar noch gewöhnlich hellbraun, ihr Lächeln lieb anstatt verführerisch – das nette Mädchen von nebenan.

EIN NEUER LOOK

Mit ihrer wachsenden Popularität als Covergirl veränderte sich auch ihr Look. Sie schlüpfte in eine andere Haut, erfand sich völlig neu. Mit Wasserstoffsuperoxyd blondierte sie ihre Haare wie einst Jean Harlow und nannte sich Marilyn Monroe. Auch den kirschroten Mund und den Schönheitsfleck hatte sie bei der Ikone der 1930er Jahre abgeschaut. 1947 spielte sie ihre erste kleine Nebenrolle – dann ging es steil bergauf. Unvergesslich ihr *Happy Birthday, Mr. President*, das sie anlässlich des 45. Geburtstages von John F. Kennedy im New Yorker Madison Square Garden ins Mikrofon hauchte. Und doch war sie mehr als nur ein Sexsymbol. Trotz ihrer sinnlichen Schönheit und weiblichen Kurven strahlte sie auch Verletzbarkeit und Unschuld aus.

Mit ihrem strahlenden Lachen, ihrem Temperament und ihrem Humor kam sie beim weiblichen Publikum hervorragend an. Frauen sahen in ihr nicht etwa eine übermächtige Konkurrentin, sondern eher eine kluge Verbündete. Und sie kopierten ihren Stil.

Marilyn Monroe (1926–1962) drehte 30 Filme und wurde zur Hollywood-Ikone. Ihr Lachen verzauberte Millionen. »An guten Tagen«, sagte Regisseur Billy Wilder, »war sie einfach genial!«

LEGENDÄRER STIL

Alles, was Marilyn trug, wurde Mode: von High Heels über enge Röcke bis hin zu Westernstiefeln und kariertem Hemd. Millionen Frauen ließen sich wie sie das Haar in große Wellen legen, zupften ihre Augenbrauen in hohen Bögen, zogen den Lidstrich über die äußeren Augenwinkel hinaus und schminkten sich die Lippen korallenrot. »Ich interessiere mich nicht für Geld. Ich will nur wundervoll sein.« Diese beiden knappen Sätze drücken ihre Sehnsucht nach Anerkennung und Liebe aus. Doch trotz dreier Ehemänner hat sie ihren wahren Mr. Right nicht gefunden. Sie starb mit 36 an einer Überdosis Schlaftabletten.

Twiggy – Super-
model der 1960er

Twiggy (übersetzt: das Zweiglein) war fünf Jahre lang der Star auf allen Laufstegen. Mit bonbonfarbenen Minikleidern, blondem Bubikopf und ihrer kindlichen Körpersilhouette schuf sie den Look der Sixties.

Lesley Hornby war 15 Jahre jung und hatte gerade eine Lehre als Friseuse begonnen, als sie von einem Modefotografen 1964 im Londoner East End entdeckt wurde. In einer achtstündigen Sitzung machten der Starfriseur Vidal Sassoon und eine Visagistin die unscheinbare Vorstadtpflanze zu dem Mädchen, das die Modeszene der 1960er Jahre aus den Angeln hob. Mit einem frechen blonden Bubikopf läutete Twiggy, wie sie jetzt hieß, die *Swinging Sixties* ein. Auch ihr Make-up wurde Kult: Zuerst grundierte man das Gesicht in einem blassen Ton. Dann wurde mit einem Pinsel oder Stift eine dunkle Lidfaltenlinie und anschließend eine dünne Lidlinie mit schwarzem Eyeliner gezogen. Zwischen die Linien trug man intensiv gefärbten Lidschatten auf – in der Farbe der Augen oder des Kleides. Unverzichtbar waren die künstlichen Wimpern, die man gerne dreifach übereinander klebte und tiefschwarz tuschte; die Lippen wurden hingegen zurückhaltend geschminkt. Twiggy war das erste aller Supermodels. Mit ihrer knabenhaften Figur (78-55-80) war sie prädestiniert für die Mode der Kult-Designerin Mary Quant. Über Nacht war Paris als Modemetropole out und London hipp. Zentrum des Geschehens war die Carnaby Street – hier bekam man schwingende Röcke, psychedelisch gemusterte Schlaghosen, knallbunte PVC-Regenmäntel und die Musik der Beatles und Stones, gepresst in schwarzes Vinyl. Twiggy, das neue Idol, krempelte sogar die langweilige Laufstegroutine um. Sie schritt nicht gemessen über den Steg. In Mary Quants ultrakurzen Miniröcken tanzte, sang oder hüpfte Twiggy vor den Augen der *fashion crowd* wie ein ausgelassenes Kind. Der Look der Sixties war für Twiggy & Co. der Aufbruch in eine neue Zeit.

»Schönheit ist, was Auge, Herz und Verstand gleichzeitig erfreut.«
UMBERTO ECO

Jacqueline Kennedy (1929–1994) prägte einen richtungweisenden Look, der mit den bis dahin geltenden Konventionen brach. Dank seiner zeitlosen Eleganz wird er bis heute kopiert.

JACKIE KENNEDY – »QUEEN OF AMERICA«

Jacqueline »Jackie« Kennedy besaß, was man den bisherigen First Ladys der Vereinigten Staaten abgesprochen hatte: Stil und Charme. Nach der Wahl John F. Kennedys zum Präsidenten war die erste Tat der europäisch erzogenen Tochter aus reicher Familie eine komplette Renovierung des Weißen Hauses. Und zugleich entstaubte sie die Regeln, die für den Auftritt der First Lady galten. Der Modeschöpfer Oleg Cassini schneiderte für Mrs. Kennedy mehr als 100 Roben und Kostüme von faszinierender Schlichtheit. Sie wagte es, pfefferminzgrüne, ärmellose Kleider, die knapp über dem Knie endeten, zu offiziellen Anlässen zu tragen. Und sie scheute auch nicht davor zurück, sich bei Staatsbesuchen in Seidenhosen oder Saris zu kleiden. Ihre Etuikleider wurden schnell zur allgemeinen Mode, und die kleinen, in der Farbe des jeweiligen Kostüms gehaltenen Pillbox-Hütchen entwickelten sich zum modischen Bestseller. Auch die übergroßen Sonnenbrillen und Perlenketten wurden zu Must-haves. Ihre Frisuren waren, wenngleich im Stil der Sechziger toupiert, relativ schlicht.

Less is more, so lautete auch ihr Motto in punkto Make-up. Sie war stets perfekt geschminkt, ohne viel Farbe zu benutzen. Dunkel nachgezogene Augenbrauen, Lidstrich und in dezenten Rosétönen geschminkte Lippen – mehr brauchte es nicht, um Jackie Kennedy zur Stil-Ikone zu machen. Bei seinem Staatsbesuch im Mai 1963 in Frankreich sagte J.F.K. lachend: » Darf ich mich vorstellen: Ich bin der Mann, der Jackie Kennedy begleitet!«

AUDREY HEPBURN – DIE REHÄUGIGE GRÄFIN

Ihre Mutter war eine niederländische Gräfin, ihr Vater ein englischer Banker. Audreys Erziehung war den strengen Regeln der High Society angepasst. Die guten Manieren legte sie auch nicht unter dem flapsigen Ton ab, der in den Hollywood-Studios herrschte. Schon bald hatte sie ihren Beinamen: *Audrey, her Highness*. Ihre kurzen Haare, die weiten wippenden Röcke, die Caprihosen und die Ballerinas, die sie allen High Heels vorzog, wurden Mode unter den Teenies weltweit. Im Gegensatz zu ihren perfekt geschminkten Kolleginnen strichelte Audrey nur ihre dichten, dunklen Augenbrauen und benutzte künstliche Wimpern. Ein Hauch von Puder und rosa Lippenstift, das reichte. War sie in den 1950ern der Schwarm aller Teenager, so wurde sie im folgenden Jahrzehnt zur perfekten Lady. Der Pariser Modeschöpfer Hubert de Givenchy schuf ihre stylische Garderobe, die der Jackie Kennedys ähnelte.

In Frühstück bei Tiffany *(1961) spielte Audrey Hepburn (1929–1993) die Rolle ihres Lebens und schuf erneut einen Modetrend: Das »kleine Schwarze« feierte ein Comeback, mit Tiffany-Preziosen und übergroßer Sonnenbrille war Audrey das »It-Girl« der 1960er.*

Jane Fonda – Cyber-Look der 1970er

Die Katzenaugen entstehen, indem man den Lidstrich über die äußeren Augenwinkel hinaus spitz zulaufend verlängert. Das breite Haarband war für Brigitte Bardot (geboren 1934) ein unverzichtbares Accessoire.

Nach ihrem sportlichen College-Girl-Look der 1960er vollzog Jane Fonda Anfang der 1970er Jahre eine bahnbrechende Veränderung: In der Rolle der Space-Ritterin *Barbarella* bestand sie in futuristischen Outfits jede Menge Weltraumabenteuer. So skandalös diese freizügigen Filmkostüme damals auch waren – sie wurden zum Trend und revolutionierten das modische Straßenbild. Glitzernde Korsagen aus hauchdünnem Metall, Minis aus Pailletten, fast transparente Catsuits mit schweren Metallgürteln, Bustiers, die wie silberne Rüstungen aussahen. Hochschaftige Stulpenstiefel waren dazu ein absolutes Muss. Barbarella-Outfits waren der letzte Schrei der Partyszene in New York und Rom, aber auch am helllichten Tag sah man sie auf den Trendmeilen der Großstädte. Ihr langes, in große Wellen gelegtes Haar trug Jane Fonda alias Barbarella voluminös toupiert. Das Make-up machte den Look komplett: Das Gesicht wurde hell grundiert, die Augen betonte man durch einen breiten schwarzen Lidstrich und lange künstliche Wimpern. Die Lippen blieben mit karamellfarbenen Nude-Tönen eher im Hintergrund.

BRIGITTE BARDOT – SEX SELLS

Das Schönheitsideal, das Brigitte Bardot schon in den 1960ern bestimmte, setzte sich auch im folgenden Jahrzehnt fort. »B.B.« schminkte sich mit Eyeliner, Kajal, künstlichen Wimpern und Mascara schräge Katzenaugen. Den Schmollmund betonte sie in blassem Rosa. Ein Hingucker war ihr »Big Hair«-Look: Der auftoupierte Hinterkopf bildet einen kleinen »Bienenkorb«, die gecurlten Seitenpartien umschmeichelten ihr Gesicht. Dieser Look machte sie zum aufregenden Sexsymbol.

In dem Film Barbarella *stylte Roger Vadim Jane Fonda zur Sex-Ikone. Die wilde Mähne, die Stulpenstiefel und die an eine Rüstung erinnernden Kostüme lösten einen Mode-Hype aus.*

Vom braven All-American-Girl zur sexy Weltraum-Kriegerin: In den frühen 1970ern vollzog Jane Fonda (geboren 1937) eine radikale Image-Wende. In den späten 1970ern war sie die Vorreiterin der Aerobicwelle.

Madonna – Mega-Star der 1980er

Ob Schminke oder Schmuck – in den 1980ern konnte es für Madonna nicht genug davon sein. In den folgenden Jahrzehnten kreierte sie unter anderem einen edlen Sleek-Look, trat als Cowgirl und als Domina auf.

Wie keine andere prägte Madonna als Fashion- und Lifestyle-Ikone die 1980er Jahre – und ganz nebenbei noch die folgenden zweieinhalb Jahrzehnte. Ein Ende ihrer Dominanz in Sachen Mode und Stil ist bis heute nicht in Sicht. Die Triebfedern ihres Erfolgs: Kreativität, Disziplin und Kompromisslosigkeit. Der Ruhm war ihr absolut nicht in die Wiege gelegt. 1958 in Michigan geboren, wollte die Klosterschülerin zunächst Tänzerin werden, ging nach New York und hielt sich mit Gelegenheitsjobs über Wasser. Sie knüpfte Kontakte, arbeitete hart an sich, und dank ihrer Beharrlichkeit ging es ganz langsam bergauf.

Ihr 1984 erschienenes Album *Like a Virgin* macht sie endlich weltweit zum Star – und ihren Look zum Inbegriff der 1980er. Ihr Haar trug sie auftoupiert oder in üppigen, blond gesträhnten Dauerwellenlocken, oft mit Tüllschleife zusammengebunden. Die engen, tief dekolletierten Glitzer- oder Spitzenkorsagen, kurzen Tüllröcke und hautengen Leggings waren ihr Mode-Statement. Schwarz, Weiß und Neonfarben waren damals ihre Favourites. Ihr farbstarkes Make-up – dunkel ummalte Augen, blutrote Lippen, viel Rouge und ein Schönheitsfleck über der Oberlippe –, lange Ohrgehänge und bündelweise Ketten machten den Look komplett, der rund um den Globus millionenfach kopiert wurde. Ihre weiblichen Fans vergötterten sie nicht zuletzt, weil sie für eine neue, selbstbewusste und selbstbestimmte Frauengeneration stand und auch vor Provokationen nicht zurückschreckte.

Bevor Madonna den Fehler beging, ihr Publikum zu langweilen, erfand sie sich auf einzigartige Weise immer wieder neu. Mit traumwandlerischem Gespür ortete sie zukünftige Trends und setzte sie lange vor allen anderen konsequent um. Sie kehrte mit einem neuen Album, einem neuen Musikstil und einem neuen Look zurück – bis heute.

DAS JAHRZEHNT DER SUPERMODELS

Sie wurden verehrt wie Filmstars. Keine von ihnen trat ohne Bodyguard auf. Ihre Gagen waren traumhaft, ihre Auftritte raffinierte Inszenierungen. Und: Auch dunkelhäutige Models schafften endlich den Sprung unter die »Top 10« der Branche. Allen voran Naomi Campbell. »Der Panther«, wie sie von ihren Fans genannt wird, wurde 1985 als 15-Jährige in London für ein Mode-Shooting der Zeitschrift *Elle* entdeckt. Sie war das erste afro-britische Model, das es auf die Titelseite der amerikanischen und der französischen *Vogue* schaffte. *Black* war jetzt *absolutely beautiful*! 1991 wählte das *People Magazine* Naomi unter die »50 schönsten Menschen der Welt«. Auch das in Somalia geborene Model Iman feierte in den 1980ern die größten Triumphe. Sie präsentierte Yves Saint Laurents »African Queen«-Kollektion, und der Meister bezeichnete sie als seine »Traumfrau«.

Linda Evangelista zählte in den 1980ern zur Riege der Supermodels. Ihre unglaubliche Wandlungsfähigkeit war ihr Kapital und trug ihr den Spitznamen »das Chamäleon« ein. Sie brachte es fertig, 17 verschiedene Haarfarben in einem Jahr zu tragen. Den spektakulären Wechsel von lang zu kurz verdankte sie Peter Lindbergh. »Schneide dir die Mähne ab, dann mach ich Fotos!«, sagte er zu ihr. »Dabei war meine Mähne wie ein Schutzschild für mich!«, erzählte Linda. Und Lindbergh hatte recht. Mit kurzen Haaren unter all den Löwenmähnen war Linda Evangelista plötzlich die absolute Nummer eins und unangefochtene Trendsetterin.

Gegen Ende der 1980er Jahre stieß mit Claudia Schiffer auch eine Deutsche in die oberste Model-Liga vor. Karl Lagerfeld erkannte ihr Talent und schickte sie für Chanel auf den Laufsteg. Die Düsseldorferin verkörpert bis heute eine raffinierte Mischung aus zeitloser Eleganz, französischem Chic und einer Prise Vintage. Kein Wunder, dass das Modehaus Yves Saint Laurent sie zum Gesicht 2009 machte.

INDIVIDUALITÄT IST STIL

Stereotypen waren nicht gefragt. Jede von ihnen besaß eine eigene Persönlichkeit. Die Australierin Elle Macpherson, wegen ihres perfekten Körpers »The Body« genannt, stand für das sportliche, durchtrainierte, braungebrannte Strandgirl, während Christy Turlington das unkomplizierte Mädchen von nebenan verkörperte. Cindy Crawford bekannte sich ganz offen zu ihrem »Makel«, dem kleinen, leicht erhabenen Leberfleck am Mundwinkel. Zu Beginn ihrer Karriere hatte man ihr geraten, ihn entfernen zu lassen, doch das kam für sie nicht infrage – er wurde zu ihrem Markenzeichen.

Ob sportlich, unkompliziert oder raffiniert: Die Topmodels der 1980er zeigten Individualität. Vielleicht ist das der Grund, weshalb einige von ihnen heute, also 20 Jahre später, immer noch gefragt sind. Naomi Campbell (oben) und Linda Evangelista (unten) stehen hoch im Kurs.

Alles ist möglich

Retro, Vintage, Diva-Glamour, Natur pur, Edel-Chic, cleaner Purismus oder überschäumende Opulenz – wir haben die Wahl. Noch nie gab es gleichzeitig so viele Looks und Lifestyles wie im 21. Jahrhundert. Das Motto: Express yourself!

DITA VON TEESE – LASZIVES SCHNEEWITTCHEN

Was lange nur in Bars und Nachtclubs aufgeführt wurde, erhob sie zur Kunst: das Strippen. Heather Renee Sweet erfand sich als Dita von Teese neu und gab dem Striptease Raffinesse und Erotik zurück. Es bedurfte einiger kosmetischer Kunstgriffe, bis aus der unscheinbaren, aber cleveren Provinzmaus diese aufregende Frau wurde. Ihr größtes Kapital ist ihre feinporige, wie helle Seide schimmernde Haut, an die sie keinen Sonnenstrahl mehr lässt. Ihre dunkelblonden Haare färbt sie pechschwarz und frisiert sie so, dass sie wie lackiert am Kopf liegen. Für die Lippen wie für die Finger- und Zehennägel kommt nur Signalrot in Frage, und ihr schwarzer Lidstrich ist einfach perfekt. Nach dieser faszinierenden Verwandlung entstand das hinreißende Bild »Schneewittchen im Martiniglas«. A Star was born! Das Publikum erlebt eine burleske Show voller witziger Ideen, die niemals ins Obszöne abgleitet. Als sie 2007 im berühmten Pariser Nachtclub *Crazy Horse Salon* auftrat, war die gesamte High Society versammelt. Der Modemacher Jean-Paul Gaultier engagierte sie für seinen Catwalk. Das angesagte Dessous-Label *Agent provocateur* schneiderte ihr eine ganze Kollektion auf den makellosen Leib. Ungeschminkt, in Jeans, T-Shirt oder Jogginganzug würde man Dita von Teese nach eigener Aussage auch privat nie antreffen – sie ist rund um die Uhr ein Kunstwerk!

Burlesque-Tänzerin Dita von Teese besticht durch porzellanweißen Teint, leuchtend rote Lippen, einen breiten Lidstrich und ein aufregendes Dekolleté.

Ein unkompliziertes Make-up – mal mit Smoky Eyes, mal im Nude Look, und ein lässiger, unprätentiöser Mode-Stil: Kate Moss trifft seit 20 Jahren den Nerv der young generation.

KATE MOSS – ANDROGYNES WESEN

Sie war 14 Jahre alt, als eine Modelagentin sie am JFK Flughafen in New York entdeckte. Ein androgynes Wesen mit den Maßen 84-58-84. Der New Yorker Modemacher Calvin Klein engagierte sie für seine Dessous-Kampagne. Neben den gestylten Supermodels wirkte das ungeschminkte, hauchzarte Mädchen wie von einem anderen Stern. Die Werbewelt schien nur auf sie gewartet zu haben. Kate Moss war das neue Gesicht, das vor allem sehr junge Leute ansprach. Endlich ein Model, das so ungezwungen und lässig auftrat wie sie selbst und dem die Meinung besorgter Eltern gleichgültig zu sein schien. Tauchte sie ungeschminkt und mit Gummistiefeln auf Rock-Konzerten auf, hatte sie ohne großen Aufwand den neuesten Trend geschaffen. Als Kate 1996 für Calvin Klein eine Kampagne im Stil des damals angesagten »Heroin Chic« fotografierte, wurde auch sie mit Drogen in Verbindung gebracht. Tatsache ist, dass die hohl geschminkten Wangen und die dunkel umrahmten Augen, die von den riesigen Werbetafeln herabschauten, das Werk eines Make-up-Artisten waren, der das Motto der Kampagne optisch umsetzte. Nachdem Kate Moss in die Schlagzeilen geriet, zogen sich einige Werbekunden zurück, doch sie überstand die Flaute unbeschadet und repräsentiert heute die begehrtesten Labels.

TRENDIGER NUDE LOOK

Während es die meisten ihrer Kolleginnen nicht gerade schätzen, ohne Make-up »ertappt« zu werden, gestattete sie vor einigen Jahren einem Fotografen des *W Magazine* völlig ungeschminkte Fotos, auf denen auch Hautunreinheiten zu sehen sind – warum auch nicht? Völlig logisch, dass Kate Moss der angesagte Nude Look am besten steht. Die Augen werden nur minimal betont, am besten mit Lidschatten in zarten Grau-, Karamell- oder Cremetönen, ein schmaler Lidstrich ist das Maximum. Die Wangen bekommen einen Hauch Blush oder Bronzepuder – oder auch nicht. Gloss bringt die Lippen zum Glänzen.

Was die ungebrochene Faszination der inzwischen 35-Jährigen ausmacht, liegt auf der Hand. Sie ist nicht perfekt und will es auch gar nicht sein. Sie ist einfach nur hipp – und dafür lieben sie ihre Fans.

»Die Sonnenbrille ist mein mobiler Lidschatten.
Durch sie sieht alles jünger und schöner aus.«
KARL LAGERFELD

AMY WINEHOUSE – DAS BEEHIVE-REVIVAL

Ihre Stimme ist tief und rauchig. Die Texte ihrer Songs schreibt Amy selbst, viele davon hören sich an wie private Tagebucheinträge. Amy Winehouse ist ein Ausnahmetalent. Das erkannte ihr Vater, selbst Jazzmusiker, als sie neun Jahre alt war. Sie bekam Musik- und Theaterunterricht an einer renommierten Schule für britische Nachwuchskünstler. Sie war 18 Jahre als ihr Debütalbum *Frank* erschien. Dafür erhielt sie zwei Nominierungen für den Brit Award. Das zweite Album *Back to Black* erreichte die Spitzenposition der Charts.

Amy könnte sich von Kopf bis Fuß in Prada kleiden. Doch sie bevorzugt Flohmärkte und die kleinen Retrochic-Boutiquen Londons. Sie mag Blumenmuster über Streifen und Doc Martens zu Tüllröcken. Ihre Lieblingsschuhe sind hellrosa Ballerinas, aber nicht die modisch-schicke Version, sondern die echte Ballett-Variante. Und wenn sie High Heels trägt, dann mit dicken Wollsocken oder getigerten Strumpfhosen. Riesige Taschen und bunte Ohrringe sind ihre Lieblingsaccessoires. Mit ihrem phantasievollen, unangepassten Look macht Amy Mode. Die nach Kleopatras Art geschminkten Augen, ausdrucksstark bis zu den Schläfen verlängert, sind nicht nur in den Londoner Clubs ein Must-have.

Ihre von den 1960ern inspirierte Beehive- oder Bienenkorbfrisur und ihr expressives Augen-Make-up begeisterten Karl Lagerfeld so sehr, dass er 2008 bei der Londoner Fashion Week seine Chanel-Models im gleichen Stil über den Laufsteg schickte und Amy als schöne, talentierte Künstlerin sowie als seine neue Muse pries. Für den Beehive wird toupiert, was das Zeug hält, jede Menge Haarspray versprüht und zusätzlich mit Bällchen aus Kunsthaar aufgepolstert, wenn die natürliche Haarfülle nicht ausreicht. Haarnetz, Klammern und Nadeln halten die turmartige Pracht an Ort und Stelle. Im Internet gibt es hundertfach Anleitungen, wie er am besten gelingt, während in den Kaufhäusern die Haarteile rar werden.

Amy Winehouse begeistert mit ihrem individuellen, kreativen Stil-Mix selbst Top-Modeschöpfer. Ob bei ihrer Kleidung, ihrem Make-up oder den Accessoires: Amy setzt auf starke Farben.

BEAUTY
BASICS

Rundum schön und fit

Wir lieben sie, die seidigen Cremes mit ihrem zarten Duft in den edlen Tiegeln. Die Laboratorien der großen Kosmetikhersteller überraschen uns mit immer neuen Cremes, Ampullen und Packungen, die die Haut vor schädlichen Umwelteinflüssen schützen, pflegen und verjüngen. Dank dermatologischer Forschung wissen wir mehr als je zuvor über unsere Haut, über ihre Bedürfnisse, die Ursachen des Hautalterungsprozesses und wie man ihn verlangsamen kann. Und tatsächlich: Intelligente Pflege bringt den Teint zum Strahlen.

DIE NATÜRLICHEN SCHÖNMACHER

So wichtig eine sorgfältige Pflege auch ist – Sie können noch mehr für Ihre Haut und Ihr Wohlbefinden tun als zu reinigen und zu cremen. Und das Beste: Alles, was man dafür braucht, gibt es immer und überall. Licht, Luft und Bewegung bringen den Stoffwechsel in Gang, regen die Ausschüttung von Endorphinen an – und machen schön. Also: Raus an die Luft. Mindestens eine halbe Stunde, besser eine Stunde sollten Sie täglich draußen verbringen. Und zwar bei Wind und Wetter. Der Sauerstoff fördert die Durchblutung der Haut und der inneren Organe. Sie müssen nicht bis zur Erschöpfung walken oder joggen. Zügiges Gehen reicht schon. Oder Rad fahren, Inlinen, Tennis spielen – was auch immer Ihnen liegt und sich gut in Ihren Alltag einbauen lässt. Allmählich steigert sich auch dadurch Ihre Kondition. Mit bequemen Schuhen und lockerer, winddichter Kleidung macht Bewegung richtig Spaß. Und nicht nur der Sauerstoff und die Bewegung wirken vitalisierend, sondern auch das Tageslicht – selbst in der »dunklen Jahreszeit« und bei bewölktem Himmel! Tageslicht kurbelt die Produktion des Glückshormons Serotonin an, wirkt so gegen depressive Verstimmungen und Schlafstörungen.

Nutzen Sie die Kraft der Natur! Viel frische Luft, Licht und ausreichend Bewegung sind die natürlichen Schönmacher für Ihre Haut und bringen Ihren Teint so richtig zum Strahlen.

Ein gemütlicher Spaziergang, ein warmes Bad oder eine Entspannungsübung helfen kurz vor dem Zubettgehen, langsam abzuschalten und entspannt einzuschlafen. Am nächsten Morgen sind Sie ausgeruht und fit für den Tag.

ENTSPANNUNG UND ATMUNG

Natürlich stehen wir alle mal unter Stress, aber wenn es mehr als nur vorübergehende Phasen sind und einem der Druck ständig im Nacken sitzt, wirkt sich das auch äußerlich aus. Denn Haut und Psyche stehen in engem Kontakt. Stresshormone können zu Rötungen und »hektischen« Flecken, aber auch zu Pickeln und Entzündungen führen. Toll gegen Stress sind Entspannungstechniken wie Yoga, Tai-Chi und Qigong, die Körper und Seele in Einklang bringen und zu mehr innerer Ruhe führen. Die meisten Entspannungstechniken üben nachweislich und messbar einen positiven Einfluss auf unterschiedliche Körperfunktionen aus. Wenn es uns gelingt, Stress und Hektik wenigstens ab und zu an uns abperlen zu lassen, sieht man uns das auch an. Denn die Haut ist der Spiegel unserer Seele.

Tipp: Bei den Entspannungstechniken spielt auch die Atmung eine Rolle – sie muss fließen. Wenn wir tagsüber unter Stress stehen, atmen wir ganz automatisch flach und stoßweise, halten nicht selten sogar den Atem an. Die Atmung bleibt sozusagen stecken. Lassen Sie die Luft in die Lungen strömen, sodass sich der Brustraum weitet. Atmen Sie durch die Nase ein und lassen Sie die Luft durch den leicht geöffneten Mund wieder entweichen. Mit einer fließenden Atmung entkrampfen sich auch die Gesichtszüge – Sie strahlen Gelassenheit und Optimismus aus.

SCHLAFEN MACHT SCHÖN

Während wir schlafen, werden Puls, Blutdruck und Körpertemperatur heruntergefahren. Der Körper spart Energie ein, die er in die eigene Regeneration steckt: Die Repair-Mechanismen unseres Körpers arbeiten auf Hochtouren. Die Zellen (auch die der Haut) erneuern sich nachts achtmal so schnell wie tagsüber, die Leber baut in den Nachtstunden schädliche Stoffwechselprodukte ab. Wenn wir auf Dauer zu wenig schlafen und die Regenerationsphase somit zu kurz ausfällt, können die körpereigenen Repair-Mechanismen nicht richtig greifen. Das zeigt sich dann in zunehmend blasser, welker Haut. Das individuelle Schlafbedürfnis ist von Mensch zu Mensch sehr unterschiedlich. Manche kommen mit sechs Stunden Schlaf prima aus, während andere acht oder neun Stunden Schlaf brauchen, um fit und erholt aufzuwachen. Das richtige Quantum Schlaf muss jeder für sich selbst herausfinden – es kann auch phasenweise oder jahreszeitlich bedingt schwanken. Auch der richtige

»Fröhlichkeit und Zufriedenheit sind vortreffliche Schönheitsmittel.
Sie bewahren dem, der sie besitzt, jugendliches Aussehen.«
CHARLES DICKENS

Einschlafzeitpunkt ist sehr unterschiedlich und hängt unter anderem von der
persönlichen »inneren Uhr« ab. Manche schwören auf den Schlaf vor Mitter-
nacht, während die Nachtmenschen spät ins Bett gehen und morgens lieber
ein bisschen länger schlafen. Am besten schläft man in frischer, kühler Luft;
so wird auch die Haut optimal durchblutet.

Wer abends nicht gut abschalten kann und die Hektik des Tages mit ins Bett
nimmt, kann vor dem Schlafengehen noch einen Abendspaziergang unterneh-
men. Langsames Gehen und eine Portion Sauerstoff helfen beim Entspannen
und machen selbst muntere Menschen müde. Baldrian, Hopfen, Lavendel und
Melisse sind perfekte pflanzliche Müdemacher, die das Einschlafen erleich-
tern. Das Schlafhormon Melatonin, übrigens auch ein Radikalfänger, wird vom
Körper verstärkt bei Dunkelheit gebildet. Ist es in Ihrem Schlafzimmer nicht
wirklich dunkel, kann eine Schlafmaske helfen.

Tipp: Je weniger unser Körper mit dem Verdauen des Abendessens beschäftigt ist,
desto mehr Energie kann er in sein Regenerationsprogramm stecken – was Ihrem
Teint zugute kommt. Deshalb sollte man abends etwas möglichst Leichtes essen.

DEN KÖRPER SPRECHEN LASSEN

Oft entscheiden schon die ersten Sekunden über Sympathie und Antipathie,
also darüber, ob wir positiv oder negativ bei anderen ankommen. Wer sich in
seinem Körper nicht wohl fühlt, strahlt das oft auch aus – und die Reaktion des
Gegenübers kommt wie ein Bumerang zurück. Spielen Sie Ihre Stärken aus:
Ihre leuchtenden Augen, Ihr fröhliches Lachen oder Ihren Humor. Und ich bin
ganz sicher: Sie haben mehr Pluspunkte, als Sie glauben!

Man kann auch selbst viel für eine gute Körperhaltung tun. Kinn hoch, Schultern
zurück – mit einem sicheren, aufrechten Gang strahlt man Selbstbewusstsein
aus und beeindruckt sein Gegenüber positiv. Und: Immer wieder lächeln. Oder
besser noch: lachen. Das hält die Gesichtsmuskeln beweglich, stärkt erwiese-
nermaßen das Immunsystem, macht uns gute Laune und – vielleicht am wichtigsten – bringt uns viele Sympathien.

*Lavendel (bot. Lavandula angustifolia) ist
bekannt für seine beruhigende Wirkung.
Als Tee oder Öl kann er innerlich bei
Unruhezuständen oder Einschlafstörungen
angewandt werden, ein Lavendelbad
entspannt vor dem Schlafengehen.*

Ernährung – Schönheit von innen

Oft werde ich nach dem »optimalen Ernährungsrezept« gefragt. Ich bin nicht sicher, ob es das wirklich gibt, denn wir, unsere Geschmäcker und Bedürfnisse sind sehr unterschiedlich. Mein Tipp lautet deshalb: Eine gute Ernährung ist zuallererst vielseitig und abwechslungsreich, vernünftig und maßvoll. Zu einer ausgewogenen Ernährung gehören Obst, Gemüse und Getreideprodukte, Milch und Milchprodukte, Fleisch und Fisch. Und: Essen ist eine genussvolle Sache, die Spaß machen sollte.

FRISCH UND KNACKIG

Klar, dass wir ganz genaue Vorstellungen von der neuen It-Bag oder den angesagten Slingpumps haben. Und keine geringeren Maßstäbe sollten wir an die Lebensmittel anlegen, die wir zu uns nehmen. Obst, Gemüse und Salate sollten unbedingt frisch sein. Sie enthalten Vitamine, Mineralstoffe und sekundäre Pflanzenstoffe, die unser Körper braucht. Besser als welkes »Frisch«-Obst und -Gemüse sind auf alle Fälle Tiefkühlprodukte – denn die werden gleich nach der Ernte gefrostet und verlieren dabei kaum Vitamine. Lassen Sie sich beim Kauf von Obst und Gemüse von den leuchtenden Farben, den tollen Formen und aromatischen Düften verführen – so findet man intuitiv den richtigen Vitamin-Mix. Ich bevorzuge unbehandeltes bzw. Bio-Obst und -Gemüse. Toll ist es auch, wenn man saisonales Obst und Gemüse aus der Region kauft – denn die kurzen Wege zwischen Produzent und Verbraucher schonen die Umwelt.

Tipp: Achten Sie beim Lebensmittelkauf auf die kleingedruckten Inhaltsstoffe. Was ich vermeide, sind Geschmacksverstärker und Konservierungsstoffe. Außerdem ist es sinnvoll, möglichst wenig Weißmehl und Zucker zu sich zu nehmen.

Vielfältig wie nie ist heute das Angebot an frischem Obst und Gemüse. Am besten lassen Sie es zur Gewohnheit werden, einmal in der Woche frische Produkte auf dem Markt zu kaufen.

VITAMIN-QUARTETT FÜR SCHÖNE HAUT

Einige Vitamine und Mineralstoffe unterstützen die Schönheit von innen ganz besonders. Vitamin A und das verwandte Betakarotin, Vitamin E und Vitamin C sind Radikalfänger – sie schützen die Zellen vor Freien Radikalen, die den Alterungsprozess (auch den der Haut) beschleunigen. Außerdem fördern die Vitamine A und B die Hauterneuerung. Vitamin C regt zudem die Kollagenbildung des Körpers an, was für ein straffes Bindegewebe sorgt. Viel Vitamin A und Betakarotin sind enthalten in Fisch, Milchprodukten, Eiern sowie in Karotten, Paprika, Tomaten, Grapefruits, Brokkoli, Aprikosen und Kirschen. Vitamin E ist enthalten in Nüssen, Grünkohl und Spargel, während Zitrus- und Beerenfrüchte, Paprika und Kartoffeln viel Vitamin C enthalten. Mit Fleisch, Fisch, Milch, Eiern und Vollkornprodukten nimmt man ausreichend B-Vitamine auf.

BALLASTSTOFFREICH UND MAGER

Ballaststoffreiche Lebensmittel bringen die Verdauung in Schwung. So werden Blähungen und Völlegefühl verhindert, wir fühlen uns dynamisch und voller Energie. Ballaststoffe sind enthalten in Obst, Gemüse und Vollkornprodukten. Es ist sinnvoll, Weißmehl- bzw. raffinierte Produkte durch die jeweilige Vollwert-Variante zu ersetzen, also weiße Nudeln durch Vollkornnudeln, geschälten Reis durch ungeschälten, weiße Brötchen durch Vollkornsemmeln. Fleisch ist ein guter Eiweißlieferant und versorgt unseren Körper außerdem mit den wichtigen Mineralstoffen Eisen, Zink und Selen – eher mager sollte es sein, also öfter auch mal Geflügel wählen. Zu einer ausgewogenen Ernährung gehört auch Fisch, der Vitamine und andere lebenswichtige Stoffe enthält. Toll, wenn ein- bis zweimal pro Woche Fisch auf Ihrem Speiseplan steht, am besten gedämpft oder gegrillt.

WANN UND WIE OFT?

Vieldiskutiert ist – auch unter namhaften Ernährungsexperten – die Frage, ob drei, vier oder fünf Mahlzeiten am Tag das beste Ernährungskonzept und auch am figurfreundlichsten sind. Eine eindeutige Antwort gibt es hier nicht, denn entscheidend ist, womit Sie sich am wohlsten fühlen und welche Variante am besten in Ihren Tagesablauf passt. Die Tendenz geht zwar in Richtung mehrerer kleiner Mahlzeiten, da wir so Heißhungerattacken besser vermeiden können, aber das ist kein Gesetz. Wenn wir auf unseren Körper hören, machen wir intuitiv das Meiste

Von kernig über zart bis sofort löslich – Haferflocken gibt es in zahlreichen Variationen und bilden die Grundlage eines jeden Müslis. Sie sind reich an Ballaststoffen, Kohlenhydraten und Eiweiß sowie den Vitaminen B_1, B_6 und E, Eisen und Kalzium.

richtig: ausgiebig frühstücken, leichtes Mittagessen, kleines Abendessen und tagsüber zwischendurch Tomate, Paprika, Apfel oder Joghurt genießen.

WASSER, UNSER LEBENSELIXIER

Unser Körper besteht zu 60 bis 70 Prozent aus Wasser. Da ist es nur logisch, dass wir ständig »nachfüllen« müssen. Flüssigkeit spült über die Nieren die Giftstoffe aus unserem Körper und polstert gleichzeitig die Zellen auf. Klar, dass sich das auch optisch bemerkbar macht! Ernährungsprofis empfehlen, täglich anderthalb bis zwei Liter zu trinken. Aber unser Flüssigkeitsbedarf hängt natürlich auch von bestimmten Faktoren ab: zum Beispiel von der Temperatur oder davon, ob wir gerade Sport treiben oder am Schreibtisch sitzen. Am besten und einfachsten ist es, Mineralwasser zu trinken, das ganz nach Ihrem Geschmack mit oder ohne Kohlensäure sein kann. Bei uns hat Leitungswasser meist Trinkwasserqualität – fragen Sie beim städtischen Versorgungswerk nach. Viele mögen auch ungesüßte Früchte- oder Kräutertees sehr gerne, die es in tollen Geschmacksrichtungen gibt.
Tipp: Fruchtsäfte pur enthalten viele Kalorien. Ich trinke gerne Fruchtsaftschorlen, im Verhältnis 2:1 verdünnt, also zwei Teile Wasser und ein Teil Fruchtsaft. Und: Ich trinke nebenher immer ein paar Schlucke, damit der ganz große Durst gar nicht erst kommt.

SÄURE-BASEN-HAUSHALT

Beim Stoffwechsel fallen im Körper täglich auf ganz natürliche Weise Säuren an, die ausgeschieden werden: über die Lunge, die Nieren, den Darm und – die Haut. Wenn es im Körper zu einer Übersäuerung kommt, kann darunter auch die Haut leiden. Sie zeigt möglicherweise trockene Stellen, Reizungen und beginnt zu jucken. Auch Akne und Ekzeme können auf eine Übersäuerung zurückzuführen sein. Übersäuerung entsteht zuallererst durch unvernünftige Ernährung; auch Stress, Alkohol und Nikotin können den Säure-Basen-Haushalt durcheinander bringen. Eine ausgewogene Ernährung ist die Grundlage für ein gesundes Gleichgewicht von Säuren und Basen. Deshalb ist es gut, frisches Obst und Gemüse zum Hauptbestandteil seiner Mahlzeiten zu machen und Käse, Fleisch, Wurst, Weißmehlprodukte, Süßspeisen und Fertiggerichte nur in kleineren Mengen zu sich zu nehmen.
Tipp: Naturreine Säfte trinke ich am liebsten frisch gepresst. Gemüsesäfte sorgen für einen basischen Ausgleich.

Sie belebt und ist reich an Vitaminen und Mineralstoffen – die Zitrone! Sogar etwa doppelt so viel Saft enthält die kleinere Limette. Für einen erfrischenden Durstlöscher einfach ein paar Scheiben einer unbehandelten Zitrone oder Limette ins Wasser geben, fertig!

Die Haut –
Typ für Typ

Die Haut ist unser größtes Organ und macht etwa ein Sechstel unseres Körpergewichts aus. Unsere »Hülle« erfüllt unterschiedliche Funktionen wie die Temperaturregulation und Abschirmung des Körpers; sie speichert Energie, nimmt Sinneswahrnehmungen auf und schützt vor Umwelteinflüssen wie Pilzen, Bakterien und UV-Strahlen. Die Haut besteht aus drei Schichten: der Oberhaut (Epidermis), der Lederhaut (Dermis) und der Unterhaut (Subcutis). Rund alle 28 Tage erneuert sich die Haut. Die Beschaffenheit der Haut macht natürlich einen großen Teil unserer äußeren Attraktivität aus. Ein gesunder, strahlender Teint wirkt anziehend und positiv. Kennt man seinen Hauttyp, ist es viel leichter, die Haut richtig zu pflegen, ihr das zu geben, was sie braucht, und langfristig zu einem optimalen Hautbild zu kommen. Aber: Die folgenden Hauttypen kommen so gut wie nie in Reinform vor. Es handelt sich meist um Mischtypen oder vorwiegend fettige oder trockene Haut.

NORMALE HAUT

Sie ist ein Geschenk der Natur – gesund, feinporig und geschmeidig. Dank ihrer guten Durchblutung schimmert der Teint rosig. Sie zeigt nur selten Unreinheiten und Rötungen. Normale Haut ist im Gleichgewicht, das heißt, der Säureschutzmantel ist intakt, die Talgdrüsen produzieren genau die Menge an Fett, die die Haut braucht, um ihre Elastizität zu bewahren. Sinnvoll ist eine leichte Feuchtigkeitspflege; bei extremer Kälte oder Hitze sollte die Creme einen etwas höheren Fettanteil besitzen. Mit den Vitaminen A, E und C wirkt man der Hautalterung entgegen. Zu reichhaltige, schwere Cremes »überpflegen« normale Haut, bringen sie aus dem natürlichen Gleichgewicht und können auch schon mal zu Irritationen führen. Mehr zur Reinigung und Pflege normaler Haut finden Sie ab Seite 51.

Glatt wie Pfirsichhaut! Welche Frau wünscht sich das nicht – einen strahlenden und rosig frischen Teint? Nur wenn Sie Ihren Hauttyp kennen, können Sie auch wissen, welche Pflege Sie brauchen, um lange von einer Pfirsichhaut zu profitieren.

FETTIGE HAUT

Sie besitzt eine relativ dicke Hornschicht, was die Durchblutung der obersten Hautschicht erschwert und sie schnell fahl aussehen lässt. Fettige Haut ist meist großporig und produziert vermehrt Talg, wodurch besonders die Bereiche der T-Zone (Kinn, Nase und Stirn) glänzen. Sie neigt zu Mitessern und Pickeln, die sich leicht entzünden. Fettige Haut braucht in erster Linie Feuchtigkeit. Cremes sollen keine Mineralöle, Paraffine oder Silikone enthalten, die die Poren zusätzlich verschließen könnten. Nach der Reinigung werden die Problemzonen sanft mit alkoholischem Gesichtswasser abgetupft. Aber nicht zu oft, da dadurch die Fettbildung der Haut wiederum angekurbelt wird und ein Jo-Jo-Effekt eintritt. Mehr zur Reinigung und Pflege fettiger Haut finden Sie ab Seite 51.

TROCKENE HAUT

Die Haut ist sehr feinporig, zart und matt. Sie besitzt wenig Talgdrüsen und neigt deshalb kaum zu verstopften Poren und Unreinheiten, bildet aber schneller Fältchen und kann welk wirken. Trockene Haut reagiert in der Regel sehr empfindlich auf Witterungseinflüsse und neigt zu Rötungen und Schuppenbildung. Da die Haut selbst nicht genug schützenden Talg bildet, verliert sie schnell Feuchtigkeit. Trockene Haut muss sehr sorgfältig gepflegt werden. Alkoholhaltiges Gesichtswasser ist tabu. Sehr pflegend sind pflanzliche Öle wie Sheabutter und ätherische Öle aus Geranie, Linde, Rose oder Zeder. Honig, Aloe vera, Hyaluronsäure und Seidenproteine spenden Feuchtigkeit. Mehr zur Reinigung und Pflege trockener Haut finden Sie ab Seite 51.

DIE MISCHHAUT

Mischhaut fällt durch ihre Gegensätze auf. Sie ist eine Kombination aus normaler und fettiger oder trockener und fettiger Haut. Bei der Mischhaut sind also immer fettige, glänzende Stellen vorhanden, meist am Kinn, rund um die Nase oder im Stirnbereich. Die Wangenbereiche sind bei Mischhaut in der Regel normal bis trocken. Fettig-normale Haut pflegt man mit einer Feuchtigkeitscreme für Mischhaut. Die fettigen, oft unreinen Bereiche reinigt man wie unter »Hautunreinheiten« beschrieben. Bei fettig-trockener Haut ist es wichtig, dass die trockenen Bereiche (und besonders die Haut rund um die Augen) mit einer reichhaltigen Feuchtigkeitspflege versorgt werden. Fettige Spots werden mit antibakteriellem Gesichtswasser behandelt, aber keinesfalls die trockenen Bereiche.

»Charme ist der unsichtbare Teil der Schönheit,
ohne den niemand wirklich schön sein kann.«
SOPHIA LOREN

HAUTUNREINHEITEN

Vor allem bei fettiger, entzündlicher Haut treten häufig Pickel auf, aber auch bei anderen Hauttypen kann es trotz bester Pflege zu Reizungen, Irritationen oder kleineren Entzündungen kommen. Dann ist ein Besuch beim Spezialisten absolut sinnvoll. Ein Dermatologe kann die Ursachen dieser Irritationen analysieren und eine geeignete Therapie vorschlagen. Trotzdem gibt es ein paar kleine Tricks, mit denen man das Hautbild selbst verbessern kann. Mein erster Rat lautet: Finger weg von Pickeln und Entzündungen! Das verschlimmert die Sache nur noch und kann zusätzlich zu Narbenbildung und Pigmentflecken führen. Mehr zur Reinigung und Pflege bei Hautunreinheiten und entzündlicher Haut finden Sie auf Seite 58.
Tipp: Mir fällt auf, dass Entzündungen im Gesicht häufig dort auftreten, wo wir mit unseren Händen »unterwegs« sind: zum Beispiel auf der Stirn (Wegstreichen des Ponys oder langer Haarsträhnen), am Kinn (Aufstützen des Kinns in die Hand) oder an den Nasenflügeln. An unseren Händen haften viele unterschiedliche Bakterien, die so auf die Haut gelangen und schlimmstenfalls zu Entzündungen führen. Achten Sie einfach mal darauf, die Hände aus dem Gesicht zu lassen.

PIGMENTFLECKEN UND ANDERE PROBLEME

Viele Frauen stellen in ihrem Gesicht irgendwann Pigmentflecken fest. Diese können verschiedene Ursachen haben: die natürliche Hautalterung (»Altersflecken«), übermäßige Sonnenbäder oder auch hormonelle Veränderungen (Schwangerschaft, Stillen oder Einnahme der Pille). Gemeinsam mit einem Arzt können Sie die individuelle Ursache herausfinden und eine geeignete Therapie besprechen. Couperose nennt man Gefäßerweiterungen unter der Gesichtshaut, die in Form von Rötungen oder bläulich schimmernden Verfärbungen sichtbar sind. Dieses recht häufige Problem kann man heute gut in den Griff bekommen. Sprechen Sie mit einem Dermatologen darüber. Auch bei Rosacea, einer akneähnlichen Hauterkrankung mit fleckenförmigen, teils schuppigen Rötungen und Entzündungen, gibt es geeignete Therapien. Ein Dermatologe kann Ihnen weiterhelfen.

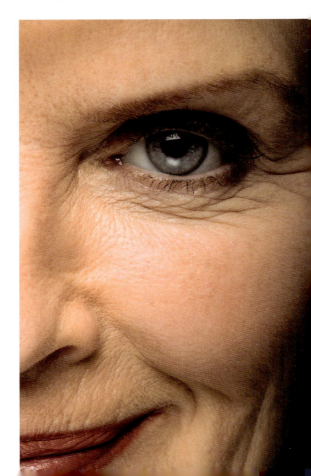

Hautalterung ist ein komplexer biologischer Prozess und wird zuerst in Form von Falten sichtbar. Die Faltenbildung setzt bei jedem Menschen unterschiedlich spät ein. Durch eine gesunde Lebensweise wird dieser Prozess positiv beeinflusst.

Das Abc der Reinigung

Über die optimale Reinigung, die perfekte Pflege der Gesichtshaut ist schon viel gesagt und geschrieben worden, sicher auch viel Wahres und Nützliches. Pflege ist ohne Zweifel ein Schlüssel zu einem attraktiven Äußeren. Doch was in meinen Augen mindestens genauso wichtig ist, als sich Tag für Tag an einen konsequenten Reinigungs- und Pflegeplan zu halten, ist, ein natürliches Gespür für die Bedürfnisse der eigenen Haut zu entwickeln. Das Gleichgewicht der Haut ist von verschiedenen Faktoren abhängig – von äußeren wie von inneren. Zu den äußeren können das Wetter, die Temperatur, die Luftfeuchtigkeit und andere Umweltfaktoren zählen, zu den inneren Faktoren gehören eine gesunde, ausgewogene Ernährung, ein vernünftiger Lebenswandel und die eigene innere Ausgeglichenheit. Um ein Gespür für seine Haut zu entwickeln, muss man sie einfach nur aufmerksam beobachten.

DIE HAUT KENNENLERNEN

Wer seine Haut kennt, sieht auch, was sie braucht, wie sie auf unterschiedliche Produkte, auf zu wenig oder vielleicht auch auf zu viel Pflege reagiert. Die Bedürfnisse der Haut können von Tag zu Tag, von Jahreszeit zu Jahreszeit, von Lebensphase zu Lebensphase unterschiedlich sein. Es kann vorkommen, dass die Haut an bestimmten Tagen gar nicht nach Creme verlangt, dass sie sich nach der Reinigung geschmeidig und »zufrieden« anfühlt. Dann können Sie die Creme auch ruhig einmal weglassen. Das Wichtigste ist: Fühlen Sie sich wohl in Ihrer Haut! Und selbst wenn Sie ausnahmsweise mal die abendliche Reinigung auslassen, entstehen dadurch keine irreparablen Schäden. Grundsätzlich gilt jedoch immer: reinigen! Ist die tägliche Reinigung erst einmal fester Bestandteil in Ihrem Tagesablauf, ist es ein Leichtes, sie ohne Mühe schnell zur Routine werden zu lassen und das schlechte Gewissen ist passé.

Reinigung und Pflege sollten den Bedürfnissen Ihrer Haut angepasst werden. So muss fettige Haut anders behandelt werden als trockene Haut oder Mischhaut.

REINIGUNG – EINE SAUBERE SACHE

Ein strahlender Teint zieht auch andere in den Bann. Für die Gesundheit und die Pflege unserer Haut können wir selbst sehr viel tun. Auch wenn Ihre Haut so individuell und einzigartig ist wie Ihre Persönlichkeit, helfen einige Grundkenntnisse bei der richtigen Pflege weiter. Mit der sorgfältigen Reinigung fängt alles an. Die Gesichtsreinigung ist aus zwei Gründen ein wichtiger Punkt im täglichen Pflegeprogramm. Im Laufe eines Tages sammelt sich auf der Hautoberfläche einiges an: zum einen die Creme und das Make-up, zum anderen aber auch abgestorbene Hautpartikel, Talg und Schmutzteilchen, die über die Luft oder unsere Hände auf die Haut gelangen. All dies kann die Poren verstopfen und zu Irritationen, Unreinheiten und Entzündungen führen. Und zweitens nimmt eine gereinigte Haut die in Cremes, Lotions und Masken enthaltenen Wirkstoffe am besten auf. Abends ist der ideale Zeitpunkt für die große Reinigung; morgens reicht es meistens aus, das Gesicht mit reichlich lauwarmem Wasser zu erfrischen und eventuell mit einem auf den Hauttyp abgestimmten Toner zu beleben.

MIT DEN AUGEN BEGINNEN

Zuerst sollte abends das Augen-Make-up entfernt werden. Dazu reinigt man den Augenbereich mit einer speziellen, milden Augenlotion – nicht mit Vaseline, Fettcreme oder Babyöl, denn diese Produkte enthalten Stoffe, die gerade im empfindlichen Augenbereich zu Reizungen führen können. Mit einem Wattepad wischt man behutsam – ohne stark zu reiben, zu dehnen oder zu ziehen – über die geschlossenen Augen. Eventuelle Reste von Make-up oder Lotion entfernen Sie mit einem frischen Wattepad. Achten Sie darauf, fusselfreie Wattepads zu verwenden, denn Wattefädchen zwischen den Wimpern oder im Auge können sehr unangenehm sein. **Tipp:** Das Augen-Make-up entfernt man mit sanften Bewegungen – und zwar immer von außen nach innen, so wie auch der natürliche Tränenfluss verläuft.

DAS GESICHT REINIGEN

Nach den Augen kommt das restliche Gesicht an die Reihe. Es gibt eine große Zahl an Reinigungsprodukten: von Reinigungsmilch über -fluid, -gel, -schaum bis hin zu -öl. Da hat jeder sein Präferenzen und sein Lieblingsprodukt. Allgemein kann man sagen, dass trockene Haut am besten mit pH-neutralen, rückfettenden Reinigungsmitteln zurechtkommt, während sich für fettige Haut spezielle Gels empfehlen, die

Morgens genügt es, das Gesicht mit lauwarmem Wasser zu erfrischen. Abends sollten Sie sich Zeit für ein größeres Pflegeprogramm nehmen, um Schmutzpartikelchen oder abgestorbene Hautschüppchen zu entfernen.

kein Fett enthalten, den Teint mattieren und die Talgproduktion regulieren. Normale Haut kommt mit einer sanften Reinigungsmilch am besten klar.

Das Reinigungsprodukt wird aufs Gesicht aufgetragen (Augenbereich dabei aussparen), sanft einmassiert, mit Wasser aufemulgiert und anschließend mit Kosmetiktüchern abgenommen oder mit klarem Wasser abgespült.

Vielleicht müssen Sie ein bisschen herumprobieren, um das für Ihre Haut beste Reinigungsprodukt zu finden. Beobachten Sie Ihre Haut – denn sie verrät Ihnen, was ihr guttut: Spannt die Haut nach der Reinigung, zeigt sie Reizungen oder Rötungen, sollten Sie es mit einem anderen Produkt versuchen. Fühlt sich die Haut nach der Reinigung entspannt und zart an, haben Sie das richtige Produkt gefunden.

Tipp: Das Motto »Viel hilft viel« trifft auf die Haut nicht unbedingt zu. Man kann die Haut auch überpflegen. Sie kann dann mit Überfettung, mit Reizungen oder Rötungen reagieren. Legen Sie ruhig auch mal eine »Pflegepause« ein, wenn Sie das Gefühl haben, dass dies Ihrer Haut jetzt guttun könnte. Es reicht dann auch aus, das Gesicht über einige Tage nur mit lauwarmem Wasser abzuspülen – beobachten Sie einfach, wie Ihre Haut reagiert. Meiner Meinung nach ist es sinnvoll, ab und zu eine gründliche Reinigung von einer Kosmetikerin durchführen zu lassen. So werden Unreinheiten schon in einem frühen Stadium entfernt, bevor es zu Entzündungen kommt. Außerdem tut diese Behandlung nicht nur der Haut, sondern auch der Seele gut.

TONER – DAS TÜPFELCHEN AUF DEM i

Wer möchte, kann nach der Reinigung ein Gesichtswasser verwenden. Das hilft der Haut, schneller wieder ihren Säureschutzmantel aufzubauen. Außerdem kann man mit einem auf den Hauttyp abgestimmten Gesichtswasser das Hautbild verbessern. Blütenwasser (zum Beispiel Sandelholz oder Orange) erfrischen normale Haut und machen den Teint rosig, während ätherische Ölzusätze aus Geranie, Rose und Ringelblume trockene Haut sanft pflegen und geschmeidig machen. Unbedingt vermeiden sollten Sie alkoholhaltige, entfettende und stark durchblutende Kräuterextrakte wie Kampfer, Salbei und Hamamelis, die trockene Haut aus dem heiklen Gleichgewicht bringen. Für fettige, großporige Haut empfehlen sich adstringierende Gesichtswasser. Adstringierend bedeutet so viel wie »zusammenziehend«, das heißt, dass dadurch die Poren verkleinert werden und das Hautbild feiner und klarer erscheint. Wunderbar sind zum Beispiel Produkte, die ätherische Öle von Teebaum, Lavendel, Ginseng oder Kamille enthalten.

Die Kosmetikindustrie bietet eine Fülle an Pflegeprodukten, bei der man schon mal den Überblick verlieren kann. Lassen Sie sich nicht beirren, und verwenden Sie nur, was Ihre Haut wirklich braucht.

Von Zeit zu Zeit tut ein Peeling der Haut ganz gut. Es fördert die Durchblutung, hilft bei der Regeneration der Hautzellen und lässt den Teint wieder strahlen.

Tipp: Mit alkoholhaltigem Gesichtswasser sollte man auch bei fettiger Haut sparsam umgehen, da es stark entfettet, was die Haut wiederum zu vermehrter Talgproduktion anregt – denn schließlich will sie sich ja schützen. So kann es zu einem Teufelskreis kommen, der der Haut nur schadet. Mit alkoholhaltigem Gesichtswasser behandelt man ganz gezielt nur die entzündeten Stellen.

PEELING FÜR EINEN STRAHLENDEN TEINT

Wer seiner Haut neben der täglichen Reinigung etwas Gutes tun möchte, macht ein- (bei normaler Haut) bis zweimal (bei fettiger Haut) pro Woche ein Peeling. Mikrofeine Schleifpartikel tragen abgestorbene Hautschüppchen der obersten Hautschicht ab, entfernen Talgablagerungen und fördern zugleich die Durchblutung der Haut. Die Haut fühlt sich danach feiner, glatter und sauberer an. Beim Peeling sollte man behutsam vorgehen, denn zu grobkörnige oder scharfkantige Schleifpartikelchen können die Haut langfristig schädigen. Die Peelingcreme immer mit ausreichend Wasser mischen. Toll sind auch Peel-off-Masken, die auf der Basis natürlicher Fruchtenzyme wirken. Ein Peeling führt man am besten abends durch, weil die Haut danach sehr lichtempfindlich ist. Wenn Sie das Peeling doch tagsüber machen, im Anschluss einen hohen Lichtschutzfaktor auftragen. Da die Haut nach dem Peeling besonders aufnahmefähig ist, ist es sinnvoll, direkt im Anschluss eine pflegende Maske aufzutragen.

Tipp: Bei trockener, empfindlicher Haut empfehlen sich besonders sensitive Creme-Peelings. Spezielle Enzym-Peelings reinigen die Haut ohne »Rubbel-Effekt« porentief und sehr schonend – das tut auch normaler Haut gut. Dazu wird feines Pulver in der Handfläche mit etwas Wasser aufgeschäumt, auf die gereinigte, feuchte Haut aufgetragen und nach wenigen Minuten mit klarem Wasser abgespült. Bei unreiner Haut sollte ein Dermatologe individuelle Reinigungstipps geben, da ein Peeling die Probleme noch verstärken kann.

»Die Schönheit brauchen wir Frauen, damit die Männer uns lieben.
Die Dummheit, damit wir die Männer lieben.«
COCO CHANEL

Pflege nach Maß

Die Auswahl an Cremes, Packungen und Ampullen mit den unterschiedlichsten Inhaltsstoffen ist atemberaubend – und fast täglich kommen neue verführerische Produkte hinzu. Da fällt es schwer, den Überblick zu bewahren. Doch keine Sorge, mit einigen Grundkenntnissen finden Sie sich in dem großen Hautpflegeangebot gut zurecht und können selbst entscheiden, was Ihrer Haut guttut.

WELCHE CREME FÜR WELCHE HAUT?

Wasserphase, Fettphase und Emulgator – das sind die Grundbestandteile jeder Creme. Da sich Wasser und Öl normalerweise nicht miteinander verbinden, braucht es ein Bindeglied, den Emulgator. Das Geheimnis liegt im Mischungsverhältnis von Öl und Wasser. Eine Öl-in-Wasser-Emulsion (→ Glossar Seite 268/269) enthält mehr Wasser als Öl, ist also feuchtigkeitsspendend, während eine Wasser-in-Öl-Emulsion (→ Glossar Seite 268/269) mehr Öl als Wasser beinhaltet und dadurch reichhaltiger ist. Allgemein kann man sagen: Bei einer fettigen Haut steht die Feuchtigkeitszufuhr im Vordergrund, deshalb ist zur Pflege fettiger Haut eine Feuchtigkeitscreme geeignet, die normalerweise auch einen kleinen Fettanteil besitzt. Trockene Haut hingegen braucht Schutz vor Umwelteinflüssen – dafür sorgt eine Creme mit hohem Fettanteil, die natürlich aber auch Feuchtigkeit spendet. Der Fettanteil legt einen schützenden Film über die Haut und verhindert, dass die Haut zu viel Feuchtigkeit verdunstet. Stellen Sie sich vor, wie die Haut nach einem ausgiebigen Bad aussieht: Obwohl sie Wasser satt bekommen hat, ist sie hinterher trockener als vorher. Bei normaler Haut ist ein ausgewogenes Verhältnis von Fett und Feuchtigkeit wichtig.

PFLEGENDE KOMPONENTEN

Unsere Haut braucht nicht nur Vitamine von innen, sondern dankt auch die Vitaminzufuhr von außen. Besonders wichtig für die Haut sind die Vitamine A, C und E. Sie wirken als Antioxidantien, die den Freien Radikalen den Garaus machen. Freie Radikale sind aggressive Moleküle, die der Körper, besonders wenn Sonnenlicht im Spiel ist, selbst bildet. Freie Radikale machen unter anderem die Hautmoleküle instabil, greifen die Reparaturmechanismen der Haut an – und führen also letztlich zu einer Hautalterung. Es ist in jedem Fall sinnvoll, wenn eine Creme die Vitamine A, E und C als Antioxidantien enthält.

Jede Haut braucht Feuchtigkeit. Enthält eine Creme Hyaluronsäure, bedeutet das viel Feuchtigkeit. Hyaluronsäure polstert die Haut auf und schafft einen straffenden Effekt. Fettige Haut dankt diesen Inhaltsstoffen, aber auch trockene Haut in Verbindung mit einem höheren Fettanteil. Trockener Haut kommt außerdem der Wirkstoff Urea zugute, auf dem ganze Pflegeserien basieren. Dieser synthetisch hergestellte Harnstoff schleust besonders viel Feuchtigkeit in die Haut. Ceramide sind Schönmacher für trockene Haut. Diese Fette, die auch im Körper vorkommen, unterstützen die Feuchtigkeitsspeicherung der Haut. Seidenproteine, Sheabutter, Avocado-, Mandel-, Rosen- und Karottenöl sind Geschenke der Natur, die besonders trockene Haut zart pflegen, aber auch für normale Haut und Mischhaut ausgezeichnet geeignet sind. Das sind, kurz zusammengefasst, die wichtigsten Pflegestoffe, die in Hautcremes vorkommen. Im Glossar auf Seite 268/269 finden Sie Erklärungen zu den hier erwähnten und weiteren Wirkstoffen, die Ihnen in der Kosmetikwerbung oder auf Packungsbeilagen begegnen könnten.

Tipp: Eine Tagescreme sollte neben wertvollen Wirkstoffen immer einen Lichtschutzfaktor (LSF) enthalten – ideal ist LSF 15.

DIE KRAFT AUS DEM MEER

Wirkstoffe aus dem Meer werden schon seit Jahrtausenden medizinisch und kosmetisch verwertet, und das aus gutem Grund. Algen sind besonders reich an Mineralstoffen, Vitaminen, Spurenelementen und Aminosäuren – natürliche Wirkstoffe, die auch der Haut guttun. Algenwirkstoffe spenden intensiv Feuchtigkeit und regen den Hautstoffwechsel sowie die Durchblutung an. Auch Meersalz weist eine hohe Konzentration an Mineralien und Spurenelementen auf, die beruhigend, entzündungshemmend und ausgleichend auf das Hautmilieu wirken,

die Mikrostruktur der Haut verbessern, den Hautstoffwechsel anregen und den Feuchtigkeitsgehalt der Haut stabilisieren und sie so geschmeidig halten.

Wasser spielt in jeglicher Hinsicht eine wichtige Rolle. Es spendet der Haut Feuchtigkeit und transportiert lebenswichtige Nährstoffe und Sauerstoff in unsere Zellen.

SO WIRKT DIE PFLEGE AM BESTEN

Pflegende Hautcremes, die Antioxidantien, nährende Öle und andere wertvolle Inhaltsstoffe enthalten, wirken am besten über Nacht. Denn während wir schlafen, läuft der Hautstoffwechsel auf Hochtouren. Achtmal höher als tagsüber ist dann die Zellteilungsrate. Alle Wirkstoffe eines Pflegeprodukts werden nachts optimal aufgenommen und verwertet. Aus diesem Grund sind Nachtcremes reichhaltiger als Tagescremes. Deshalb sollten Sie abends auch eine spezielle, auf Ihren Hauttyp abgestimmte Nacht- und keine Tagescreme auftragen. Und noch ein interessanter Punkt: Ganz gleich, ob abends oder morgens – Cremes sollten gleich nach der Reinigung in die noch feuchte Haut einmassiert werden, denn dann sind die Poren geöffnet und besonders aufnahmefähig!

Tipp: Wenn Sie Ihren Lippen etwas Gutes tun möchten, tragen Sie eine Pflege auf, die besonders wertvolle Zusätze wie Vitamin A und E, Panthenol und Allantoin (→ Glossar Seite 268) enthält. Das führt der empfindlichen Haut Feuchtigkeit zu und hält sie zart und geschmeidig.

ENTZÜNDLICHE HAUT PFLEGEN

Entzündliche Bereiche sollten morgens und abends sorgfältig gereinigt und mit einem antibakteriellen Gesichtswasser geklärt werden. Aber Vorsicht mit alkoholhaltigem Gesichtswasser! Diese Produkte wendet man, wie bereits erwähnt, nur sparsam und nicht großflächig an, da die Haut sonst zu einer verstärkten Talgproduktion angeregt wird. Punktuell kann man dann auf die entzündeten Stellen zinkhaltige Heilpaste auftragen – vorsichtig, ohne zu reiben oder Druck auszuüben. Teebaumöl wirkt desinfizierend: Dreimal täglich mit einem Wattestäbchen sanft auf die betroffenen Stellen tupfen. Wenn Sie den strengen Geruch von Teebaumöl nicht mögen, können Sie auch beruhigendes Lavendelöl ausprobieren. Arnikatinktur heilt ebenfalls. Kompressen mit Kräuterextrakten und ätherischen Ölen von Teebaum, Lavendel, Kamille oder Rosmarin wirken desinfizierend und entzündungshemmend. Mit einem antibakteriellen Abdeckstift können Sie punktuelle Problemstellen optisch kaschieren.

Heilerde-Packungen sind eine sinnvolle Pflegemaßnahme. Die feinen Partikel der Heilerde binden Talg, Bakterien, Hornschüppchen und Schmutzpartikel und versorgen die Haut im Gegenzug mit Mineralien und regen die Durchblutung an. Das Ergebnis: Unreine Haut wirkt klarer und rosiger. Bei fettig-trockener Mischhaut behandelt man nur die unreinen Partien und spart die trockenen Bereiche aus. Danach eine gute Feuchtigkeitscreme auftragen.

Tipp: Bei entzündlicher Haut ist es sinnvoll, sich ab und zu den Luxus einer professionellen Gesichtsreinigung bei einer Kosmetikerin zu gönnen. Diese Investition zahlt sich ganz bestimmt aus.

Extrakte aus Arnika (bot. Arnica montana), wie in Cremes, Gels, Tinkturen oder Öl, werden äußerlich angewendet und wirken entzündungshemmend und antiseptisch. Innerlich wird Arnika nur als homöopathisches Heilmittel eingesetzt.

AUGENBLICK MAL!

Die Haut um die Augen ist noch empfindlicher und dünner als die übrige Gesichtshaut und besitzt so gut wie keine Fett- und Talgdrüsen, keine Stützmuskulatur und kein polsterndes Unterfettgewebe, entbehrt also der sonst vorhandenen Schutzmechanismen. Äußere Einflüsse wie Wind, Wetter und Sonne hinterlassen hier deshalb besonders tiefe Spuren. Deshalb ist es wichtig, die Augenpartie umso sorgfältiger zu pflegen.

Verwenden Sie für die Augenpartie nicht Ihre normale Gesichtscreme, sondern eine spezielle Augencreme – denn diese enthält keine sogenannten Kriechfette, die über die feinen Hautlinien in die Augen gelangen und Reizungen hervorrufen können. Augencremes oder -gels sind meist sehr ergiebig, winzige

Mengen reichen schon aus. Geben Sie einen kleinen Tropfen auf die saubere Fingerspitze und klopfen Sie das Produkt vom äußeren Augenwinkel hin zum inneren sanft ein. Am besten macht man das mit dem Ringfinger, da dieser nicht so druckvoll klopft wie der Zeigefinger. Abends ist der beste Zeitpunkt für eine reichhaltigere Augenpflege, da die Haut nachts besonders aufnahme- und regenerationsfähig ist. Morgens tut ein erfrischendes, abschwellendes, möglichst fettfreies Gel gut.

Tipp: Beruhigend und pflegend wirken gerade bei strapazierten, gereizten Augen (zum Beispiel durch viel Bildschirmarbeit) Produkte mit Augentrost (Euphrasia), einer klassischen Heilpflanze gegen Entzündungen im Augenbereich.

GESCHÄDIGTE HAUT VERWÖHNEN

Ein Wochenende am See, in den Bergen, beim Skifahren – was uns entspannt, fit hält und Spaß macht, kann für unsere Haut eine ganz schöne Belastung sein, denn sie ist Wind und Wetter unmittelbar ausgesetzt. Klar, dass ein hoher Lichtschutzfaktor oder besser noch ein Sunblocker bei allen Outdoor-Aktivitäten ein absolutes Muss ist – doch manchmal ist die Sonne noch stärker oder der Wind noch kälter als erwartet, das ist jedem von uns schon mal passiert. Nach einer Überdosis Sonne spannt die Haut, fühlt sich pergamentartig und spröde an. Sie hat viel Feuchtigkeit verloren, und die oberste Hautschicht ist regelrecht verbrannt. Erste Hilfe: Wenig bis kein Fett, dafür umso mehr Feuchtigkeit zuführen. Produkte mit Hyaluronsäure sorgen für viel Feuchtigkeit. Toll sind Aloe-Vera-Produkte, ideal ist reines Aloe-Vera-Gel, das Feuchtigkeit in die Haut bringt, dort speichert und außerdem schmerzstillend und heilend wirkt. Auch Produkte mit Gingko-Extrakten beruhigen und pflegen. Der Vitaminkomplex A, C und E bindet die Freien Radikale und verlangsamt die Hautalterung. Besonders jetzt sollten Sie auf mineralölhaltige Produkte (Paraffine, Silikone) und chemische Konservierungsstoffe verzichten.

Tipp: Die Aloe vera oder auch Wüstenlilie ist heute eine der beliebtesten Heilpflanzen mit antibakterieller, wundheilender Wirkung. Aloe-Vera-Gel gewinnt man direkt aus der gleichnamigen, dickfleischigen Pflanze. Probieren Sie es mal aus, wenn Sie zufällig eine auf der Fensterbank stehen haben: Eines der fleischigen Blätter abschneiden, aufritzen und den klaren, gelartigen Saft auf die Haut auftragen.

Aloe vera ist in den verschiedensten Formen erhältlich – als Gel, Saft oder Creme. Die Pflanze ist ein wahrer Cocktail aus Mineralstoffen und Vitaminen und wirkt sowohl äußerlich als auch innerlich.

Anti-Aging – Tipps für junge Haut

Beim Blick in den Spiegel erkennt man irgendwann, dass sich feine Linien um Mund und Augen bilden, die sich allmählich zu ersten Fältchen auswachsen. Die Spannkraft der Haut lässt in bestimmten Bereichen, zum Beispiel an der Unterkieferkante, nach. Unsere Haut altert – aber das ist keine Katastrophe.

WARUM ALTERT DIE HAUT?

Freie Radikale sind verantwortlich für den Alterungsprozess. Unser Körper bildet sie selbst und Sonnenlicht oder Stress begünstigen ihre Bildung. Freie Radikale sind aggressive Moleküle, die selbst keine elektrische Ladung besitzen und deshalb versuchen, den Zellen (also auch den Hautzellen) ihre Ladung abzujagen. Das schwächt die Zellen, sie verlieren ihre Stabilität. Gleichzeitig gerät das Gefüge der körpereigenen Stützstoffe wie Kollagen und Elastin aus dem Gleichgewicht. Die Folge: Die Spannkraft der Haut lässt nach; die Haut kann weniger Feuchtigkeit speichern, wird welk und müde. Schlechte Gewohnheiten machen sich nicht selten erst Jahre später bemerkbar – dann nämlich, wenn die Haut (vorzeitig) altert. Rauchen, zu viel Alkohol, zu wenig Schlaf, Stress, falsche Ernährung, zu wenig Bewegung und frische Luft sowie ausgiebige Sonnenbäder beeinflussen das Hautbild negativ.

WAS DIE HAUTALTERUNG VERZÖGERN KANN

Kosmetikhersteller bringen innovative Produkte auf den Markt, die tolle Effekte erzielen und in Kombination mit einem vernünftigen Lebensstil die Hautalterung »entschleunigen« können. Hier sind die fünf wichtigsten Anti-Aging-Wirkstoffe.

»Falten muss man weglächeln. Ein strahlendes Gesicht macht jugendlicher als das teuerste Lifting.«
JANE FONDA

Hyaluronsäure: Diese körpereigene Substanz besitzt ein hohes Wasserbindungsvermögen und bewahrt die Haut vor dem Austrocknen. Da mit zunehmendem Alter der Gehalt an Hyaluronsäure in der Haut abnimmt, sollte man sie mit entsprechenden Pflegeprodukten von außen zuführen.

Vitamine A, C und E: Sie zählen zu den wichtigsten Vitaminen. Vitamin A fördert die Regeneration der durch UV-Einstrahlung geschädigten Haut, macht die untere Hautschicht fester und die obere feiner. Kleinere Fältchen und Altersflecken können so gemindert werden. Vitamin C wirkt gegen Freie Radikale und ist an der Kollagensynthese beteiligt, wodurch es zur Festigung und Straffung des Bindegewebes beiträgt. Auch Vitamin E ist ein Radikalfänger und verbessert außerdem die Wasserbindefähigkeit der Hornschicht.

Kollagen: Es spielt beim Hautreparaturprozess eine wichtige Rolle. In Pflegeprodukten wird dieser Prozess nachgeahmt, um über die Anregung der Kollagen-Herstellung die natürliche Regeneration der Haut zu fördern und zu beschleunigen. Resultat: Sichtbare Milderung von Linien und Fältchen sowie eine verbesserte Geschmeidigkeit und attraktiveres Aussehen der Haut.

Q10: Das Coenzym Q10 ist ein Radikalfänger und spielt außerdem bei der Energiegewinnung der Zellen eine Rolle – Energie, die die Zellen für ihre Funktionen und Stoffwechseltätigkeiten brauchen. Das heißt: Durch Q10 bekommen alternde Zellen neue Energie und können sich besser regenerieren, was schließlich zu einer Reduzierung der Faltentiefe führt.

UV-Filter: UV-Strahlung hat einen ganz wesentlichen Anteil an der vermeidbaren sichtbaren Hautalterung. Sie führt zu Falten, schädigt das Bindegewebe durch Kollagenabbau und führt zu Altersflecken.

Aus den Blütenblättern von Rosen wird durch Wasserdampfdestillation Rosenöl gewonnen. Die verwendeten Blüten stammen vorwiegend aus Bulgarien, Frankreich, Marokko und der Türkei und werden von Hand gepflückt.

WELCHE PRODUKTE SIND SINNVOLL?

Am wichtigsten ist die Verwendung von Tages- und Augenpflege-Produkten, um die Haut tagsüber vor schädlichen Umwelteinflüssen zu schützen. Die zusätzliche Verwendung einer Nachtcreme unterstützt die Regeneration der Haut in der Nacht. Hochwertige Öle nähren die reife Haut, zum Beispiel Nachtkerzen-, Rosen-, Geranien-, Neroli-, Jasmin- und Sandelholzöl. Seidenproteine runden die Pflege ab.

Masken für jeden Hauttyp

Aus Obst, Milchprodukten, Ölen und Säften lassen sich wunderbare Beautyhelfer für Gesicht, Hals und Dekolleté herstellen. Die Zutaten bekommen Sie im Supermarkt, Öle in der Drogerie oder Apotheke. Achten Sie bitte darauf, nur unbehandeltes Obst und Gemüse bzw. ausgewiesene Bio-Produkte zu verwenden.

MIT EINEM PEELING BEGINNEN

Ein Peeling entfernt abgestorbene Hautschüppchen und öffnet die Poren; Masken und Ampullen entfalten danach ihre volle Wirkung. Einfach herzustellen ist ein Salz-Peeling. Mischen Sie 100 Gramm Meersalz mit zwei bis drei Teelöffel Olivenöl – je trockener und feinporiger die Haut, desto feinkörniger sollte das Meersalz sein. Den Brei mit kreisenden Bewegungen in Gesichtshaut und Dekolleté einmassieren, Augen- und Mundbereich großzügig aussparen. Unter fließendem Wasser abwaschen.

HAFERFLOCKEN NÄHREN

Macht trockene, spröde Haut herrlich geschmeidig. Sechs Esslöffel Haferflocken mit wenig Wasser zu einem zähen Brei verrühren, etwas Honig und Aloe-Vera-Gel untermischen. Die Masse auftragen, leicht einmassieren und fünf Minuten einwirken lassen. Mit viel lauwarmem Wasser abnehmen.

AVOCADO REGENERIERT

Gut für trockene oder strapazierte Haut. Eine reife Avocado schälen, mit drei Esslöffeln Naturjoghurt und wahlweise frischer Minze oder Petersilie pürieren. Maske auftragen und 30 Minuten einwirken lassen. Anschließend mit warmem Wasser abwaschen.

ERDBEEREN DURCHBLUTEN

Da freut sich auch die normale Haut. 100 Gramm Erdbeeren mit der Gabel zerdrücken und mit je einem Esslöffel Honig und Quark vermischen. Dann einen Teelöffel Oliven- oder Rapsöl unterziehen. Die Maske sollte 20 Minuten auf Gesicht und Dekolleté einwirken. Danach mit einer warmen Kompresse abnehmen.

GURKE VERKLEINERT POREN

Perfekt für großporige Haut. Eine halbe Gurke längs aufschneiden, mit einem Löffel die Kerne herauskratzen, dann im Mixer zerkleinern. Zwei Esslöffel Quark und einen Esslöffel Sahne unter den Brei heben. Die Mischung auf Gesicht und Dekolleté auftragen. 20 Minuten einwirken lassen, anschließend abwaschen.

HEILERDE KLÄRT UND BELEBT

Toll bei Unreinheiten und fettiger Haut. Zwei Esslöffel lauwarmes Olivenöl mit zwei Esslöffeln Heilerde und tropfenweise heißem Wasser verrühren. Den Brei auftragen und 20 Minuten einziehen lassen. Mit warmem Wasser abnehmen.

HONIG GLÄTTET FÄLTCHEN

Bringt trockene und empfindliche, aber auch normale Haut zum Strahlen. Einen Teelöffel Honig und zwei Teelöffel Sesamöl verrühren, dann zwei Eigelb unterziehen. Die Masse auftragen, 15 Minuten einwirken lassen, mit reichlich warmem Wasser abspülen.

JOJOBA NÄHRT

Gibt trockener Haut Nährstoffe und Feuchtigkeit. Drei Esslöffel Jojoba-Öl leicht anwärmen, damit es flüssig wird. Mit pürierter Avocado glatt rühren. Die Maske auf Gesicht und Dekolleté auftragen. Nach 20 Minuten gründlich abwaschen.

EIWEISS STRAFFT

Gibt müder, welker Haut Spannkraft. Drei Eiweiß mit drei Esslöffel Honig steifschlagen. Den Schaum auf Gesicht und Hals verteilen. 20 Minuten einwirken lassen, dann mit warmem Wasser abspülen.

Jojobaöl – eigentlich ein flüssiges Wachs – wird aus den Nüssen des Jojobastrauchs (bot. Simmondsia chinensis) gewonnen. Jojobaöl enthält unter anderem wertvolle Fettsäuren und die Vitamine A und E.

DIE
LOOKS

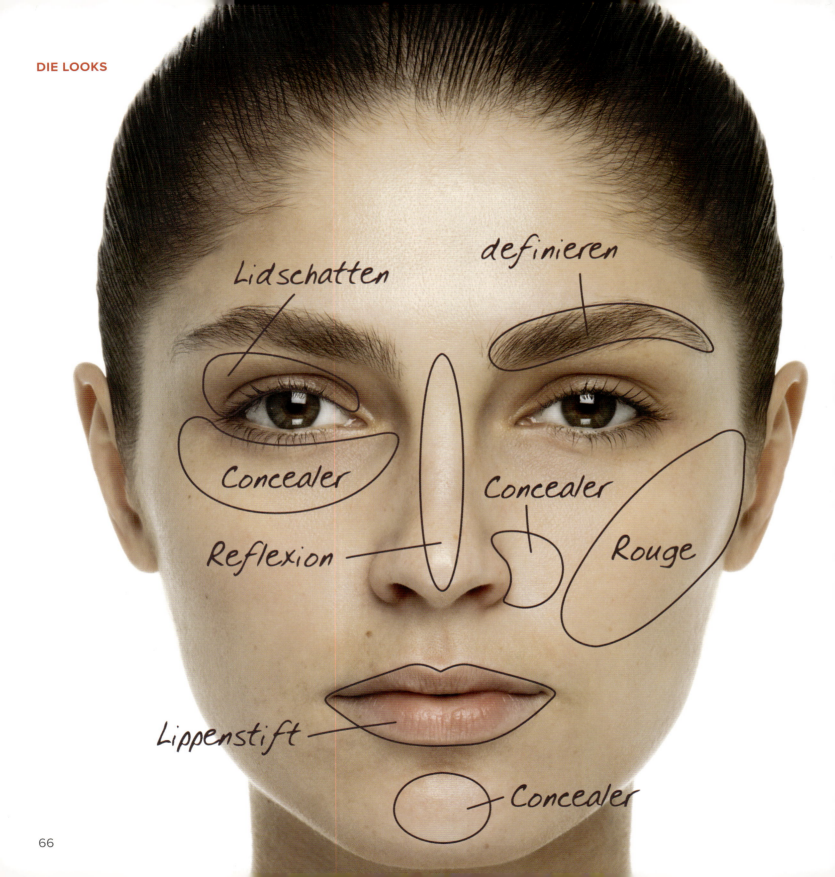

definieren

Lidschatten

Concealer

Concealer

Reflexion

Rouge

Lippenstift

Concealer

Look 01

Natalia schminke ich im sogenannten Nude-Look. »Nude« bedeutet aber nicht unbedingt, dass nur mit wenig Farbe und mit sehr hellen, unauffälligen Tönen gearbeitet wird. Man kann auch bei einem Nude-Make-up mit Farben und verschiedenen Texturen spielen und beispielsweise einen dunklen Lidschatten in einem Braun- oder Goldton verwenden. Wichtig ist nur, dass das Ergebnis am Ende vollkommen natürlich aussieht und keine Übergänge zu sehen sind. Um die Übergänge perfekt auszublenden, arbeiten Sie am besten mit einem Concealer. Selbst wenn Sie einmal zu viel Lidschatten aufgetragen haben, können Sie die Farbe am äußeren Augenwinkel einfach mit etwas Concealer wieder »verschwinden« lassen.

GRUNDIERUNG

Bevor ich das flüssige Make-up auf Natalias Gesicht verteile, creme ich ihr Gesicht mit einer Feuchtigkeitscreme ein, um eventuelle trockene Hautpartien zu glätten und das Gesicht ebenmäßiger zu machen. Außerdem vermeide ich dadurch, dass Partikelchen des Flüssig-Make-ups an den trockenen Stellen haften bleiben, was die Grundierung fleckig aussehen lassen würde. Als Feuchtigkeitscreme können Sie Ihre individuelle Tagescreme benutzen, die auch ruhig etwas reichhaltiger sein darf – denn egal, ob Sie fettige, trockene oder Mischhaut

haben, ausreichend Feuchtigkeit braucht jeder Hauttyp! Ebenso empfehlenswert ist eine Creme mit Lichtschutzfaktor, um lichtbedingter Hautalterung und -schädigung vorzubeugen.

Nachdem die Creme gut eingezogen ist, tupfe ich eine kleine Menge Flüssig-Make-up auf Natalias Stirn, ihre Nase, ihr Kinn und ihre Wangen und verteile die Foundation gleichmäßig von der Nase aus nach außen. Achten Sie beim Grundieren darauf, dass keine unschönen Ränder zum Hals oder zu den Ohren hin zu sehen sind. Für einen lebendigen und frischen Teint setze ich mit dem Concealer nun unter Natalias Augen, auf ihren Nasenrücken, um die Nase herum, um die Lippen herum und am Kinn kleine Aufhellungen, die das Gesicht modellieren. Unter den Augen sollten Sie nur mit wenig Concealer arbeiten, denn da der Concealer ein hochpigmentiertes Make-up ist, reicht eine kleine Menge vollkommen. Die Creme nur auftupfen und nicht großflächig auftragen, da sonst am Ende ein breiter, heller Streifen zu sehen ist. Der Fokus liegt beim Auftragen wirklich nur dort, wo Schatten zu sehen sind, also beispielsweise an den inneren und äußeren Augenwinkeln. Diese Schatten werden weggenommen. Ich verwende Concealer aber auch dort, wo ich Reflexionen haben möchte. Nun arbeite ich die Textur gut in das bereits aufgetragene Make-up ein, sodass alle Übergänge harmonisch und nahezu unsichtbar ineinander verlaufen.

AUGEN

Den dunklen Lidschatten setze ich fast ausschließlich in den Lidbogen, also in den halbrunden Übergang zwischen beweglichem und unbeweglichem Lid: Ich trage die Farbe nicht zu weit innen auf, sondern etwa einen Fingerbreit neben dem Nasenansatz und ziehe den Lidschatten ein bisschen über das Auge nach außen hinaus. Natalias Blick wird damit sozusagen geschärft. Auf das gesamte bewegliche Lid verteile ich nun einen Lidschatten. Jetzt kommt die Wimpernzange zum Einsatz. Sie sorgt dafür, dass Natalias Augenaufschlag unwiderstehlich wird. Damit das auch gelingt, setze ich die Wimpernzange nah am Wimpernansatz an, achte darauf, dass ich wirklich alle Wimpern erfasse und drücke die Zange fest, aber dennoch vorsichtig zu. Danach ziehe ich sie einen Millimeter weiter weg vom Wimpernansatz und drücke sie noch einmal zu. Das Ganze wiederhole ich nun noch ein drittes Mal, dann sind die Wimpern optimal für das Tuschen vorbereitet. Das Mascarabürstchen setze ich möglichst nah am Wimpernansatz des oberen Wimpernkranzes an und trage die Tusche in einer Zickzackbewegung bis in die Spitzen auf. Wer mag, kann das Tuschen auch noch einmal wiederholen. Die unteren Wimpern betone ich nur ganz leicht mit der Farbe. Danach bürste ich Natalias Augenbrauen leicht nach oben und fahre sie mit dem eben benutzten Mascarabürstchen, in dem noch ein Rest Wimperntusche ist, nach, damit sie ein wenig intensiviert werden und zugleich in Form bleiben.

ROUGE

Das Rouge setze ich jeweils auf den höchsten Punkt und unterhalb des Wangenknochens und lasse es ganz sanft zur Nase hin auslaufen. Mit dem Concealer blende ich nun noch die Grenze vom Rouge zur Grundierung aus, damit nur ein Hauch Farbe auf den Wangen zu sehen ist.

LIPPEN

Von einem nudefarbenen Lippenstift, also einem Ton, der dem natürlichen Hautton von Natalias Lippen entspricht, nehme ich mit einem Lippenpinsel etwas Farbe auf und zeichne als Erstes Natalias Lippenform von außen nach innen nach. Ich arbeite deswegen immer von außen nach innen, da diese Technik die Lippen voluminöser erschei-

nen lässt; würde ich von innen nach außen arbeiten, würde die Lippenlinie abfallen, also schmaler wirken. Ist die Lippenkontur gezogen, verteile ich den Lippenstift – ebenfalls mit dem Pinsel – auf Natalias Lippen. Abschließend »verschärfe« ich die Lippenform noch einmal mit dem Concealer. Dazu nehme ich einen kleinen Concealerpinsel, gehe außen an der Lippenlinie entlang und schärfe die Linie von außen nach innen nach.

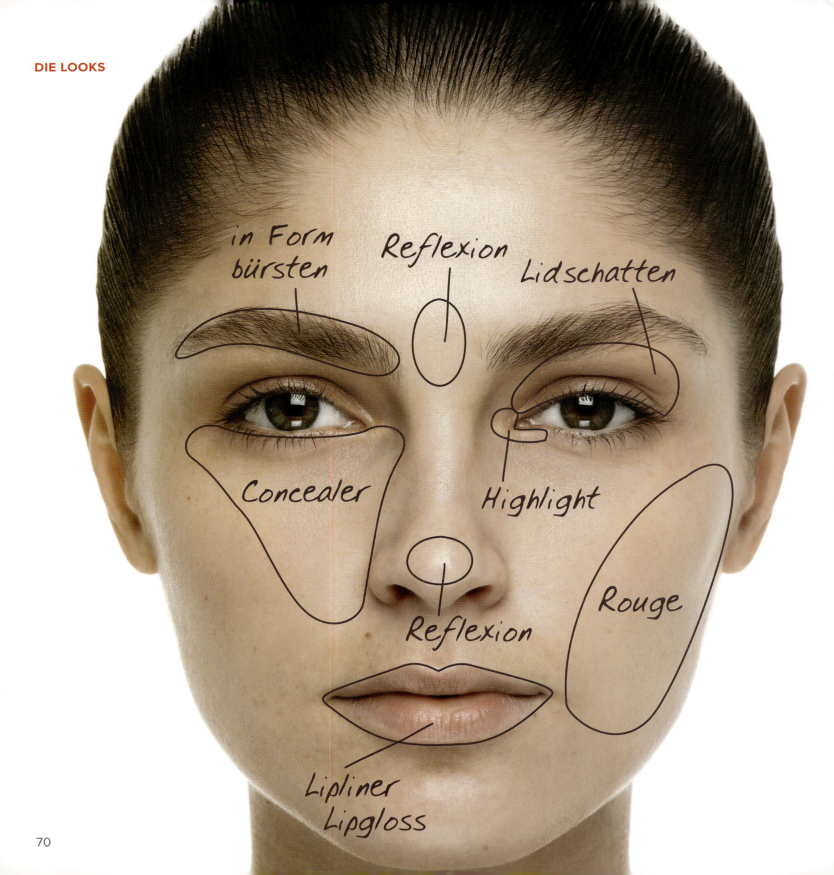

in Form
bürsten

Reflexion

Lidschatten

Concealer

Highlight

Reflexion

Rouge

Lipliner
Lipgloss

Look 02

Mit einem Make-up wie diesem sind Sie für alle Gelegenheiten bestens gerüstet. Ob im Alltag, im Büro, auf Partys oder beim abendlichen Rendezvous, so können Sie überall glänzen. Das Augen-Make-up ist dabei eher unauffällig gestaltet, wohingegen die Lippen sehr betont sind. Die Farbe können Sie natürlich je nach Geschmack wählen, vielleicht ist Ihnen ein etwas schwächerer Farbton lieber oder Sie verstärken die Lippen noch, indem Sie einen dunkleren oder röteren Ton wählen oder einfach noch mehr Lipgloss darübergeben.

GRUNDIERUNG

Nachdem ich mir ein Bild davon gemacht habe, wie Natalias Haut beschaffen ist, creme ich sie mit einer reichhaltigen Creme ein, um trockene Stellen auszugleichen. Noch bevor die Creme ganz eingezogen ist, verteile ich flüssiges Make-up darauf, sodass Make-up und Creme sich verbinden und ein ganz ebenmäßiger Teint entsteht. Dann gebe ich mit dem Pinsel noch etwas Concealer unter die Augen, um Schatten auszugleichen. Mit einem kleinen Concealerpinsel ziehe ich anschließend die Lippenlinie von außen nach innen nach und schärfe so die Kontur. Für die kleinen Glanzpunkte zwischen den Augenbrauen, auf der Nase und um die Nase herum mische ich einen Tropfen Feuchtigkeitscreme mit etwas Concealer auf dem Handrücken und gehe damit auf der Nase entlang, von

unter den Augen fast bis zu den Nasenflügeln, sodass das Gesicht noch klarer und offener wirkt. Wenn Sie wollen, können Sie auch ein wenig davon oben an die Stirn geben. Wichtig ist aber, bei der Nasenwurzel zu unterbrechen und erst wieder Glanz in den Bereich von der Nasenspitze bis etwa zwei Zentimeter nach oben zu setzen. Ein glänzendes Kinn sollten Sie grundsätzlich vermeiden, das wirkt nie schön.

Abschließend pudere ich das Gesicht einmal ab, dabei lasse ich die Stellen frei, an denen ich Glanz haben möchte. Nun habe ich ein wunderbar vorbereitetes, beinahe »leeres« Gesicht, das ich nach Bedarf gestalten kann.

AUGEN

Falls auf den Lidern noch kleine rote Äderchen oder Farbveränderungen zu sehen sind, gehe ich hier mit ganz wenig Concealer darüber, um ein einheitliches, schönes Bild zu erreichen. Anschließend pudere ich das Lid einmal ab. Weil Natalia bereits sehr schöne, ausdrucksstarke Augen hat, möchte ich bei diesem Look eher die Lippen betonen. Für die Augen verwende ich daher einen Lidschatten in einer zurückhaltenden Farbe, der aber deutlich glänzt (im Bild rechts). Mit einem relativ flachen und breiten Pinsel gebe ich diesen funkelnden Lidschatten nun auf das komplette bewegliche und unbewegliche Lid. Im inneren Augenwinkel setze ich ein Highlight mit einem helleren, leicht reflektierenden Lidschatten und arbeite das Ganze so gut in das Augen-Make-up ein, dass keine Übergänge zu sehen sind.

Nun nehme ich die Wimpernzange, fange an den Ansätzen an, drücke relativ fest zu und gehe dann mit der Zange weiter. So forme ich die Wimpern Millimeter für Millimeter, sodass sie einen wunderbaren Schwung erhalten. Die Augen erscheinen dadurch noch offener und Natalias Strahlen kommt bestens zur Geltung. Zum Schluss tusche ich die Wimpern oben richtig kräftig, aber unten nur ein ganz kleines bisschen. Da mir Natalias Augenbrauen so, wie sie sind, gut gefallen, möchte ich hier gar nicht viel verändern. Deshalb bürste ich sie lediglich etwas in Form.

ROUGE

Das Rouge setze ich an den höchsten Punkt der Wangenknochen und ziehe es etwas nach vorne in Richtung Mund, lasse es aber ganz weich auslaufen. Sollten Sie zu viel Rouge aufgetragen haben, können Sie mit dem Concealer noch etwas nacharbeiten und das Rouge abdämpfen: einfach etwas Concealer auf die Fingerspitze geben und dann die Übergänge soften, soften, soften. So erhalte ich einen tollen ebenmäßigen Teint.

LIPPEN

Als Nächstes kommen die Lippen an die Reihe. Mit einem Lipliner in diesem kräftigen Magenta setze ich an den Außenwinkeln an und ziehe die Lippenlinie sorgfältig nach. Dann fülle ich mit dem Lipliner die kompletten Lippen aus. Um dem Ganzen einen schönen Glanz zu verleihen, gebe ich nur ein wenig Lipgloss auf den Finger und betupfe damit die Lippen. Schon ist dieses sensationelle Make-up fertig.

3 verschiedene
Lidschatten
als Highlight

in Form
bürsten

Concealer

Rouge

Reflexion

Lipliner
Lippenstift

Lipgloss

Look 03

Das feminine Allround-Make-up, das Johanna hier trägt, ist nahezu für jede Gelegenheit geeignet. Sie können es tagsüber tragen, im Büro, aber genauso bei einem Opernbesuch oder einem Date.

GRUNDIERUNG

Nachdem ich Johannas Gesicht sorgfältig mit einer Feuchtigkeitscreme eingecremt habe, verwende ich bei ihrer ohnehin sehr ebenmäßigen und glatten Haut ein Mineral-Make-up, das heißt, eine Make-up-Grundierung auf Puderbasis, die keine Konservierungsstoffe und kein Parfum enthält und die Haut sehr natürlich aussehen lässt. Ich verteile das Make-up mithilfe eines sogenannten Kabuki-Pinsels in weichen, kreisenden Bewegungen auf dem ganzen Gesicht: unter den Augen, um den Mund herum, auf dem Nasenrücken, auf den Nasenflügeln und am Ohr. Die Oberfläche des Kabuki-Pinsels ist nicht gerade, sondern weist eine kleine Rundung auf, wodurch die Deckkraft zwar etwas geringer ist, der Look jedoch viel natürlicher wirkt. Umso öfter ich mit dem Make-up über die Haut gehe, desto höher wird die Deckkraft. Das ist besonders vorteilhaft bei unreiner Haut, weil auch die auf diese Weise sehr natürlich abgedeckt werden kann. Johannas Haut wirkt danach wunderbar zart und sexy. Unter den Augen und auf dem Nasenrücken arbeite ich mit dem Concealer etwas nach, sodass eine schö-ne Reflexion entsteht und Johannas Nase noch einmal modelliert wird.

AUGEN

Als Lidschatten wähle ich einen dunklen Ton. Ich setze den Lidschattenpinsel in einem 90-Grad-Winkel am äußeren Ende der Lidfalte an, also exakt in den Übergang zwischen beweglichem und unbeweglichem Lid, ziehe den Bogen zwei- oder dreimal nach und softe die Farbe in Richtung Augenbraue aus. Dieselbe Farbe verwende ich auch unter den Augen und verteile sie dort von den äußeren Augenwinkeln bis nach innen. Für das bewegliche Lid verwende ich eine weitere Farbe und lasse diese weich in die Lidfalte hinein auslaufen. Danach gehe ich mit dem Pinsel, mit dem ich den dunklen Ton aufgetragen habe, noch mal in die Lidfalte und lasse den dunklen Lidschatten über den anderen Ton weich zum Wimpernkranz hin auslaufen. Nun verwende ich einen neuen, sauberen Pinsel, nehme damit einen reflektierenden, etwas helleren Lidschattenton auf, verteile ihn unter der Augenbraue und ziehe ihn von oben nach unten bis zum Wimpernkranz. Im inneren Augenwinkel setze ich im selben Ton ein Highlight und ziehe den Lidschatten dann mit dem Pinsel einfach am Unterlid bis unter die Pupille. Mit einem weißen Kajal ziehe ich ganz zart das untere Innenlid nach. Wenn Johanna nun ihre Augen zusammenpresst, verteilt sich – wie bei einem Stempelkissen – ein Hauch Farbe auch auf dem oberen Lid.

Als Nächstes forme ich Johannas Wimpern zwei- oder dreimal mit der Wimpernzange und gebe danach auf den oberen Wimpernkranz nur einen Hauch brauner Wimperntusche, sodass das Ganze sehr natürlich aussieht. Johannas Augenbrauen möchte ich gar nicht groß verändern oder färben, deshalb bürste ich sie lediglich ein bisschen in Form.

ROUGE

Das Rouge gebe ich jeweils auf den höchsten Punkt des Wangenknochens und lasse es weich nach unten hin, in Richtung Nase, auslaufen. Damit die Übergänge nahezu unsichtbar werden, schattiere ich die Stelle noch mit einem großen Pinsel nach. Sie können beim Rougeauftrag ruhig einmal ganz verschiedene Techniken ausprobieren. Wenn Sie Rouge zum Beispiel in einem 90-Grad-Winkel auftragen, wird ein anderer Effekt zu sehen sein, als wenn Sie es in einem 45-Grad-Winkel auftragen. Ebenso können Sie als weitere Variante versuchen, das Rouge einmal gegen die Pinselrichtung aufzutragen, also vom Ohr zur Gesichtsmitte. Auch so verändert sich die Wirkung.

LIPPEN

Nun wende ich mich der Mundpartie zu: Johannas Mundwinkel ziehe ich mit einem Lipliner nach, um die Kontur etwas zu schärfen. Den Lippenbogen und die Mitte der Unterlippe lasse ich aber frei. Ich setze den Stift also jeweils etwa einen Zentimeter daneben an und ziehe die Kontur dann von dort nach außen. Danach male ich Johannas Lippen mit einem zart glänzenden Lippenstift aus und setze mit einem Lipgloss oben und unten in die Mitte der Lippen jeweils noch etwas mehr Glanz.

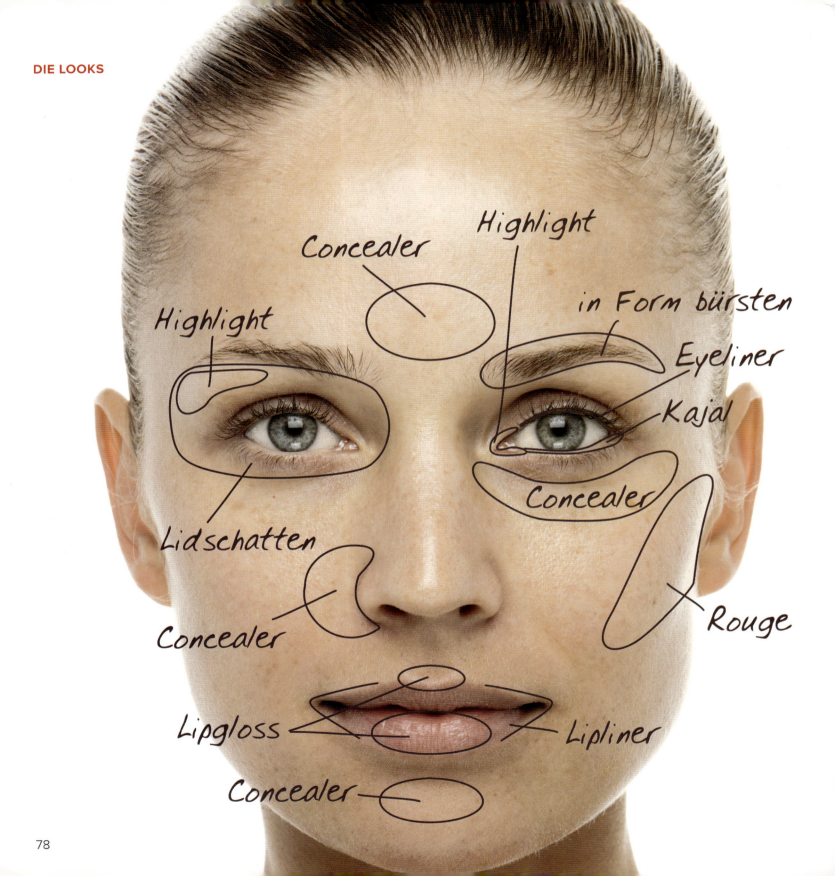

Highlight

Concealer

Highlight

in Form bürsten

Eyeliner

Kajal

Concealer

Lidschatten

Concealer

Rouge

Lipgloss

Lipliner

Concealer

Look 04

Smoky Eyes werden nie aus der Mode kommen und sind immer wieder ein sensationelles Abend-Make-up. Allerdings gibt es dabei viele mögliche Varianten, Hauptsache ist aber immer, diesen Look mit großer Überzeugung zu tragen. Für dieses Make-up brauchen Sie vielleicht ein bisschen Übung, aber es ist zu schaffen.

GRUNDIERUNG

Wieder creme ich Johannas Gesicht mit einer Feuchtigkeitspflege ein und lasse die Creme vollständig einziehen. Achten Sie darauf, dass Sie dabei die Augen und Wimpern nicht einfetten, damit später das Augen-Make-up auch gut hält. Creme auf den Wimpern macht den perfekten Schwung fast unmöglich. Als Grundierung verwende ich ein flüssiges Make-up, tupfe es auf Stirn, Nase, Kinn und Wangen und verteile es gleichmäßig. Für Geübte ist das fast so wie ein zweites Eincremen und auch genauso einfach. Die Base sollte in drei Minuten perfekt sein und keine harten Übergänge hinterlassen. Am besten ist es, ein Make-up im Hautton zu benutzen, so geht das dann ganz einfach. Empfehlenswert ist es daher, verschiedene Farbnuancen zu Hause zu haben, denn im Sommer kann sich der Farbton der Haut schon nach ein paar Stunden an der frischen Luft um ein oder zwei Nuancen verändern.

Den Concealer tupfe ich unter die Augen, auf die Stirn, um die Nase herum und auf das Kinn, um das Gesicht zu modellieren, und fixiere das Make-up mit losem Puder, den ich je nach Stelle mit einem großen und einem kleinen Pinsel auftrage.

AUGEN

Für den Smoky-Eyes-Effekt arbeite ich mit verschiedenen Texturen. Ich beginne erst einmal damit, die Augenlider abzupudern. Nun setze ich am oberen Rand, unter den letzten zwei Dritteln der Augenbraue großzügige Highlights – und zwar am linken und rechten Auge. Nun folgt der Lidstrich (→ Seite 193): Ich ziehe den Lidstrich mit flüssigem Eyeliner am oberen Lid vom inneren Augenwinkel nach außen, sodass die Betonung außen liegt. Das intensive Schwarz ist ein toller Kontrast zu Johannas sensationeller Augenfarbe und lässt die Augen förmlich strahlen. Den schwarzen Kajal setze ich nun unter das Auge und auf das innere Unterlid sowie im äußeren Augenwinkel. Wenn Johanna nun ihre Augen zusammenpresst, verteilt sich – wie bei einem Stempelkissen – ein Hauch Farbe auch auf dem oberen Lid.

Auf dem beweglichen Lid verteile ich einen grau- oder braun-schwarzen Lidschatten und lasse ihn auch in den Lidbogen hineinlaufen. Nun gehe ich wieder in das Schwarz im Lidbogen, ziehe die Farbe leicht nach oben und schattiere das Ganze so aus, dass keine Übergänge mehr zu erkennen sind. Wichtig ist dabei, nicht zu nah an den Nasenrücken heranzugehen und an beiden Augen gleichmäßig zu arbeiten.

Unter den Augen setze ich ebenfalls den grau- bzw. braun-schwarzen Lidschatten, schaffe in den Augenwinkeln eine Verbindung zum Oberlid und softe die Farbe dort aus. Dazu fange ich mit der dunkelsten Farbe an und lege eine Schicht Farbe nach der anderen darüber. Hierfür nehme ich mit einem relativ flachen, etwa einen Zentimeter langen Pinsel die Farbe auf und fahre die kleine Wöl-bung unter dem Auge von innen nach außen mehrmals nach. Mit einem neuen Pinsel schattiere ich rechts und links die Übergänge.

Auf die inneren Augenwinkel oben und unten gebe ich denselben Lidschatten als Highlight, den ich zu Beginn unter die Augenbrauen gesetzt habe, um den Fokus damit auf die Augen zu legen.

Nun bringe ich die Wimpern mit der Wimpernzange in Form und tusche sie oben und unten sehr intensiv. Sie können die Wimpern ruhig sechs-, siebenmal tuschen. Falls kleine Farbpartikelchen des Make-ups unter die Augen gebröselt sind, können Sie sie mit dem Concealer-pinsel einfach »wegwischen« und gleichzeitig die Linie von außen nach innen noch einmal nachziehen. Fangen Sie

dazu einfach an der Schläfe an und ziehen einen Strich bis unter das Auge, dann setzen Sie ein zweites Mal an der Nasenwurzel an und verbinden die zwei Striche. Das klärt den Blick und unterstützt die Wirkung der Augen. Johannas Augenbrauen bürste ich zum Schluss nur noch in Form.

ROUGE

Das Rouge habe ich bei Johanna jeweils auf den höchs-ten Punkt des Wangenknochens gesetzt und in weichen Bewegungen zur Nase hin auslaufen lassen.

LIPPEN

Bei den Lippen wähle ich einen Farbton, der um etwa zwei Nuancen intensiver ist als Johannas eigener Haut-ton und ziehe die Lippenkontur mit einem Lipliner in der eigenen Lippenfarbe von außen nach innen nach. Nun noch ein wenig Lipgloss auf die Lippen und der Look ist perfekt!

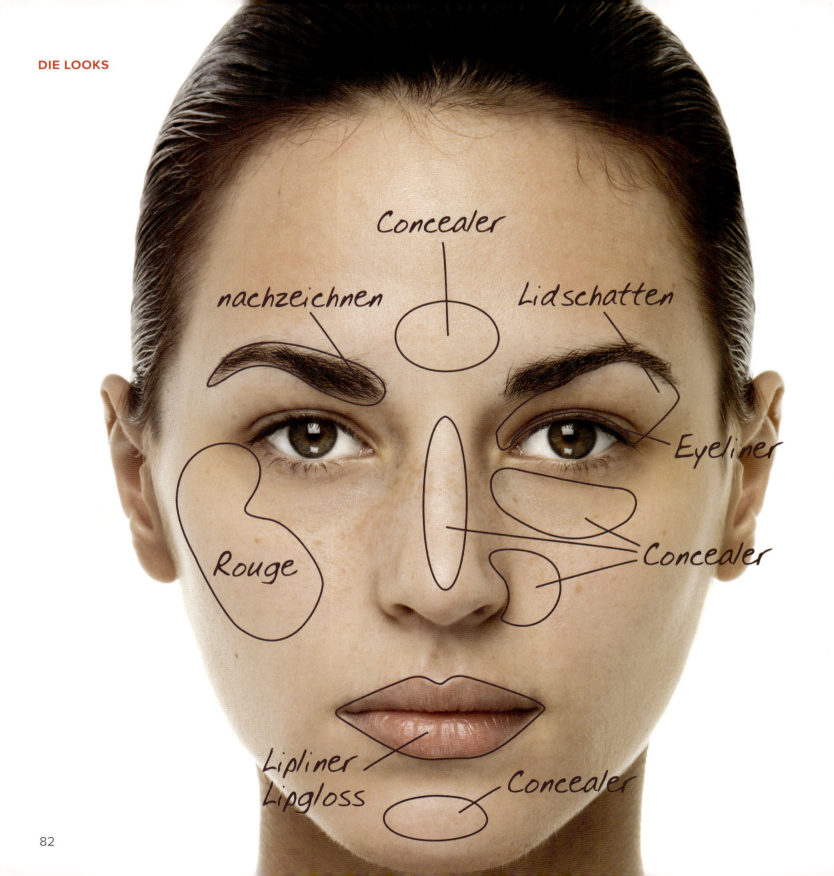

Concealer

nachzeichnen

Lidschatten

Eyeliner

Rouge

Concealer

Lipliner
Lipgloss

Concealer

Look 05

Sarahs ausdrucksstarkes, aber natürliches Make-up ist für den Tag und für den Abend geeignet. Wer es tagsüber dezenter mag, kann den Lidstrich mit einem Kajastift anstelle des flüssigen Eyeliners ziehen und anstatt Schwarz Braun, Grün oder einen helleren Ton wählen – dadurch werden die Augen etwas zurückgenommen.

GRUNDIERUNG

Ich gleiche Sarahs Gesichtshaut mit einer Feuchtigkeitspflege aus. Ist die Creme gut eingezogen, tupfe ich wenig Concealer unter ihre Augen und arbeite die Textur gleichmäßig vom äußeren zum inneren Augenwinkel ein. Nun verteile ich noch etwas Concealer um ihre Nase herum, auf Nasenrücken, Stirn und Kinn und arbeite auch an diesen Stellen alles gut ein. Dann ziehe ich mit einem feinen Pinsel und etwas Concealer die Lippen von außen nach innen nach und schärfe so die Lippenkontur. Das Flüssig-Make-up verteile ich von der Nase nach außen auf dem Gesicht und fixiere es mit losem Puder.

AUGEN

Die Lider pudere ich leicht ab, damit der Lidstrich später gut hält. Bei Sarah verwende ich einen flüssigen Eyeliner. Damit kann ich die Augenform harmonisieren und die Augen in den Mittelpunkt rücken. Wichtig ist, dass die Linie für den Lidstrich möglichst gerade ist (→ Seite 193). Das braucht etwas Übung, aber auch wenn Sie mehrmals ansetzen, ist das in Ordnung. Ich setze den Stift am inneren Augenwinkel an und ziehe die Linie bis ganz nach außen – und sogar ein bisschen über die Lidfalte hinaus. Am besten setzen Sie am äußeren Ende des Lids einen Punkt. Nachdem Sie den Lidstrich – bei geschlossenem Auge – gezogen haben, öffnen Sie das Auge und verbinden die Linie mit dem Punkt. Bei geschlossenem Auge sollten Sie jetzt eine durchgehende Linie sehen. Falls nicht, arbeiten Sie sie ein wenig nach. Sind die Augen offen, sollten Sie nun eine exakte Linie erkennen. Sind die Augen geschlossen, sehen Sie am äußeren Augenwinkel ein winziges Dreieck und keine Spitze. Dieses Dreieck arbeite ich mit etwas Concealer und einem kleinen Pinsel nach, bis die Form perfekt ist. Auf das bewegliche Lid gebe ich einen glitzernden Lidschatten und lasse ihn bis zum unbeweglichen Lid hin auslaufen. Ich verteile die Farbe so gut, dass kein Anfang und kein Ende zu sehen ist. Nachdem ich die Wimpern mit der Wimpernzange in Form gebracht habe, trage ich oben und unten Mascara auf: von den Wimpernansätzen bis in die Spitzen und in Zickzackbewegungen von außen nach innen.

Zum Schluss bürste ich die Augenbrauen in Form und zeichne sie noch etwas mit Augenbrauenstift nach.

ROUGE

Als Rouge verwende ich ein mineralisches Rouge, das ich auf den höchsten Punkt des Wangenknochens setze und mit dem Pinsel in kreisenden Bewegungen einarbeite, um Frische auf Sarahs Gesicht zu zaubern.

LIPPEN

Die Lippen ziehe ich mit einem Lipliner nach und male sie damit auch komplett aus. Dann fixiere ich den Lipliner mit losem Puder und wiederhole das Ganze. Als Finish etwas Lipgloss oder Feuchtigkeitscreme auftragen, damit die Lippen frisch und sexy wirken.

Was gehört zur Grundausstattung?

Ich werde immer wieder gefragt, wie viele unterschiedliche Pinsel man für ein gutes Make-up braucht. Das ist individuell verschieden. Zur Grundausstattung gehören auf jeden Fall einige Lidschattenpinsel (→ Seite 93), ein Concealerpinsel (→ Seite 89) und ein Puderpinsel (→ Seite 89). Die unterschiedlichen Pinselhaare eignen sich für verschiedene Anwendungen: Echthaarpinsel sollte man für Lidschatten, Puder-Make-up und Rouge verwenden, Synthetikpinsel für die Base, Make-up und Concealer, cremige und flüssige Produkte. Da sich Synthetikpinsel besser reinigen lassen, können flüssige Produkte gut ausgewaschen werden, außerdem lassen diese sich mit Synthetikpinseln besser verarbeiten, da weniger davon vom Pinsel aufgenommen wird. Damit meine Pinsel lange schön bleiben, reinige ich sie regelmäßig. Generell gilt: Je sauberer ein Pinsel ist, umso genauer lässt sich damit arbeiten. Zum Reinigen streiche ich den Pinsel so lange über ein mit einem Pinselreiniger getränktes Zellstofftuch, bis keine Farbe mehr herauskommt. Danach lasse ich den Pinsel an der Luft trocknen, fertig. Vor dem ersten Gebrauch reinige ich Pinsel nie, denn wenn sie originalverpackt sind, reicht ein kurzes Desinfizieren! Das gilt ebenso für Kunsthaar- wie für Echthaarpinsel. Neben ein paar Pinseln gehören zur Grundausstattung noch Wimpernzange und Pinzette.

Wimpernzange: Sie sollte weiche Gummipolster haben, damit die Wimpern nicht abbrechen. Ein extra schöner Schwung der Wimpern gelingt am besten, wenn die Zange leicht warm ist. Dafür die Zange mit einem Föhn leicht anwärmen, anschließend die Wimpern abkühlen lassen und dann ausgiebig tuschen.

Pinzette: Besonders einfach lassen sich widerspenstige Härchen mit einer abgeschrägten Pinzette in Form zupfen. Wichtig dabei ist, dass sie eine gute Spannung und eine abgeflachte Spitze hat, aber vor allem gut schließt, damit man auch die kleinsten Härchen fassen kann.

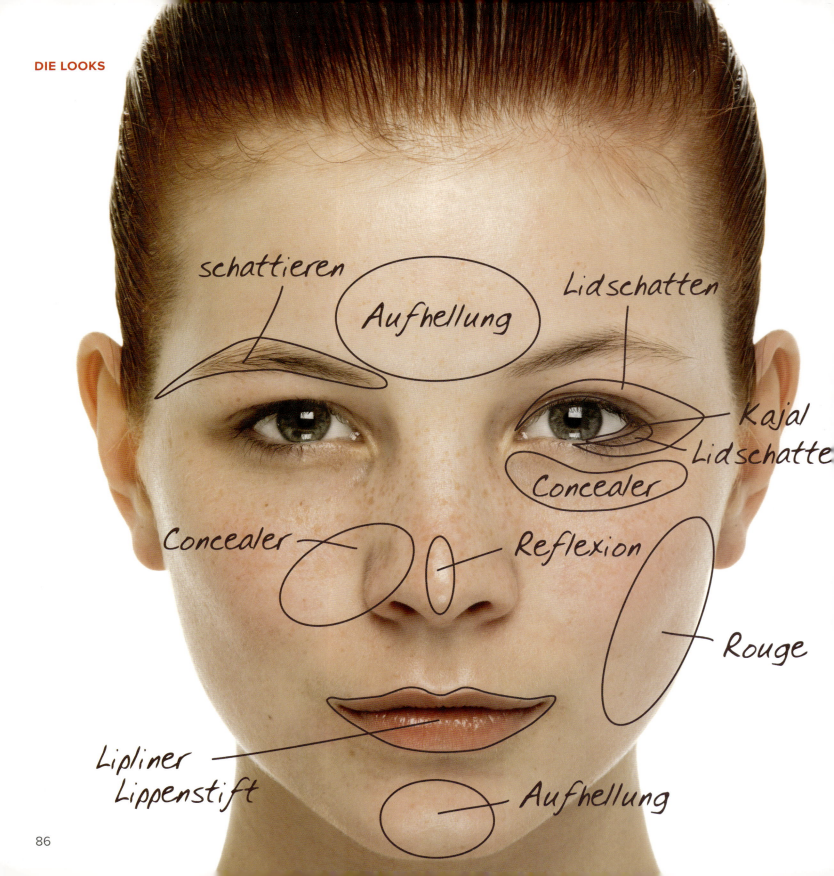

schattieren

Aufhellung

Lidschatten

Kajal

Lidschatte

Concealer

Concealer

Reflexion

Rouge

Lipliner
Lippenstift

Aufhellung

Look 06

Alina trägt ein Make-up, das ihr Hautbild schön verfeinert und sich gut für tagsüber eignet. Als Lidschatten können Sie alle Farben verwenden, wichtig ist nur, dass Technik und Form immer gleich bleiben.

GRUNDIERUNG

Zuerst creme ich die Haut mit einer Feuchtigkeitspflege ein, um die Oberfläche auszugleichen. Als Grundierung verwende ich einen Kompaktpuder und verteile ihn in kreisenden Bewegungen auf dem Gesicht. Kompaktpuder werden mit dem Schwämmchen oder mit einem breiten Pinsel aufgetragen. Mit einem Schwamm wird die Grundierung wesentlich dichter. Wenn Sie von Haus aus eine reine Haut haben, genügt es, mit dem Pinsel großzügig über das Gesicht, über die Ohren, den Hals und unter das Kinn zu gehen. Dann wieder mit dem Concealer unter den Augen und um die Nase herum nacharbeiten, um ein gleichmäßiges Hautbild zu erreichen. Mit dem kleinen Concealerpinsel arbeite ich von außen nach innen an der Lippenlinie entlang, um die Kontur zu schärfen.

AUGEN

Ich verwende einen cremigen Kajal und trage ihn in und auf den äußeren Augenwinkeln auf: oben, unten und auf das obere Lid. Mit einem sogenannten Bananenpinsel schraffiere ich dann das bewegliche Lid mit einem dunkelgrauen Lidschatten bis hinauf zum unbeweglichen Lid, wo ich einen ganz weichen Übergang schaffe. Der Lidschatten fixiert auch den cremigen Kajal, sodass dieser genau an der richtigen Stelle bleibt. Dann gehe ich mit dem Lidschatten unter das Auge, allerdings nur von außen bis zu dem Punkt, an dem die Pupille anfängt, und lasse den Lidschatten weich zum inneren Augenwinkel hin auslaufen. Das gleicht die Augen wunderbar aus, denn wenn ich den äußeren Augenwinkel betone, setze ich die Augen näher zur Nase hin. Betone ich den inneren Augenwinkel, setzt es die Augen etwas nach außen. Ein toller Trick, um Unregelmäßigkeiten auszugleichen oder wie hier den Blick in den Fokus zu setzen.

Nachdem ich die Wimpern mit der Wimpernzange in Form gebogen habe, gebe ich Mascara auf die oberen Wimpern und unten nur dort, wo ich den schwarzen Kajal gesetzt habe. Die Wimpern im inneren Augenwinkel lasse ich aus. Bei den Augenbrauen gehe ich nur mit etwas Lidschatten darüber und schattiere sie so.

ROUGE

Rouge in einem zarten Roséton setze ich nur sehr dezent auf den höchsten Punkt des Wangenknochens, um das Gesicht leicht zu modellieren. Dann setze ich mit dem Concealer eine Aufhellung an Kinn und Stirn, wodurch das Hautbild schön klar wird. Der kleine Schimmer auf der Nase, der aus einem Gemisch aus Creme und Concealer besteht, betont noch den natürlichen Look.

LIPPEN

Nun ziehe ich mit dem Lipliner die Lippenkontur nach und male die Lippen anschließend komplett damit aus. Dann pudere ich die Lippen einmal ab und arbeite die Konturen noch einmal mit dem Lipliner nach. Mit dem Concealerpinsel konturiere ich die Außenlinie und gebe im Anschluss Lippenstift auf die Lippen.

1.
2.
3.
4.
5.
6.
7.
8.
9.

FOUNDATION- UND PUDERPINSEL

1. Für ein ebenmäßiges und makelloses Finish. Die Kunsthaarborsten ermöglichen ein Arbeiten mit flüssigen Make-ups, damit lässt sich eine Foundation wunderbar verteilen.

2. Zum Verblenden von flüssigen, cremigen oder pflegenden Make-ups. Das Verteilen für Übergänge an Gesichtskonturen und Dekolleté gelingt hiermit sehr gut, sodass keine Make-up-Ränder entstehen.

3. Concealerpinsel mit Kunsthaar: Für das Auftragen von Concealer unter den Augen, auf der Nase und in der Nasolabialfalte ist dieser Pinsel unentbehrlich.

4. Mit den winzigen Kunsthaarborsten dieses Pinsels ziehe ich mit einem Concealer die Lippenlinien von außen nach. Auch Lidstriche oder präzise Formen im Lidschattenbereich schärfe ich von außen mit diesem Pinsel nach.

5. XXL-Naturhaarpinsel. Zum Auftragen von losem Puder auf Gesicht und Körper. Dabei ist es wichtig, den Pinsel nach dem Aufnehmen von Puder in der Handfläche zu drehen, damit beim ersten Kontakt mit der Haut im Gesicht nicht zu viel Puder an eine Stelle gelangt. Auch Kompaktpuder kann hiermit sehr gut aufgetragen werden.

LIPPENPINSEL

6. Zum präzisen Auftragen von Lippenstift und Gestalten scharfer Lippenlinien. Durch seine Form ist er leicht zu handhaben.

7. Kompakter Lippenpinsel für flächiges Auftragen von Lippenstift. Definiert die Lippenkontur und füllt sie schnell und präzise aus.

ROUGEPINSEL

8. Diese Form ermöglicht das punktuelle Auftragen von Rouge unter den Wangenknochen, auf dem Wangenknochen oder für Apfelbäckchen. Auch zum Schattieren und Highlighten im Gesicht und auf den Wangen geeignet.

9. Für weiche, softe und fließende Konturen und Rougeformen am besten geeignet.

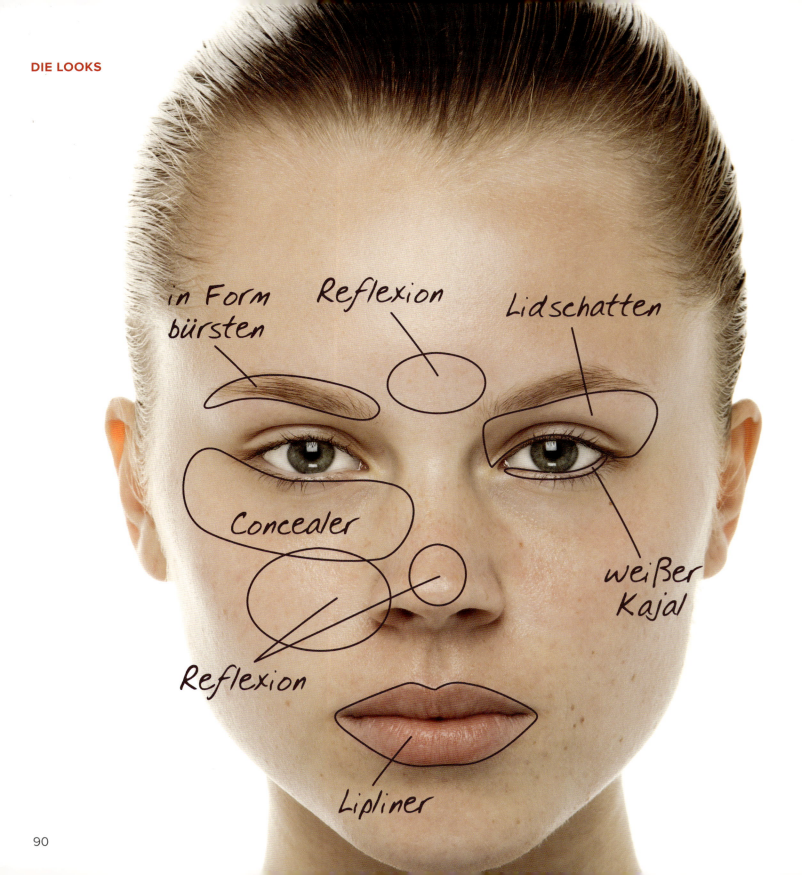

in Form bürsten

Reflexion

Lidschatten

Concealer

Reflexion

weißer Kajal

Lipliner

Look 07

Sina trägt eines meiner Lieblings-Make-ups für den großen Auftritt. Es ist ein sehr mondäner, stylisher Look, der
aus starken Kontrasten besteht: aus magentafarbenen Lippen und extrem hell geschminkten Augen. Der Betrachter
muss erst einmal suchen, wo genau der Fokus in diesem
Gesicht liegt: auf den Augen oder auf den Lippen? Gerade
für so einen kühlen Typ wie Sina ist dieser Look ideal, um
ein bisschen aufzufallen.

GRUNDIERUNG

Bei Sinas toller Haut reicht ein bisschen Feuchtigkeitscreme, etwas Make-up, Concealer unter den Augen
und an der Nase, um Schatten auszugleichen, und – für
ein paar wenige reflektierende Glanzpunkte – ein paar
Tupfen Concealer auf der Stirn, auf und neben der Nase.
Alle Texturen arbeite ich gut ein, damit sie harmonisch
ineinander verlaufen und fixiere dann das Ganze mit losem Puder. Danach müssen Sie die Stellen noch mit den
Fingern nacharbeiten, um den Glanz wieder ein wenig
hervorzuholen.

AUGEN

Als Lidschatten verwende ich einen leicht reflektierenden
hellen Ton, den ich auf dem kompletten beweglichen Lid
bis zur Augenbraue hinauf auftrage. Dabei streiche ich
immer wieder mit einem flachen Pinsel über dieselbe Stelle, damit das Augen-Make-up plakativ wird, und lasse die
Farbe sanft nach innen und außen auslaufen.
In den inneren und äußeren Augenwinkel sowie auf
das komplette untere Innenlid gebe ich einen weißen
Kajal. Eigentlich ein Styling aus den 80er-Jahren, aber
bei Sina wirkt das Ganze wirklich modern. Wimperntusche verwende ich nicht, dafür müssen die Wimpern bei
diesem Look aber »sauber« sein, das heißt, ich gehe
mit einem Wattestäbchen über die Wimpern, um sie von
eventuellen hellen Farbpartikelchen zu befreien. Nun hat
Sina konturlose Augen, die dennoch alle Blicke auf sich
ziehen. Die Augenbrauen bürste ich lediglich in Form.

ROUGE

Das Rouge mit einem Perlmuttschimmer habe ich nicht
mit dem Pinsel, sondern mit den Fingern als Reflexion
unter den Augen und auf den Wangenknochen – als
sanften Übergang zum Concealer – eingearbeitet. So
entsteht ein Perlmuttschimmer und der Look erhält eine
Frische, als wäre Sina eben von einem Strandspazier-
gang zurückgekehrt. Auch an die Schläfen kommen ein
paar Tupfer Rouge.

LIPPEN

Mit einem magentafarbenen Lipliner fahre ich Sinas Lippenkonturen so exakt wie nur möglich von außen nach
innen nach. Achten Sie darauf, dass Sie vor allem den Lippenbogen an der Oberlippe schön ausarbeiten! Jetzt male
ich die Lippen komplett mit dem Lipliner aus und pudere
sie mit losem Puder einmal ab. Mit einem kleinen Concealerpinsel verfeinere ich die äußere Linie noch einmal und
ziehe die Lippenkontur wieder mit dem Lipliner nach, um
die Lippen stark zu betonen. Erneutes Abpudern ist nicht
nötig. Wenn Sie wollen, können Sie für einen zarten Glanz
etwas Lippenpflege – eine Lippencreme oder einen -bal-
sam – mit dem Zeigefinger auf die Lippen tupfen. Fertig!

AUGENBRAUEN- UND LIDSCHATTENPINSEL

1. Ideal zum Bürsten und Formen der Augenbrauen und zum Trennen von verklebten Wimpern. Ich entferne damit auch kleine Bürsthärchen oder Wimpern im Gesicht, ohne dadurch das Make-up zu verletzen.

2. Ich verwende diesen Fächerpinsel, um Lidschattenfarbe zu entfernen. Wenn beim Auftragen des Augen-Make-ups Lidschatten statt auf das Lid unter das Auge fällt, können die unerwünschten Pigmente problemlos entfernt werden.

3. Eignet sich besonders für das Verwischen, Smoothen und Soften von Verläufen und Übergängen. Durch die eng gebundenen Borsten in ovaler Form ist ein gleichmäßiges Verteilen von puderigen und cremigen Konsistenzen möglich.

4. Mit diesem flachen, breiten Pinsel ist großzügiges Auftragen möglich. Die Form erlaubt auch das Arbeiten direkt in der Lidfalte.

5. Grafisch präzise mit einer leicht pointierten, kegelförmigen Spitze. Hiermit zaubere ich eine kontrollierte, sehr feine Applikation von Puder und Creme-Eyelinern.

6. Naturhaarpinsel mit extrafeiner Spitze, ermöglicht äußerst präzises Arbeiten. Damit kann ich präzise eine feste und gleichmäßige Linienführung entlang des Auges sichern. Für sämtliche Arten von Lidstrichen geeignet.

7. Umrandet und definiert präzise die Augenkontur. Dieser Pinsel hat feste, flach angeordnete Borsten. Er ermöglicht ein geschmeidiges und gleichmäßiges Auftragen. Ich benütze diesen Pinsel für puderige, flüssige oder cremige Konsistenzen.

8. Im Unterschied zu einem Eyeliner-Pinsel benutze ich diesen Pinsel, um präzise und scharfe Linien zu ziehen und um im perfekten Winkel zu arbeiten.

9. Ideal zum Auftragen von puderigen Lidschatten. Mit diesem Pinsel lässt sich ganz nah am Wimpernkranz Lidschatten auftragen. Auch ein flächiger, detailgenauer Auftrag ist möglich.

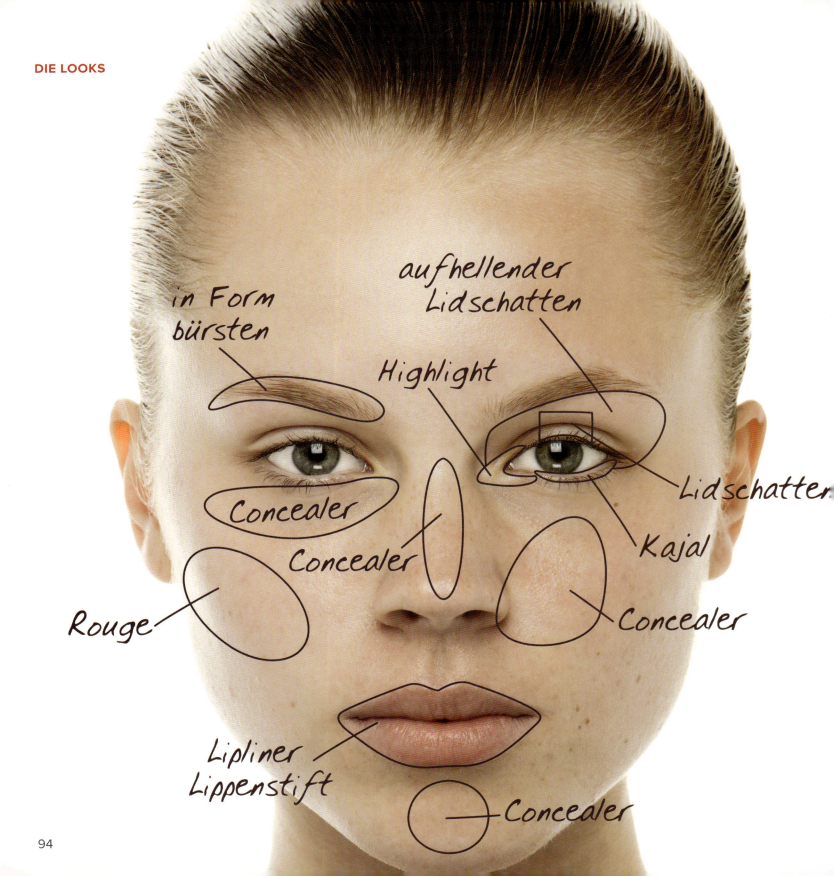

in Form
bürsten

aufhellender
Lidschatten

Highlight

Lidschatten

Concealer

Concealer

Kajal

Rouge

Concealer

Lipliner
Lippenstift

Concealer

Look 08

ich mit farblosem Puder. Damit Sinas Gesicht aber nicht zu pudrig wirkt, reibe ich meine Handflächen ein paar Mal aneinander und lege die angewärmten Handflächen einige Sekunden lang auf ihr Gesicht. Die warmen Handflächen sorgen jetzt dafür, dass sich die feinen Puderpartikelchen gut mit der Grundierung verbinden, was Sinas Teint am Ende noch seidiger und natürlicher erscheinen lässt.

Ein echter Hingucker sind bei diesem Make-up natürlich Sinas Augen. Doch so stark ihre Augen auch aufgrund der bunten Farben in den Mittelpunkt gerückt werden, so sehr tritt ihr Mund in den Hintergrund und lässt den Look am Ende nicht zu extrem oder gar zu bunt aussehen. Trotzdem ist dieses Styling natürlich wenig alltagstauglich, dafür aber perfekt für den Catwalk, für ein Fotoshooting, aber auch für durchtanzte (Sommer-)Nächte.

GRUNDIERUNG

Als Basis creme ich Sinas Gesicht wieder mit einer Feuchtigkeitspflege ein, um das Gesicht ebenmäßiger zu machen und eventuelle trockene Hautstellen auszugleichen. Ich lasse die Creme vollständig einziehen. Danach gebe ich etwas Flüssig-Make-up auf meine Fingerspitzen und verteile die Grundierung gleichmäßig – beinahe wie eine Gesichtscreme – unter den Augen, um den Mund herum, auf den Ohren und den Schläfen, sodass als Ergebnis nur ein Hauch Farbe auf Sinas Gesicht zurückbleibt. Unter die Augen, auf den Nasenrücken, seitlich von der Nase und auf das Kinn gebe ich etwas Concealer und klopfe die Creme leicht mit den Fingerspitzen ein, sodass alles fließend ineinander übergeht, harmonisch wirkt und das Gesicht fein modelliert. Mit dem kleinen Concealerpinsel fahre ich von außen nach innen die Lippen nach und schärfe so die Kontur. Das Ganze fixiere

AUGEN

Hier arbeite ich mit einem ziemlich bunten Augen-Makeup. Auf das komplette obere Lid, aber auch den inneren Augenwinkel und von dort aus etwa fünf Millimeter in Richtung untere Wimpern trage ich einen aufhellenden Lidschatten auf, der erst einmal für Glanz sorgt und Sinas Augen zum Strahlen bringt. Mit einem richtig intensiven Lidschatten male ich auf dem Oberlid den Rahmen eines Vierecks – und zwar über der Pupille: Dies mag einfach ausschauen, aber eine exakte geometrische Form zu gestalten, die dann auch noch bei beiden Augen exakt gleich ist, benötigt viel Geduld. Ich beginne auf dem Oberlid und male den Rahmen vom unbeweglichen Lid über den Lidbogen hin zum beweglichen Lid. Die Farbe, die Sie für das Viereck benutzen, sollte nicht allzu dunkel sein, aber wirklich intensiv – wie ein tiefer Grün- oder auch Gelbton. Mit einem feinen Pinsel ziehe ich den Rahmen des Vierecks noch einmal nach, male es anschließend komplett aus und schraffiere mit dem Pinsel, mit dem ich eben den aufhellenden Lidschatten aufgetragen habe, die Kanten noch ein bisschen von außen nach, sodass das Viereck zwar klar definiert, aber dennoch nicht zu hart ist. Am unteren Auge setze ich ebenfalls ein Highlight mit einem hellen Lidschatten – vom inneren Augenwinkel bis ungefähr zur Mitte der Pupille – und ziehe das Innenlid mit einem blauen Kajalstift nach. Blauer Kajal ist wieder eine Adaption aus den Achtzigern, doch aufgrund des kon-

trastreichen Vierecks auf dem Oberlid wirkt der Look alles
andere als altbacken, sondern sehr trendig. Die Augenbrauen bürste ich lediglich etwas in Form.

ROUGE

Mit einem relativ kleinen Pinsel nehme ich wenig Rouge
auf, klopfe es einmal auf dem Handrücken ab, damit nur
sehr wenig Farbe im Pinsel verbleibt, und setze den Pinsel
auf den höchsten Punkt der Wangenknochen. Von dort
aus ziehe ich das Rouge auf dem Wangenknochen entlang bis etwa drei Zentimeter unter das Auge und verteile
es dann bis hinauf zur Schläfe. Das mache ich auf beiden
Seiten. Das Rouge dabei in sanften, kreisenden Bewegungen gut in das Make-up einarbeiten, damit man nur
einen Hauch Farbe auf dem Teint erahnen kann und Sinas
Gesicht frisch und erholt aussieht.
Wenn Sie versehentlich doch einmal zu viel Rouge aufgetragen haben, können Sie die überflüssige Farbe ganz
leicht mit etwas Flüssig-Make-up reduzieren. Aber auch
danach müssen Sie die Textur wieder sorgfältig einarbeiten, um alle Übergänge verblassen zu lassen.

LIPPEN

Die Lippen schminke ich ganz schlicht. Mit einem Lipliner, der Sinas natürlichem Lippenton entspricht, male ich
mehrere Striche nebeneinander auf meinen Handrücken,
sodass dort ein richtiger Farbbalken entsteht. Von diesem
Farbbalken nehme ich die Farbe mit meinem Zeigefinger
auf und tupfe sie auf Sinas Lippen, damit diese leicht vor-
pigmentiert sind. Danach tupfe ich, ebenfalls mit dem Finger, den gleichfarbigen Lippenstift auf. Die Lippenkonturen
müssen bei diesem Styling gar nicht exakt umrahmt sein,
sondern dürfen ruhig ein wenig »unkonkret« erscheinen.
Am Ende pudere ich die Lippen noch mit losem Puder ab,
um sie zu mattieren.

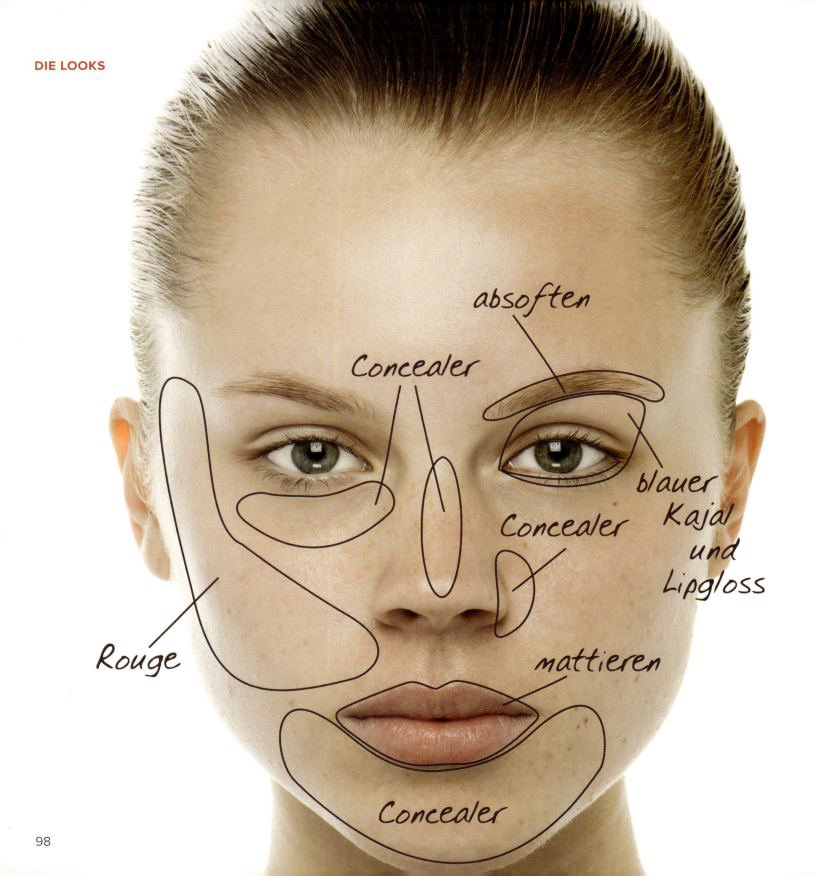

absoften

Concealer

blauer
Kajal
und
Lipgloss

Concealer

Rouge

mattieren

Concealer

Look 09

Dieser spannende Look ist natürlich genau richtig, um aufzufallen und eignet sich bestens für ein Fotoshooting, den Laufsteg oder eine besondere Feier. Um das Make-up jedoch gut aussehen zu lassen, muss zwischen Augenbraue und Auge ausreichend Platz für die Farbe sein, sonst kann das intensive Blau die Augen schnell »erdrücken«.

GRUNDIERUNG

Wie zuvor auch creme ich Sinas Haut mit einer Feuchtigkeitspflege ein, die die Haut optimal auf die Grundierung vorbereitet und gleichzeitig trockene Stellen glättet, und lasse die Creme vollständig einziehen. Da sich dieses Make-up vor allem auf die Augen konzentriert, sollten Sie darauf achten, dass Sie die Lider und auch die Wimpern nicht mit eincremen, damit die Texturen dort später auch gut halten.

Dann gebe ich ein bisschen flüssiges Make-up auf meine Fingerspitzen und verteile die Foundation in Sinas Gesicht so, als würde ich das Mädchen intensiv eincremen – ganz sorgfältig, sodass danach keine unschönen Ränder zum Hals oder zu den Ohren hin zu sehen sind. Bei diesem Make-up beginne ich jetzt schon, Sinas Augenbrauen ein bisschen abzusoften. Dafür nehme ich einen kleinen Pinsel oder ein Schwämmchen, gebe wirklich nur einen Hauch Flüssig-Make-up darauf und streiche damit kurz über Sinas Augenbrauen. Dann pudere ich sie

noch leicht ab. Die Augenbrauen fallen so wirklich kaum auf, sehen aber am Ende sehr gut aus. Der Fokus dieses Make-ups soll ja ausschließlich auf den Pupillen, auf dem Blau und auf Sinas eigener Augenfarbe liegen. Ich fixiere die Grundierung anschließend mit etwas losem Puder und setze als Highlights noch etwas Concealer unter Sinas Augen, neben und auf die Nase und auf das Kinn, tupfe die Creme sanft ein und pudere das Gesicht, wenn es glänzen sollte, ein weiteres Mal ab.

AUGEN

Als Erstes bringe ich die Wimpern mit der Wimpernzange in die richtige Form und trage oben und unten etwas Mascara auf. Dann ziehe ich mit einem intensiven blauen Kajal, der relativ ölig und daher schön weich ist und sich gut auftragen lässt, den Lidstrich oben und unten jeweils von innen nach außen sehr intensiv. Den Lidstrich dürfen Sie ruhig bis zu siebenmal wiederholen, damit die Farbe am Ende sehr kräftig und sehr dickflächig aufgetragen ist und später auch gut hält. Nun arbeite ich mit den Fingern nach: Ich fahre die Linie am oberen Lid von innen nach außen nach – und zwar immer wieder – und softe die Farbe dadurch nach oben, nach links und nach rechts aus, bis kein Farbbalken mehr, sondern eine Art blaue Wolke zu sehen ist. Unter den Augen arbeite ich je nach Geschmack auch mit dem Finger oder mit einem Wattestäbchen und verwische damit die Farbe ebenfalls so lange von innen nach außen, bis die Linie weich verläuft. Ich arbeite immer von innen nach außen, um die Augen in einer Mandelform zu halten. Wenn die blaue Fläche das Auge nach dem Aussoften allerdings zu groß erscheinen lässt, müssen Sie die Farbe mit einem sauberen Wattestäbchen reduzieren, damit es nicht nach einem Veilchen, also einem echten blauen Auge aussieht. Danach mit etwas Concealer nacharbeiten, damit der blaue Bereich schön in Form ist.

Für den Glanz am Oberlid sorgt ein farbloses Lipgloss. Das Gloss tupfe ich auf das komplette bewegliche Lid. Achten Sie dabei aber darauf, dass Sie nicht zu nah an Ihre Wimpern herankommen, damit das Gloss die Wimpern nicht beschwert. Mit dem Finger streiche ich nun das Lipgloss sanft nach oben, nach rechts und nach links aus und gebe dem Ganzen so einen schönen Glanz.

ROUGE

Das Rouge in einem neutralen Hautton setze ich jeweils auf den höchsten Punkt des Wangenknochens sowie an den Schläfen entlang und arbeite es zur Nase hin in weichen, kreisenden Pinselbewegungen in das Make-up hinein, bis beide Texturen wunderbar miteinander verschmelzen.

LIPPEN

Sinas Lippen treten bei diesem Styling komplett in den Hintergrund. Zunächst gebe ich eine reichhaltige Lippenpflege darauf, dann nehme ich ein flüssiges Feuchtigkeits-Make-up und gehe mit einem Schwämmchen über die Lippen, um sie abzudämpfen. Zum Schluss noch etwas Puder – ebenfalls mit einem Schwämmchen aufgetragen – und fertig!

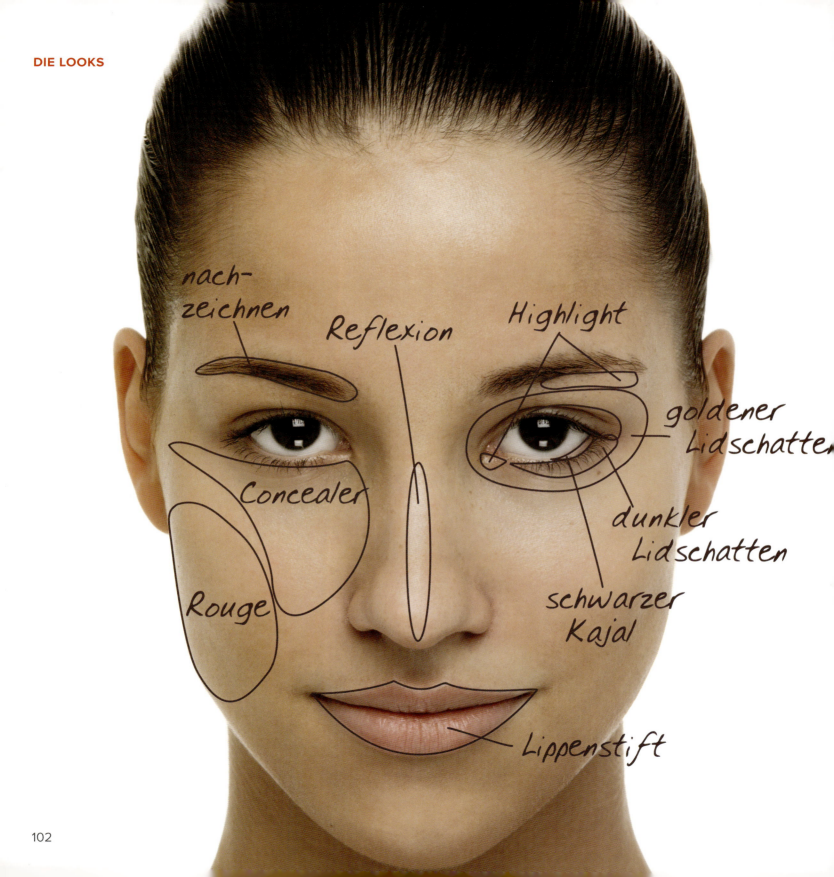

nach-
zeichnen

Reflexion

Highlight

goldener
Lidschatten

Concealer

dunkler
Lidschatten

Rouge

schwarzer
Kajal

Lippenstift

Look 10

Dieses Make-up ist perfekt für Auftritte auf dem Laufsteg oder für ein Fotoshooting. Durch das matte Schwarz und den goldenen Glanz werden Sie im Blitzlichtgewitter oder auch in den Scheinwerfern einer Disco perfekt in Szene gesetzt. Natürlich können Sie diesen Look ganz individuell an Ihren Geschmack anpassen. Lassen Sie Ihrer Fantasie ruhig freien Lauf, auf ein begeistertes Feedback werden Sie sicherlich nicht lange warten müssen.

GRUNDIERUNG

Zunächst creme ich Johannas Gesicht mit einer Feuchtigkeitscreme ein. Dann gebe ich unter die Augen etwas Concealer, der eine stärkere Deckkraft hat als Make-up und somit kleine Augenschatten besser verschwinden lässt. Mit einem kleinen Pinsel nehme ich dann Concealer auf und arbeite von außen nach innen die Lippenlinie nach, um die Kontur zu schärfen. Anschließend verteile ich Flüssig-Make-up kreisend auf der Haut, sodass nur ein kleiner Schatten von Make-up auf der Haut liegt. Dadurch erhalte ich eine wunderschöne glatte Oberfläche, kleine Hautunreinheiten werden kaschiert und die Haut sieht absolut ebenmäßig aus. Zum Schluss noch ein prüfender Blick, ob alles auch wirklich perfekt ist. Sollten noch verschiedene Schattierungen zu sehen sein, nehme ich diese mit dem Concealer weg. Erst danach pudere ich das Gesicht einmal ab.

AUGEN

Beim Lidschatten fange ich grundsätzlich mit dem helleren Lidschatten an. Wenn ich einen dunkleren verwende, trage ich diesen auf den helleren auf. So lassen sich auch die Übergänge besser gestalten. Bei Johanna verwende ich daher als Erstes Gold. Unter der Augenbraue bleibt ein kleines Stückchen frei, dort kommt dann ein hellerer Lidschatten als Highlight hin. Das Gold verteile ich zunächst auf dem beweglichen Lid, ziehe es auch weiter nach außen und lasse es nach außen hin mit dem Concealer verschmelzen, sodass keinerlei Übergänge oder betonte Augenumrandungen entstehen, sondern alles relativ natürlich wirkt. An den inneren Augenwinkel setze ich oben und unten einen großen glänzenden Bereich mit dem goldenen Lidschatten. Sie können ruhig mehrmals über dieselbe Stelle gehen, um eine hohe Deckkraft des Goldes zu bekommen, so erscheint der Lidschatten auch glänzender. Der Glanz kommt deutlich heraus, wenn ich eine etwas größere Fläche bearbeite. Unten gehe ich daher mindestens fünf bis sechs Millimeter weit nach unten, oben ziehe ich den Lidschatten nach außen und gestalte ganz weiche, verschwimmende Übergänge, sodass der untere Augenbereich ganz klar definiert ist, der obere sanft und weich verläuft. In den unteren inneren Augenwinkel gebe ich einen hellen Lidschatten als Highlight. Zum Schluss gebe ich etwas dunklen Lidschatten oben und unten an die äußeren Augenwinkel. Dabei setze ich nah an den Wimpern an und ziehe an den Wimpern entlang nach außen, sodass eine Schattierung entsteht. Ich arbeite etwas in das Gold hinein, damit weiche und fließende Übergänge entstehen. Dieses Vorgehen eignet sich wunderbar für zu weit auseinander stehende Augen. Denn die Augen werden optisch etwas mehr nach innen geholt. Bei Johanna war dies zwar nicht nötig, ich habe es aber einfach als Effekt benutzt. Nun fehlt noch

Kajal, der innen im Auge, oben und unten, angebracht wird, aber nur bis zu dem Punkt, an dem die Pupille anfängt. Jetzt die Augen zusammenpressen, damit sich der Kajal oben und unten verteilt.

Vor dem Tuschen die Wimpern mit der Wimpernzange bearbeiten und dann einmal kräftig tuschen. Auch die Wimperntusche wird nur dort aufgetragen, wo der schwarze Kajal ist. Das Dunkle des Lidschattens wird dadurch betont, und es ergibt sich eine wunderbare Schattierung von außen dunkel zu innen hell. Danach arbeite ich noch einmal mit dem Concealer und ziehe eine exakte Linie unter dem Auge. Dann das Ganze kräftig abpudern: Stirn, Nase, Wange.

Die Augenbrauen zeichne ich mit einem kleinen Augenbrauenstift in Braun nach und bürste sie dann mit einem Bürstchen wieder etwas aus.

ROUGE

Das Rouge setze ich ganz dezent auf die Wangen, und zwar dort, wo eine gedachte Linie zwischen den äußeren Augenwinkeln und den Mundwinkeln läge, und gehe dann mit dem Rouge nach außen. Zur Nase hin schaffe ich einen sanften Übergang.

Auf die Nase setze ich mit etwas Creme einen kleinen Glanz und zaubere so ein zartes Funkeln ins Gesicht.

LIPPEN

Den Lippenstift tupfe ich diesmal einfach mit den Fingern auf. Ich nehme mit dem Zeige- oder Mittelfinger etwas Lippenstift auf und tupfe ihn so auf die Lippen, dass überall Farbe hinkommt. Dann nehme ich einen Lippenpinsel und ziehe die Mundwinkel sauber nach. Mit dem Concealer präzisiere ich noch einmal die Lippenlinie von außen nach innen.

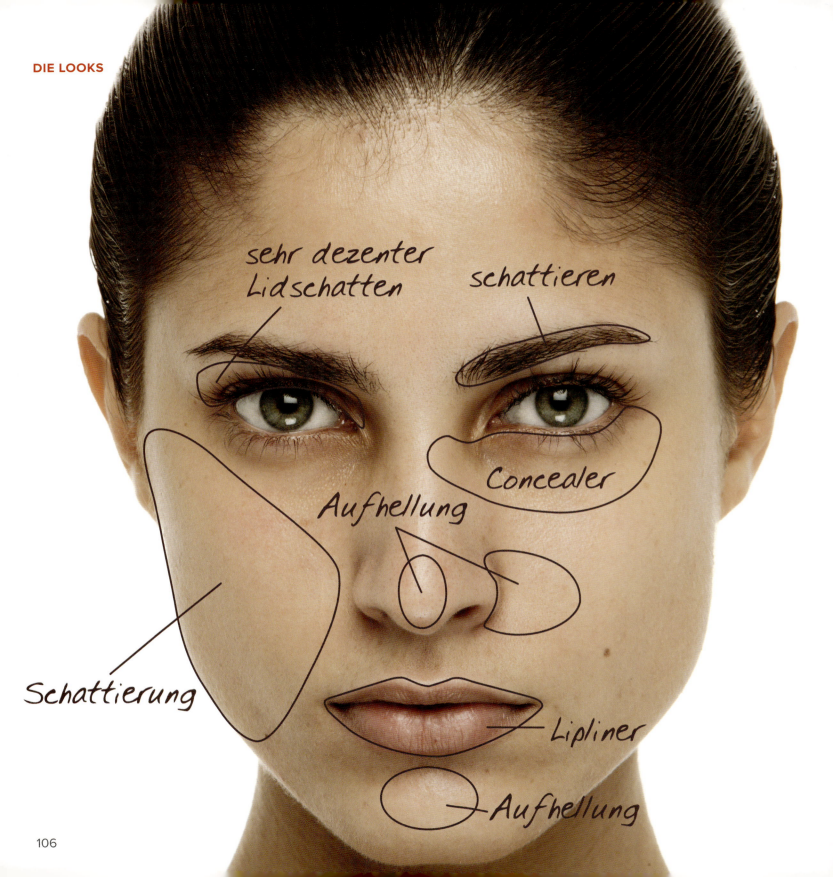

sehr dezenter Lidschatten

schattieren

Concealer

Aufhellung

Schattierung

Lipliner

Aufhellung

106

Look 11

Cynthia trägt ein glamouröses Make-up – ein absoluter Eyecatcher. Der Look harmoniert wunderbar mit dem kleinen Schwarzen und ist das perfekte Styling zum Ausgehen und für die nächste Partynacht.

GRUNDIERUNG

Cynthias Haut creme ich gut mit einer Feuchtigkeitscreme ein, um trockene Hautstellen auszugleichen und das Gesicht ebenmäßiger zu machen. Noch bevor sie ganz eingezogen ist, arbeite ich mit dem Flüssig-Make-up weiter. Mit den Fingerspitzen verteile ich das Make-up gleichmäßig von der Nase nach außen auf Cynthias Gesicht und lasse es zum Hals und zu den Ohren hin sanft auslaufen, sodass keine unschönen Übergänge mehr zu sehen sind. Die Ohren betupfe ich nur ein wenig mit Make-up. Am Hals gleiche ich nur einzelne Stellen aus. Für zarte Highlights, also eine leichte Aufhellung, tupfe ich ein wenig Concealer unter Cynthias Augen, auf ihre Nasenspitze, um ihre Nase herum und auf das Kinn und arbeite das Ganze ein, sodass die Textur nahezu unsichtbar wird. Auch die Lippenkontur präzisiere ich schon jetzt mit dem Concealer, um später voluminöse Lippen zeichnen zu können: Dazu wenig Abdeckcreme auf einen kleinen spitzen Pinsel geben und die Lippenkontur jeweils von außen nach innen nachfahren. Abschließend fixiere ich das Make-up einmal mit losem Puder.

AUGEN

Auf das bewegliche Lid verteile ich einen dezenten Lidschatten und lasse ihn zum unbeweglichen Lid nach oben hin weich auslaufen. Die Hautfarbe wirkt so frischer und weicher. Mit der Wimpernzange sorge ich vor dem Tuschen für schön geschwungene Wimpern: Die Zange ein- oder zweimal dicht am Wimpernansatz ansetzen und fest, aber vorsichtig zudrücken. Das Mascarabürstchen setze ich ebenfalls dicht am oberen und unteren Wimpernansatz an und ziehe es sorgfältig mit einer Zickzackbewegung bis in die Spitzen. Dann bürste ich die Augenbrauen mit einer Augenbrauenbürste nach oben, nehme mit einem Augenbrauenpinsel wenig Lidschatten in Augenbrauenfarbe auf, streiche damit über die Brauen und arbeite die Farbe soft aus. So sehen die Augenbrauen völlig natürlich aus.

LIPPEN

Zunächst versorge ich Cynthias Lippen mit einer Pflege. Dann ziehe ich die Lippenlinie mit einem Lipliner in der Farbe des Lippenstifts von außen nach innen nach und forme das Lippenherz noch einmal, bis es die gewünschte Form hat. Anschließend male ich die Lippen mit dem Lipliner aus. Mit dem kleinsten Concealerpinsel arbeite ich eventuelle Unebenheiten in der Linie von außen nach. Nun pudere ich die Lippen, gebe noch einmal etwas Lipliner auf die kompletten Lippen und ziehe die Kontur mit einem gespitzten Lipliner nach, damit die Linie nicht wieder weicher wird. Fertig!

ROUGE

Das Rouge setze ich sehr dezent, um Cynthias Teint nur einen Hauch Frische zu verleihen. Ich schattiere die Wange sozusagen nur leicht ein: Dazu gebe ich auf ihre Apfelbäckchen einen sehr zarten Farbton, damit ihr Gesicht frisch wirkt, aber das Rouge nicht wirklich vom Auge erfasst werden kann.

Make-up — natürlich oder neutral

Wenn eine Frau perfekte Haut und wenig Augenschatten hat, ist die Gestaltung des Make-ups am einfachsten. Ich kann die Haut dann möglichst natürlich belassen und benötige höchstens ein paar Tropfen Make-up oder einen Hauch Puder, damit die Haut gesund und attraktiv wirkt. Dann noch etwas Concealer unter die Augen, die Lippenlinie mit Concealer und Pinsel von außen nachschärfen, Wimperntusche, Rouge und Lipgloss — fertig! Wenn ich Lippenstift verwende, wähle ich einen Ton, der sich dem natürlichen Look anpasst.

Bei einem neutralen Make-up muss ich das künstlich herbeizaubern, was bei einem natürlichen Make-up schon von Natur aus gegeben ist. Ich schminke also so, dass es natürlich aussieht, verwende aber wesentlich mehr Make-up. Als Farben wähle ich Töne, die sich in der Haut wiederfinden, also etwa Sand, Gold, Bronze, Elfenbein oder Nude. Meist arbeite ich mit verschiedenen Farbtönen: einem für die Grundierung, mit einem zweiten, etwas dunkleren Ton setze ich Schattierungen an der Stirn, den Wangen und den Nasenflügeln. Ein neutrales Make-up kann schlechte Haut oder ungleiche Gesichtszüge kaschieren.

Schon minimale Unterschiede der Haut erfordern ein ganz anderes Herangehen beim Schminken: So lässt Make-up mit einem Grünstich zum Beispiel rote Äderchen verschwinden. Bei zu grauer Haut mische ich dem Make-up Gelbtöne unter. Zu Hause ist dies fast nicht machbar, denn ich brauche extrem gute Lichtverhältnisse, um diese feinen Nuancen erkennen zu können.

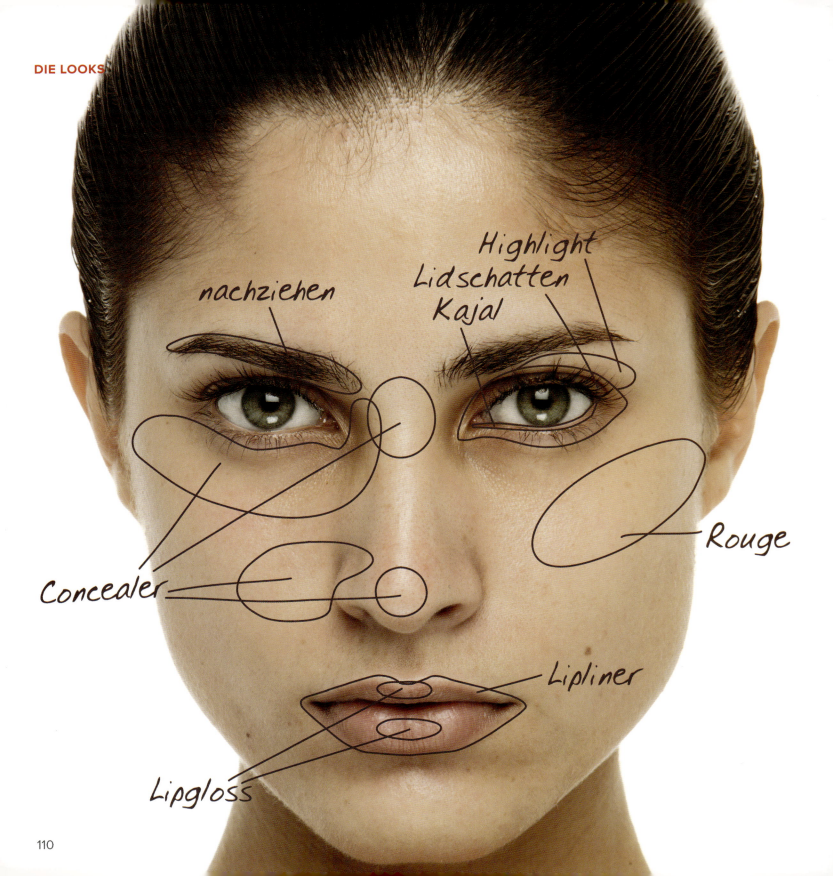

nachziehen

Highlight
Lidschatten
Kajal

Rouge

Concealer

Lipliner

Lipgloss

Look 12

Dieses Augen-Make-up zeigt eine etwas andere Smoky-Eyes-Variante als sonst, nicht ganz so verrucht, aber dennoch unbedingt ein echter Hingucker. Die Augen werden für diesen Look nicht komplett in Schwarz oder dunklem Grau geschminkt, sondern mit schimmernden Reflexen in Grün und Braun in Szene gesetzt. Ein wunderbares Abend-Make-up.

GRUNDIERUNG

Ich gebe etwas Feuchtigkeitscreme auf Cynthias Haut, um trockene Stellen auszugleichen und eine möglichst gleichmäßige Grundierung zu ermöglichen. Nachdem die feuchtigkeitsspendende Gesichtspflege komplett eingezogen ist, verteile ich ein Mineralpuder mit einem großen, weichen Pinsel gleichmäßig auf der Haut. Das Mineral-Make-up ist ein Kompaktpuder ohne Konservierungsstoffe und Parfum, das für ein ebenmäßiges, sehr feines Hautbild sorgt. Doch wie auch bei flüssigem Make-up müssen Sie bei einem Kompaktpuder die Übergänge zum Hals und zu den Ohren hin sorgfältig ausblenden, um unschöne Ränder zu vermeiden. Am besten ist es, hierfür einen sauberen Pinsel zu verwenden und mit diesem in kreisenden Bewegungen die Ränder nachzufahren und aufzulösen. Dann arbeite ich unter den Augen und an den Nasenflügeln mit etwas Concealer, um Schatten auszugleichen. Um einige zarte

Highlights zu setzen, gebe ich noch ein bisschen Concealer auf Cynthias Nasenspitze und die Nasenwurzel und arbeite ihn dort gut ein. Mit dem kleinen Concealerpinsel arbeite ich schließlich noch von außen nach innen an der Lippenlinie entlang, um die Kontur zu schärfen.

AUGEN

Als Nächstes wende ich mich dem besonderen Akzent bei diesem Look zu: den Augen. Mit einem Lidschattenpinsel verteile ich einen schwarzen Puderlidschatten komplett um die Augen herum. Zuerst trage ich den Lidschatten so deckend wie möglich um den Wimpernkranz herum auf, nehme dann einen weicheren Pinsel und softe die Farbe auf dem beweglichen und unbeweglichen Lid so gut aus, dass ganz zarte, weiche Übergänge entstehen. Ganz besonders wichtig ist bei diesem Make-up, eine sogenannte Reduktion hinzubekommen, also einen fließenden Übergang von massiv deckend bis zu luftigleicht (Bild rechts). Den äußeren Lidstrich am Ober- und Unterlid ziehe ich mit einem cremigen schwarzen Kajalstift, der sich sehr gut auftragen lässt: Auf dem Oberlid sollte der Strich ein bisschen breiter sein als unter den Augen. Darüber arbeite ich auf dem kompletten beweglichen Lid mit verschiedenen Braun-Grün-Pigmenten. Alle Farbpigmente verteile ich so, dass sie weich ineinander übergehen und die Farbe ebenso weich nach oben zur Augenbraue hin ausläuft. Unter der Augenbraue setze ich mit einem helleren Lidschatten ein Highlight. Auch unter dem Auge lasse ich den schwarzen Lidschatten und den Kajalstrich gut miteinander verschwimmen, tupfe noch etwas Concealer unter die Augen und smoothe Lidschatten und Concealer mit einem Lidschattenpinsel aus, sodass es wirkt, als würde der Lidschatten unter den Augen in die Grundierung übergehen. Lassen Sie sich ruhig ausreichend Zeit beim Schminken, damit Ihnen die zarten und weichen Reflexionen auch wirklich perfekt gelingen.

Auf das Innenlid sowie auf die inneren und äußeren Augenwinkel gebe ich ebenfalls schwarzen Kajal – und zwar ruhig fünf- oder sechsmal nacheinander. Wenn Cynthia nun ihre Augen fest zusammenpresst, verteilt sich die Farbe auch auf dem inneren Oberlid, was ihre Augen noch stärker in den Mittelpunkt rückt.

Nun bringe ich die Wimpern mit der Wimpernzange in Form, tusche sie kräftig oben und unten und ziehe abschließend nur noch Cynthias Augenbrauen mit einem Augenbrauenstift nach.

ROUGE

Das Rouge soll bei diesem Styling zart, fast unauffällig wirken und muss daher perfekt in die Base eingearbeitet werden: Ich verwende dafür ein kräftiges Rouge und setze es jeweils auf den höchsten Punkt der Wangenknochen. Von dort ausgehend verteile ich es in weichen, kreisenden Bewegungen bis nach vorne zur Nase und blende es mit dem Concealer aus.

LIPPEN

Zum Schluss noch die Lippen: Mit einem Lipliner in der eigenen Lippenfarbe ziehe ich die Lippenlinie zunächst nach und male sie dann vollständig damit aus. So werden die Lippen zwar nicht farblich akzentuiert, erhalten aber eine schöne und klare Kontur. Nun gebe ich noch etwas Lipgloss auf die Lippen, um einen strahlenden Schimmer zu erzeugen und schon ist dieses wunderbare Make-up fertig.

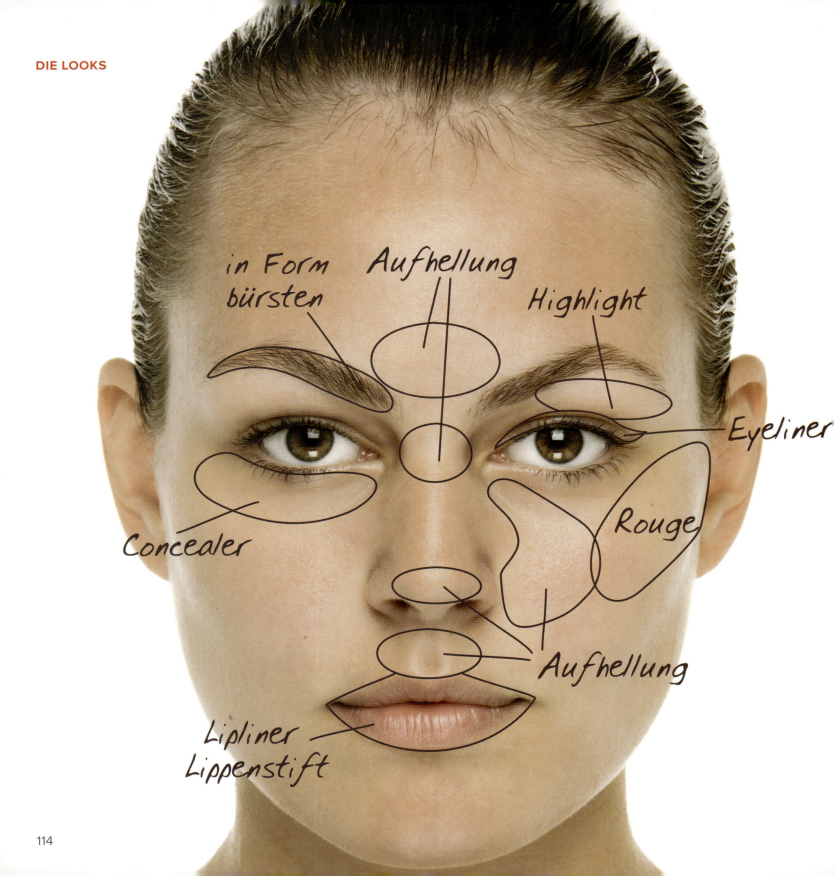

in Form bürsten

Aufhellung

Highlight

Eyeliner

Concealer

Rouge

Aufhellung

Lipliner
Lippenstift

Look 13

Mengen auf Stirn, Wangen, Nase und Kinn und verteile es wie eine Creme gleichmäßig auf Julias Haut. Mit dem Pinsel, mit dem ich gerade eben den Concealer aufgetragen habe, streiche ich jetzt noch mal über all die Stellen, auf die ich die Abdeckcreme aufgetragen habe, um dort die Übergänge auszublenden und ein ebenes, feines Hautbild zu schaffen. Mit ein bisschen Übung dauert es keine drei Minuten, um diese Basis zu schaffen. Wenn Sie kleine Mitesser und Hautunreinheiten haben, bearbeiten Sie genau diese Stellen mit dem Concealerpinsel noch einmal so lange nach, bis das Hautbild ebenmäßig erscheint. Nun müssen Sie das Make-up nur noch mit losem Puder fixieren.

Julia trägt ein sehr natürliches Make-up, bei dem ich mit nur wenigen Farben gespielt habe, das aber dennoch eine Besonderheit aufweist: die Augenpartie. Außer einem schwarzen auffälligen Lidstrich und etwas Mascara sind Julias Augen eher »pur«, somit ist der Look auch absolut alltagstauglich.

GRUNDIERUNG

Wie immer steht das Eincremen mit einer feuchtigkeitsspendenden Tagescreme an erster Stelle, um die Haut auszugleichen und auf das Make-up vorzubereiten. Allerdings müssen Sie wegen des folgenden Augen-Make-ups darauf achten, dass Sie sowohl die Lider als auch die Wimpern nicht mit eincremen, da der Lidstrich und die Mascara sonst später nicht gut halten würden.

Nachdem die Feuchtigkeitspflege vollständig eingezogen ist, arbeite ich diesmal zuerst mit dem Concealer. Ich tupfe die Creme mit einem kleinen Pinsel unter Julias Augen, um Schatten auszugleichen. Dann gebe ich etwas Concealer als Aufheller auf ihre Nasenspitze und -wurzel, die Stirn und unter sowie neben die Nase. Die Lippenlinie ziehe ich mit dem Concealerpinsel von außen nach innen nach, um die Kontur zu schärfen. Mit den Fingern arbeite ich den Concealer perfekt in die Haut ein, damit ich darüber anschließend das flüssige Make-up geben kann. Auch das Make-up tupfe ich in kleinen

AUGEN

Damit das komplette Oberlid fettfrei ist, gebe ich vor dem Schminken einen nicht ölhaltigen Augen-Make-up-Entferner auf einen Wattepad und streiche damit einmal über Julias Augenlider. Dann pudere ich die Augen zart ab. Um den Lidstrich später besser ziehen zu können, kann es hilfreich sein, die Wimpern zuerst mit der Wimpernzange in Form zu biegen und dann zu tuschen. So geben gerade die äußeren Wimpern in etwa den Verlauf und auch das Ende des zu zeichnenden Lidstrichs vor.

Mit einem flüssigen schwarzen Eyeliner male ich nun auf dem Oberlid von innen nach außen eine exakte Linie am Wimpernansatz entlang: Dabei setze ich den Eyeliner aber nicht direkt am Augenwinkel an, sondern lasse circa vier Millimeter Abstand und ziehe den Strich etwa bis zur Mitte des Auges. Anschließend setze ich den flüssigen Eyeliner ein wenig außerhalb des äußeren Augenwinkels an und verbinde von dort aus die beiden Linien miteinander. Ich tauche den Pinsel erneut in die Farbe ein und ziehe noch einmal einen feinen Strich vom inneren Augenwinkel bis ganz nach außen, um die Linie gleichmäßig zu machen. Wichtig dabei ist, dass Sie die Farbe auf dem Lid immer erst antrocknen lassen, bevor Sie ein weiteres Mal darübermalen. Denn ist der Lidstrich erst einmal verschmiert, ist es schwierig, ihn nachzuarbeiten. Wenn Sie mit einem sehr kleinen Pinsel etwas Puder auftragen, werden Haltbarkeit und Intensität noch gesteigert. Ist die Linie des Eyeliners nicht gerade genug, können Sie sie mithilfe eines kleinen Concealerpinsels und wenig Concealer korrigieren, indem Sie am schwarzen Lidstrich entlang nacharbeiten.

Unter die Augenbrauen setze ich mit Lidschatten eine ganz zarte Aufhellung und verwische den Lidschatten so mit dem Concealer, dass er nicht klar herauskommt, sondern nur als Effekt erscheint, der eventuelle kleine rote Äderchen und die Hautfarbe des Lids ausgleicht. Die Augenbrauen bürste ich lediglich etwas in Form.

ROUGE

Rouge setze ich jeweils auf den höchsten Punkt von Julias Wangenknochen und schattiere es in Richtung Mund und Schläfen aus, sodass es ihrem Teint ein wenig Frische verleiht.

LIPPEN

Mit einem Lipliner in der Lippenfarbe ziehe ich nun die äußere Kontur der Lippen nach, angefangen bei den Mundwinkeln über den Lippenbogen, sodass die Kontur geschärft wird. Danach nehme ich mit einem Lippenpinsel etwas Lippenstift auf und ziehe die Lippen in vier Schritten von außen nach innen nach.

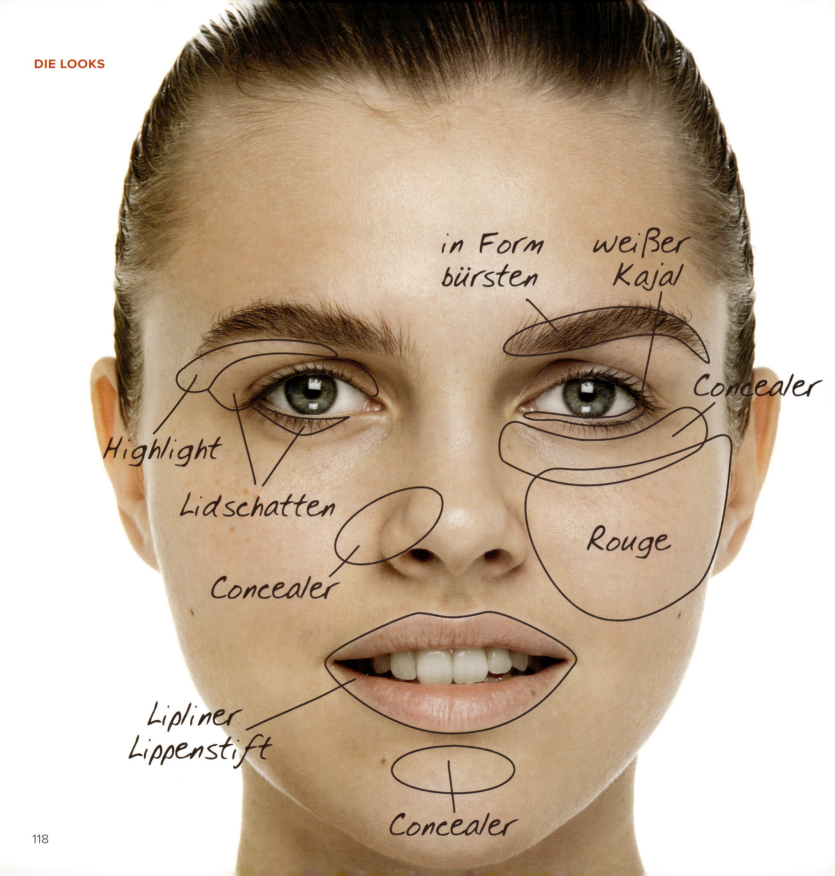

in Form bürsten

weißer Kajal

Concealer

Highlight

Lidschatten

Concealer

Rouge

Lipliner Lippenstift

Concealer

Look 14

Schon mit wenigen Handgriffen gelingt es Ihnen, etwas Dramatik in Ihr Gesicht zu zaubern wie hier bei Mira. Dieses Make-up eignet sich besonders gut für dunkelhaarige bis brünette Frauen, es betont die Augen und schärft den Blick. Die beste Voraussetzung für einen kleinen Flirt!

GRUNDIERUNG

Zuerst creme ich Miras Gesicht mit einer reichhaltigen Feuchtigkeitscreme ein, um trockene Stellen zu vermeiden. Danach arbeite ich mit Concealer um die Nase, am Kinn und unter den Augen, um Schatten und Unebenheiten auszugleichen. Mit einem Pinsel nehme ich Concealer auf und präzisiere damit die Lippenlinie von außen nach innen. Nun habe ich schon ein wunderbar ebenmäßiges Gesicht, für das ich kein Make-up mehr verwenden muss. Jetzt pudere ich das Gesicht noch mit etwas losem Puder ab.

AUGEN

Den Lidschatten setze ich so in den Lidbogen hinein, dass ich den äußeren Winkel der Augen betone. In den inneren Augenwinkel kommt ein bisschen Make-up, um den Blick zu klären und etwaige Schatten zu neutralisieren. Dann gebe ich als Aufheller etwas hellen Lidschatten unter die letzten zwei Drittel der Augenbraue. Diesen Aufheller müssen Sie zum inneren Augenwinkel hin gut

mit dem Lidschatten und dem Make-up verarbeiten, sodass ein sanfter Übergang entsteht. Unter dem Auge arbeite ich mit demselben Lidschatten wie oben, setze aber den dunkelsten Punkt unter der Pupille und lasse das Ganze nach innen und etwas weiter nach außen weich auslaufen. Auf das innere untere Augenlid kommt weißer Kajal.

Mit der Wimpernzange bearbeite ich nun kräftig die Wimpern, sodass sie wunderbar voluminös wirken. Dann tusche ich die Wimpern unter Zuhilfenahme eines Löffels. Dazu lege ich den Löffel auf das Lid, ziehe das Lid vorsichtig etwas nach oben und tusche dann die oberen Wimpern über den Löffelrücken hinweg. Der Löffel hilft Ihnen dabei, die Wimperntusche präzise aufzutragen und die Ansätze besonders herauszuheben. Die unteren Wimpern werden dann auch getuscht, allerdings ohne Löffel. Die Augenbrauen werden zum Schluss nur ein bisschen in Form gebürstet.

ROUGE

Beim Rouge habe ich einen frostigen Ton gewählt, der wie Perlmutt glänzt. Ich trage es unter dem Auge bis hoch zur Schläfe auf, am kompletten Wangenbereich. Wenn es etwas zu stark geworden ist, nehme ich wieder etwas Concealer und dämpfe das Ganze ein bisschen ab.

LIPPEN

Die Lippen bearbeite ich an der Kontur zuerst mit einem Lipliner in der gleichen Farbe wie der Lippenstift und male sie dann komplett mit dem Lipliner aus. Mit einem großflächigen Lippenpinsel trage ich dann Lippenstift auf den kompletten Lippen auf und gestalte so eine perfekte und schöne Lippenlinie.

Fast perfekt –
das ovale Gesicht

Es wird oft als *die* Gesichtsform bezeichnet. Bei einem ovalen Gesicht befindet sich die breiteste Stelle im Bereich der Wangenknochen. Das Gesicht wird nach oben und unten hin schmäler, das Oval ist in Richtung Kinn länger als nach oben. Die ovale Form lässt die Proportionen eines Gesichts sehr ausgeglichen und gefällig erscheinen. Die Augen stehen in einem idealen Abstand zueinander, und die Größe der Nase ist passend. Auch haben die Lippen meist eine sehr schöne Kontur. Frauen mit einem ovalen Gesicht können sich glücklich schätzen und brauchen nur wenige Handgriffe, um gut auszusehen. Bei der ovalen Gesichtsform ist es nicht notwendig, bestimmte Proportionen mit Make-up auszugleichen. Es bedarf keiner besonderen Tricks und Kniffe, außer denen, die für ein perfektes Make-up generell gelten. Je nach Lust und Laune können Schwerpunkte gesetzt werden und beispielsweise Lippen oder Augen besonders betont werden. Egal, ob klassisch, sportlich oder elegant – bei dieser Gesichtsform ist alles erlaubt, von außergewöhnlich bis lässig. Ein ovales Gesicht beispielsweise haben Mira (Look 14), Sina (Look 08, links), Elena (Look 32, Mitte) oder Laura (Look 39, rechts).

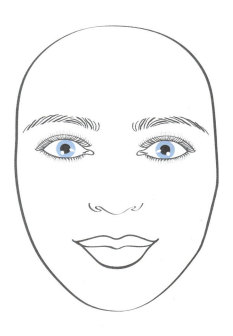

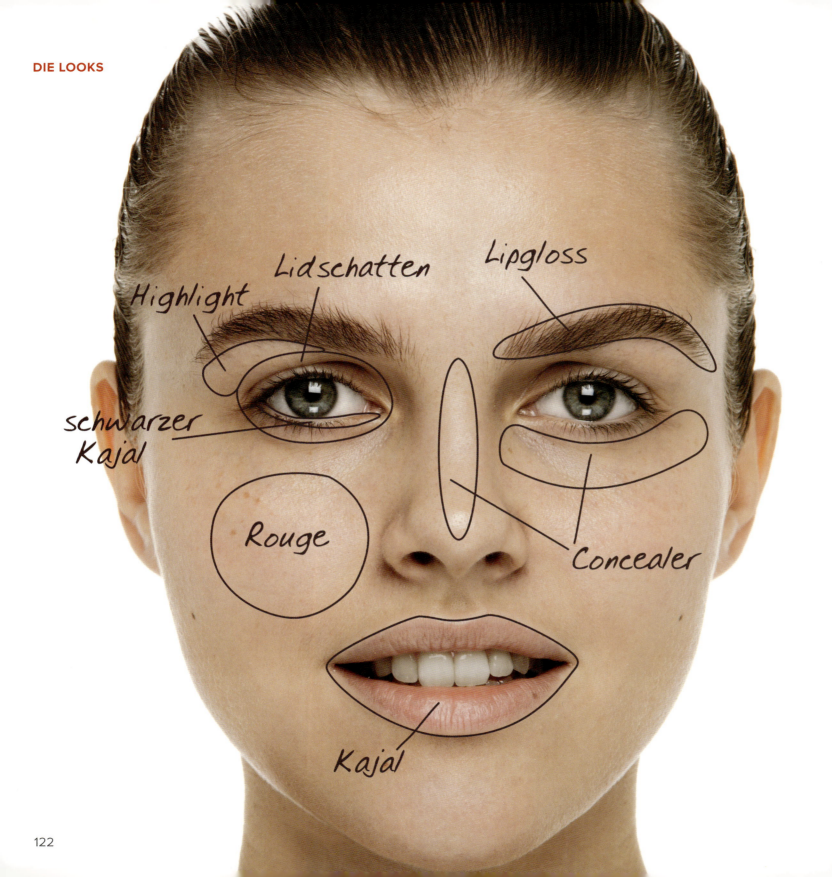

Highlight

Lidschatten

Lipgloss

schwarzer
Kajal

Rouge

Concealer

Kajal

Look 15

Hier habe ich den Fokus auf die Augen und den Mund gelegt und ein bisschen herumexperimentiert. Herausgekommen ist dabei ein Mix aus verschiedenen Strukturen: Glanz, Highlights und Darklights – mystische Smoky Eyes und knallblaue Lippen. Natürlich sind solche Lippen nicht alltagstauglich, aber zu einem außergewöhnlichen Styling passt hin und wieder auch ein außergewöhnliches Make-up ...

GRUNDIERUNG

Zunächst creme ich Miras Gesicht mit einer Feuchtigkeitscreme ein. Nachdem diese vollkommen eingezogen ist, gebe ich etwas Flüssig-Make-up auf meine Fingerspitzen und verteile es gleichmäßig über Miras Gesicht, ohne dabei unschöne Ränder zum Hals oder zu den Ohren hin entstehen zu lassen. Ich tupfe etwas Concealer unter Miras Augen und auf ihre Nase und ziehe mit dem Concealerpinsel die Lippen von außen nach innen nach, um die Kontur zu schärfen. Wichtig ist, die deckende Creme möglichst gut mit dem Make-up zu verarbeiten. Nun pudere ich das Gesicht einmal mit transparentem, losem Puder ab. Ich reibe meine Handflächen so lange aneinander, bis sie warm werden, und lege sie Mira dann auf das Gesicht, sodass sich der Puder mit der Grundierung verbindet und keine Puderpartikel auf der Haut zu erkennen sind.

AUGEN

Den Lidschatten habe ich auf das bewegliche Lid gesetzt und bis in das unbewegliche Lid hochgezogen und weich ausgearbeitet. Unter die Augenbrauen setze ich mit einem hellen Lidschatten ein Highlight. Miras Augenbrauen bürste ich in Form, gebe nun auf das Bürstchen, einen kleinen Pinsel oder – für einen stärkeren Glanz – auf ein Wattestäbchen ein wenig Lipgloss und streiche damit ein weiteres Mal über Miras Augenbrauen, sodass sie zart glänzen. Auch unter den Augen tragen ich den dunklen Lidschatten auf und schattiere ihn zum inneren und äußeren Augenwinkel dezent und weich aus. Auf das untere Innenlid trage ich schwarzen Kajal auf, um die Augen dadurch zu intensivieren. Dann biege ich die Wimpern mit der Wimpernzange in Form und tusche sie zwei-, dreimal oben und unten: die Mascara dicht am Wimpernansatz ansetzen und in Zickzackbewegungen bis in die Spitzen und auch in Richtung des inneren und äußeren Augenwinkels ziehen, um jedes einzelne Härchen zu erwischen.

ROUGE

Als Rouge verwende ich einen perlmuttfarbenen Ton und setze damit einen Glanzpunkt mit etwas Abstand unter das Auge und ziehe den Glanz mit den Fingern fast bis zum Mund. Ich verarbeite diesen perlmuttfarbenen Glanz gründlich mit der Grundierung, sodass ein dezentes Lichtspiel entsteht.

LIPPEN

Da blauer Lippenstift im Handel kaum zu bekommen ist, habe ich einen sehr weichen blauen Kajal verwendet. Mit dem Kajal ziehe ich zunächst Miras Lippenkontur nach. Dann male ich die Lippen komplett damit aus. Damit die Lippen nicht zu trocken aussehen, können Sie noch etwas Lippenpflege darauf tupfen.

Schöne Lippen

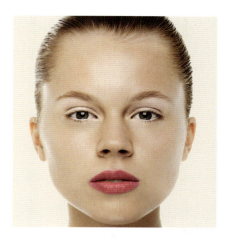

Lipliner: Viele Menschen haben nicht von Natur aus die perfekte Lippenform. Um Lippen zu modellieren, verwende ich gerne Lipliner in Nude-Tönen. Damit setze ich aber nicht nur eine Linie, sondern ich schattiere weit in die Lippe hinein, um einen guten Untergrund zu schaffen. So kann ich die Form ausgleichen und die Lippen homogen wirken lassen. Danach arbeite ich je nach Vorliebe und Anforderung weiter. Eine Möglichkeit ist es, ganz natürlich zu bleiben und die Lippen nur schattiert zu belassen, mit Gloss zu betonen oder in der eigenen Lippenfarbe nachzuziehen. Möchte ich den Mund stärker betonen, verwende ich farbigen Lipliner in der Farbe des Lippenstiftes. Um eine perfekte Kontur zu erreichen, ziehe ich diese mit einem gespitzten Lipliner nach. Danach pudere ich die Lippenlinie sorgfältig ab. Anschließend ziehe ich noch einmal die Lippenkontur nach. Jetzt kommt der gewünschte Lippenstiftton zum Einsatz. Ist danach die Lippenlinie nicht einwandfrei, nehme ich den Concealer und schärfe von außen die Kontur.

Lippenstift: Ob matt oder glänzend, zart oder kräftig, Lippenstift ist ein wunderbares Hilfsmittel, um einen bestimmten Look zu erzeugen. Lippenstift kann einen Menschen komplett anders aussehen lassen. Viele sind überrascht, wie sich ihr Gesamtbild verändert, wenn ich dunkle oder intensive Farben verwende. Gerade deshalb arbeite ich auch hin und wieder mit sehr kräftigen Farben, wie Sie bei den Make-ups von Sina (Look 07, oben), Mira (Look 15, Mitte) und Olga (Look 50, unten) mit den magentafarbenen, blauen und schwarzgrünen Lippen sehen können. Durch die Verwendung eines hochpigmentierten Lipliners wirken gerade dunkle oder kräftige Lippenstiftfarben noch um ein Vielfaches intensiver.

Lipgloss: Lipgloss gehört in jede Handtasche. Er macht optisch jung, lässt die Lippen gut aussehen und enthält außerdem Pflegestoffe. Lipgloss kann als besonderes Highlight dienen oder dazu, die eigene Lippenfarbe auszugleichen. Wenn Lippen zum Beispiel zu bläulich sind, erhalten sie durch einen rosigen Lipgloss einen perfekten Farbton.

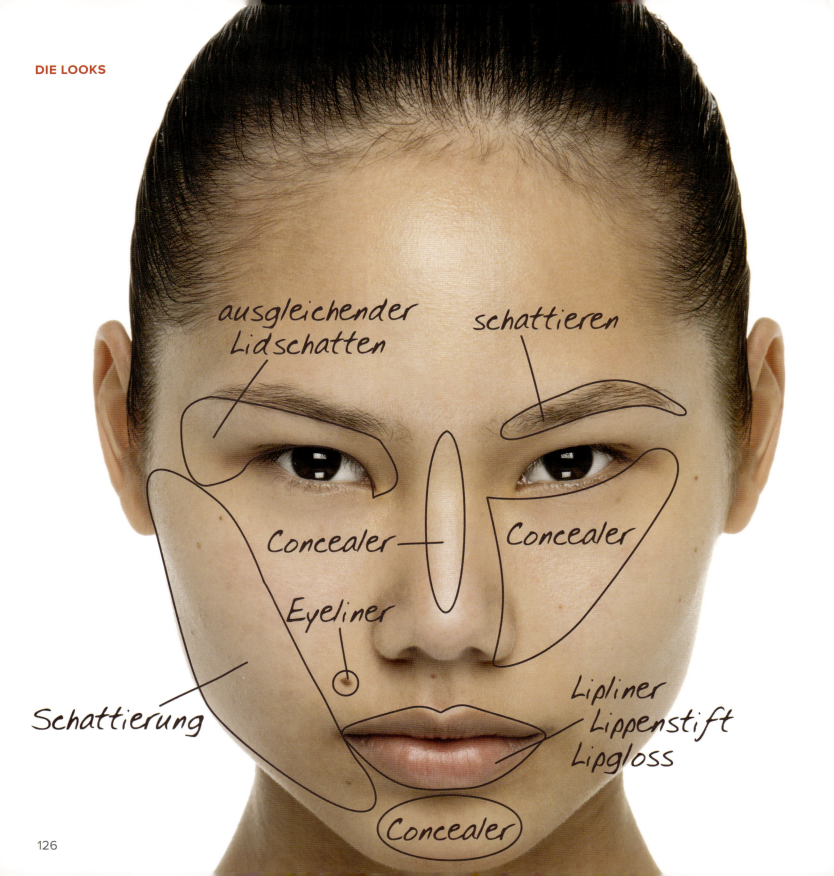

ausgleichender Lidschatten

schattieren

Concealer

Concealer

Eyeliner

Schattierung

Lipliner
Lippenstift
Lipgloss

Concealer

Look 16

Bei diesem ausdrucksstarken, femininen Make-up sind die Lippen sehr »anfällig« und es wird schwierig sein, etwas zu trinken, ohne dass der Lippenstift anschließend am Glas haftet. Daher ist dieses Styling eher für die kurzen Momente geeignet, für ein Fotoshooting oder für den Laufsteg.

GRUNDIERUNG

Ich creme Natalies Haut gut mit einer Feuchtigkeitscreme ein, damit keine trockenen Hautstellen mehr existieren und das Make-up gleichmäßiger wird. Die Creme lasse ich vollständig einziehen, dann arbeite ich mit einem flüssigen Make-up weiter, um die Haut auszugleichen. Natalie hat ein sehr feines Hautbild, das nur wenig Vorbehandlung braucht. Ich gebe bei ihr nur wenig Concealer unter die Augen, auf die Nase, um die Nase herum und auf das Kinn — aber noch nicht um die Lippen herum —, arbeite ihn gut ein und pudere das Gesicht danach ganz leicht ab. Dazu verwende ich einen möglichst großen Pinsel, mit dem ich etwas Puder aufnehme. Den Pinsel drehe ich in der Handfläche, damit sich der Puder gleichmäßig verteilt. Hängt zu viel Puder am Pinsel, klopfe ich diesen ein wenig ab.

AUGEN

Die Augenbrauen habe ich mit speziellem Lidschatten für Augenbrauen nachgezogen. Ich nehme mit dem Augenbrauenpinsel die Farbe auf, fahre die Brauen exakt nach und definiere sie dadurch sehr stark; das passt wunderbar zu dunklen Haaren und dunklen Augen. Auf Wimperntusche habe ich bei diesem Look komplett verzichtet. Für die Lidschattenfarbe habe ich einen Ton gewählt, der sich Natalies eigenem Hautton komplett anpasst. Die Oberlider sollen der Haut von der Farbe her so ähnlich wie möglich sein, es soll keine Tiefe, keine Struktur erkennbar sein. So werden auch kleine rote Äderchen abgedeckt.

LIPPEN

Jetzt ziehe ich die Lippenkontur — wie immer von außen nach innen — mit einem Lipliner in der Farbe des Lippenstifts nach und male die Lippen nun damit aus. Dann pudere ich die Lippen ab. Mit einem kleinen, ganz kurzen Pinsel nehme ich etwas Concealer auf und male die Lippenkonturen exakt von außen nach innen nach, sodass eine perfekte Linie entsteht. Die so vorbereiteten Lippen male ich wieder mit dem Lipliner, dann mit dem Lippenstift aus und gebe als Glanzpunkt noch eine große Portion Lipgloss obendrauf. Den Gloss führe ich nicht bis ganz an die Lippenlinie heran, sondern ende etwa einen Millimeter vor der Kontur. Den Schönheitsfleck auf der Oberlippe setze ich mit einem flüssigen Eyeliner. Die Farbe einfach vier- bis fünfmal immer wieder auf denselben Punkt tupfen, sodass der Schönheitsfleck intensiviert wird: Sobald die Farbe getrocknet ist, pudere ich die Lippen mithilfe eines kleinen Pinsels zart mit losem Puder ab. Dann gebe ich noch mal einen Farbpunkt darauf, pudere wieder ab usw. Je öfter man das wiederholt, umso exakter wird dieser kleine Lovespot, wie man den Schönheitsfleck auf Englisch nennt.

ROUGE

Das Rouge setze ich von den Schläfen bis an den höchsten Punkt der Wangenknochen und lasse es bis zum Kieferknochen hin auslaufen. Hier verwende ich einen eher neutralen Ton, den ich aber eine Nuance dunkler und ein wenig wärmer gewählt habe als den Make-up-Ton, um auch die Wangen bis zum Kieferknochen zu schattieren.

Sehr markant – das viereckige Gesicht

Durch einen geraden Haaransatz und die klaren Linien an der Seite hinab bis fast zum Kinn ergibt sich zwangsläufig die eckige Form an Stirn- und Kinnpartie. Sehr häufig trifft man bei dieser Gesichtsform auf einen sinnlichen Mund und große Augen. Die relativ großen Flächen können mit einem gezielten Einsatz von Make-up wundervoll unterbrochen und akzentuiert werden. Die Kieferpartie wird etwas dunkler grundiert, um sie schmaler wirken zu lassen, ebenso die seitlichen Partien der Stirn bis hin zu den Schläfen. So wirkt das Gesicht insgesamt zierlicher. Um die Gesichtsbreite generell aufzulösen, wird über den Wangenknochen ein hellerer Ton verwendet, anschließend wird der dunklere Ton aufgetragen. So erzielt man einen weicheren Übergang der Hauttöne. Ein dezentes Rouge unterhalb des Wangenknochens macht das eckige Gesicht weicher und gefälliger. Durch die unterschiedlichen Make-up-Töne bei der Grundierung sollte das Augen-Make-up eher einfarbig oder dezent sein. Das gilt ebenfalls für die Lippen. Ein Make-up mit Smoky Eyes (Look 04, Seite 79) ist trotzdem denkbar. In etwa viereckig sind Natalies (Look 16), Cynthias (Look 12, links), Gretas (Look 25, Mitte) und Isabells (Look 42, rechts) Gesicht.

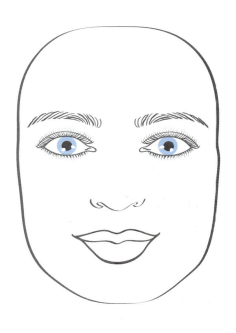

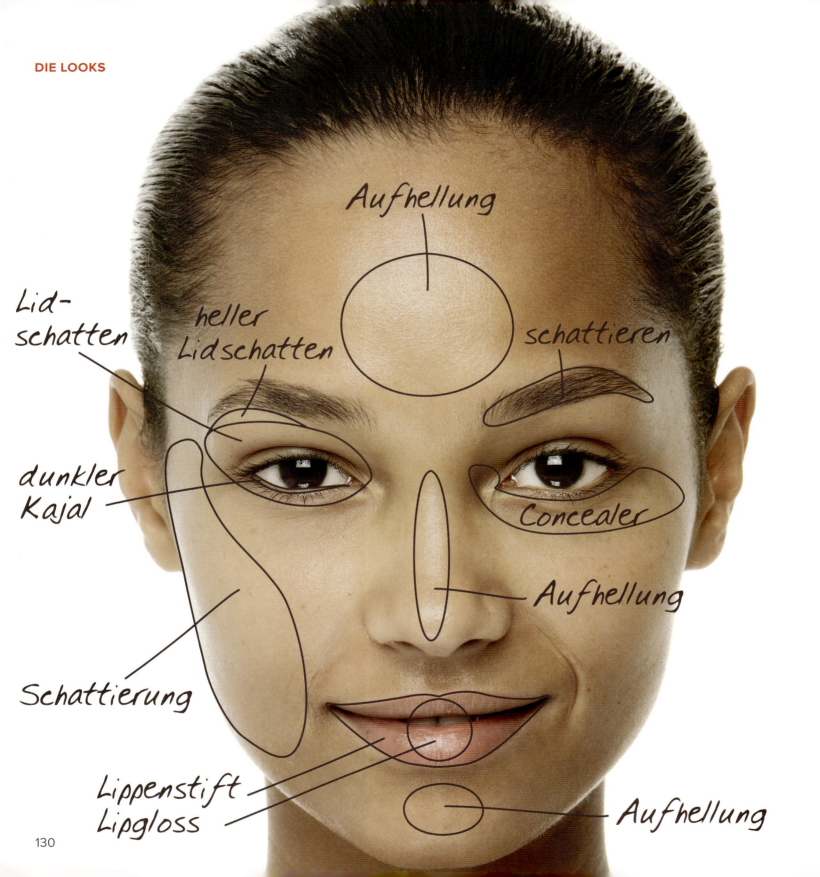

Aufhellung

Lid-schatten

heller Lidschatten

schattieren

dunkler Kajal

Concealer

Aufhellung

Schattierung

Lippenstift Lipgloss

Aufhellung

Look 17

Dieses Make-up lässt das Gesicht von Amina wunderbar weich und zart erscheinen. Bei ihrem dunklen Teint wirkt dieses Make-up, das auch Ebony-Make-up genannt wird, richtig klasse – es harmonisiert, erzeugt einen weichen und frischen Eindruck, einfach sexy und ideal für viele Gelegenheiten.

GRUNDIERUNG

Zunächst creme ich Aminas Gesicht sorgfältig mit einer Feuchtigkeitscreme ein, um trockene Stellen zu vermeiden, die nachher beim Make-up zu Unregelmäßigkeiten führen könnten. Nach dem Eincremen verteile ich mit den Fingern vorsichtig Flüssig-Make-up auf der Haut. Nun pudere ich das Gesicht ab und arbeite mit etwas Concealer unter den Augen, um Schatten oder Unregelmäßigkeiten auszugleichen. Mit dem kleinen Concealerpinsel und etwas Concealer arbeite ich die Lippenlinie von außen nach innen nach, um die Kontur zu schärfen. Mit etwas Concealer setze ich noch kleine Aufhellungen auf Stirn, Nase und Kinn.

AUGEN

Den Lidschatten trage ich auf das komplette bewegliche Lid auf und auch auf das unbewegliche Lid bis fast hinauf zur Augenbraue. Unter die Augenbraue setze ich mit einem hellen Lidschatten, der ungefähr zwei Töne heller ist als die eigene Hautfarbe, eine ganz leichte Aufhellung.

Auch unter das Auge gebe ich ein wenig von dem Lidschatten, den ich oben verwendet habe. Wichtig dabei ist, mit dem Lidschatten unter den Augen so zu arbeiten, dass der kräftigste Punkt des Lidschattens genau unter der Pupille sitzt. So entsteht ein sehr harmonisches und ebenmäßiges Bild. Danach gebe ich etwas Concealer auf meine Fingerspitze und arbeite damit unter dem Auge, sodass die Übergänge vom Lidschatten abgemildert werden und nur eine dezente, weiche Schattierung am Auge entsteht. Das innere Auge umrande ich mit einem dunklen, braunen Kajal, sodass das Auge noch mal geschärft wird und einen deutlichen Gegenpol zum oberen Lid bildet, das ja etwas heller gestaltet ist.

Dann bearbeite ich mit der Wimpernzange die Wimpern, um ihnen den richtigen Schwung zu geben, und tusche sie schließlich. Mit einem Pinsel bürste ich etwas dezenten Lidschatten in die Augenbrauen, sodass die Brauen zwar schattiert sind, aber die Augenbrauenform nicht verändert wird.

ROUGE

Als Rouge verwende ich einen dunkleren Braunton und setze damit eine große Schattierung von Aminas Schläfe bis hin zum Kinn. Dann betone ich die Wangenknochen noch besonders, indem ich mit einem großen Rougepinsel (→ Seite 89) ein weiteres Mal über die Wangen streiche.

LIPPEN

Die Lippen erhalten einen sehr dezenten Lippenstift, eventuell sogar einen Nude-Ton, und werden zum Schluss in der Mitte mit etwas Lipgloss betupft. Dadurch bekommen sie einen schön schimmernden Glanz.

Ein seidiger Teint

Make-up dient in erster Linie dazu, die Haut zu mattieren. Dafür eignen sich Produkte wie Puder, flüssiges Make-up, Concealer oder Matt-Mousse-Make-up. Unebenheiten der Haut werden dadurch ausgeglichen, sie wirkt glatter. Die Gefahr dabei ist, dass die Kontur des Gesichtes verschwindet. In diesem Fall muss die Kontur wieder mit Rouge oder dunklem Puder im Wangenbereich erzeugt werden. Problematisch ist, dass man oft schwitzt und der Teint nicht den ganzen Tag matt bleibt. Dagegen hilft, mit einem Tuch die glänzenden Stellen vorsichtig abzutupfen. Am besten sollte man von Haus aus eher ein mattes Make-up wählen. **Tipp:** Bei sehr trockener Haut empfiehlt es sich, flüssiges Make-up mit einer Feuchtigkeitspflege zu mischen.

Mit **Glanz** arbeite ich sehr bewusst und gezielt, da ich genau weiß, wo Glanzpunkte gut aussehen und den gewünschten Effekt ergeben. Dazu verwende ich meist eine Creme oder mische einen Tropfen Concealer mit Creme. Am besten wirkt Glanz auf Wangen, Nasenrücken oder Lippen, auf Kinn oder Stirn empfiehlt es sich nicht. Glanz kann ich auch nutzen, um eine Nase schmaler oder kürzer wirken zu lassen. Dazu lasse ich den Glanz nur etwa einen Zentimeter unterhalb der Nasenwurzel bis etwa einen Zentimeter vor die Nasenspitze gehen – so wirkt die Nase kürzer. Soll die Nase schmaler erscheinen, kommt Glanz auf den Nasenrücken und ich schattiere die Nasenflügel mit einem Concealer, der etwa einen halben bis ganzen Ton dunkler ist. Beim Abpudern muss um die glänzenden Stellen herum gepudert werden, um die gewünschte Betonung zu erhalten. **Schimmer** eignet sich bestens für ein natürliches Aussehen. Wenn ich ein flüssiges Make-up auftrage und kaum abpudere, erhält die Haut einen leichten Schimmer und wirkt sehr lebendig und natürlich. Sollte der Teint einmal zu matt geworden sein, kann man die Handflächen aneinanderreiben und dann auf die entsprechenden Partien im Gesicht legen. Schimmernde Haut liegt absolut im Trend.

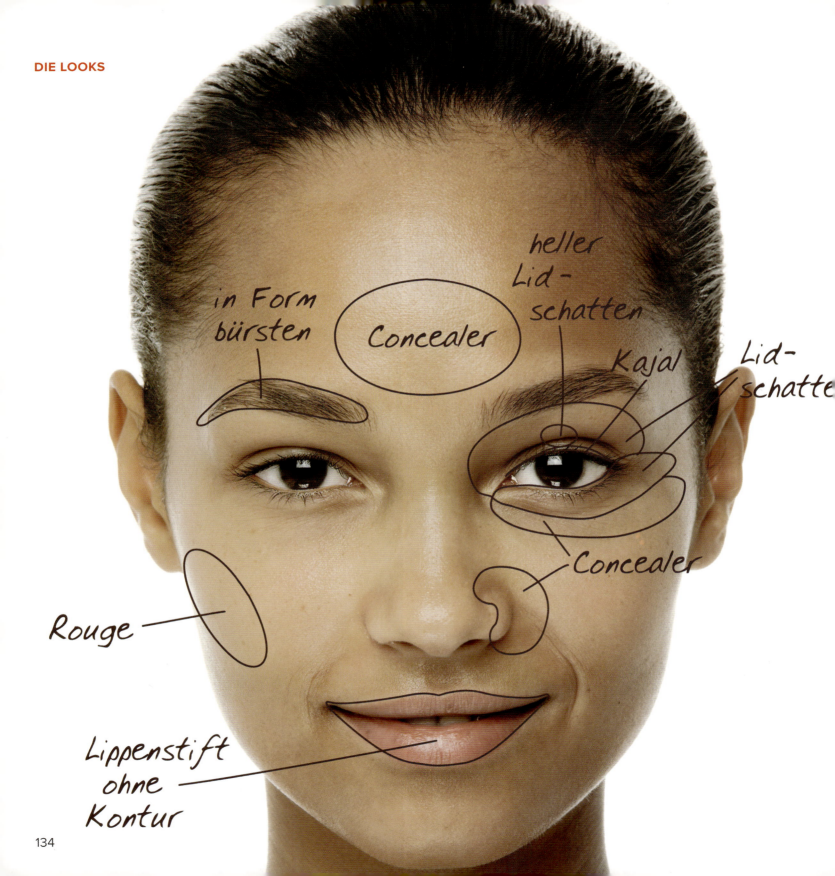

in Form
bürsten

heller
Lid-
schatten

Concealer

Kajal

Lid-
schatte

Concealer

Rouge

Lippenstift
ohne
Kontur

Look 18

Dies ist eines meiner absoluten Lieblings-Make-ups: Die Augen werden stark betont und die Lippen sowie der ganze Rest treten in den Hintergrund. Fast schon geometrische Formen werden harmonisch in das Bild eingearbeitet. Dieser Look strahlt etwas Verwirrendes, leicht Sentimentales aus, und genau darin liegt auch sein Geheimnis.

GRUNDIERUNG

Als Erstes creme ich Aminas Gesicht mit einer Feuchtigkeitscreme ein. Dann trage ich etwas Make-up auf und verwende unter den Augen und um die Nase herum etwas Concealer, um Schatten oder Unebenheiten auszugleichen. Nun arbeite ich mit dem Concealer die Lippenlinie von außen nach innen nach und pudere das Gesicht einmal ab. Danach gebe ich etwas Concealer auf die Fingerspitze und verteile ihn gleichmäßig auf der Stirn, um ein ganz weiches Hautbild zu erzeugen.

AUGEN

An den Augen setze ich erst einmal den unteren Lidschatten in der gewünschten Form und lasse ihn dann nach außen weiterlaufen. Zum inneren unteren Augenwinkel hin lasse ich die Farbe ganz weich und sanft auslaufen. Um den Übergang noch weicher zu gestalten, bearbeite ich den Bereich mit etwas Concealer. Schließlich ziehe ich mit dem Concealerpinsel die Form von außen präzise

nach, sodass das Ganze exakt abgegrenzt erscheint. Falls die Linie dadurch zu präzise wird, einfach mit dem Finger leicht absoften. Nun gebe ich kräftig Lidschatten an den oberen inneren Augenwinkel und ziehe fast hoch bis zur Augenbraue. Der innere Augenwinkel wird somit deutlich betont. Der Akzent liegt bei diesem Augen-Make-up am oberen Lid im inneren Augenwinkel und am unteren Auge im äußeren Augenwinkel. Somit entsteht eine spannende Form. Auf das bewegliche Lid und an den Wimpernkranz gebe ich etwas helleren braunen Kajal, den ich aber mit dem Lidschatten sozusagen abpudere und fixiere. Auf das obere bewegliche Lid setze ich noch eine kleine Aufhellung. Dazu gebe ich mit einem weichen, flachen Pinsel einen hellen, beigen Lidschatten auf das Lid, und zwar am besten genau über der Pupille. Der Wechsel von hell und dunkel wird dadurch noch einmal betont, die Gegensätze treten klarer hervor, aber ohne dabei das Auge optisch zu verschieben. Um das Auge herum sind spannende Effekte entstanden, aber das Auge selbst bleibt davon unbeeinflusst. Zum Schluss tusche ich noch die Wimpern und bürste die Augenbrauen in Form.

ROUGE

Das Rouge habe ich im Gegensatz zu dem kräftigen Augen-Make-up nur ganz dezent gesetzt, der Ton ist nur eine Nuance dunkler als die Haut und wird auf den oberen und unteren Punkt des Wangenknochens aufgesetzt.

LIPPEN

An den Lippen arbeite ich diesmal ohne Kontur, das heißt, ich verwende keinen Lipliner und tupfe nur mit den Fingern etwas matten Lippenstift in einem Nude-Ton auf die Lippen. Dann pudere ich die Lippenpartie ab, wodurch die Lippen komplett in den Hintergrund treten.

Wirkt kantig – das längliche Gesicht

Frauen mit einem länglichen Gesicht haben sehr oft eine hohe Stirn, eine hoch sitzende Wangenpartie und eine lange und markante Kinnlinie. Dieser Gesichtstyp ist eher kantig. Auch wirken die Gesichtszüge schnell müde. Häufig stehen die Augen eher eng zusammen, die Wangenknochen erscheinen niedrig und flach, der Mund ist meist schmal. Beim Schminken geht es darum, das Gesicht optisch zu verkürzen. Mit den richtigen Kniffen ist dies wunderbar machbar. Wenn der Stirnansatz dunkel grundiert wird, erscheint das Gesicht optisch kürzer. Die Bereiche oberhalb der Wangenknochen sollten etwas heller, die Bereiche darunter, bis hin zum Unterkiefer, eine Nuance dunkler schattiert werden. Unterteilt man das Gesicht so in zwei Hälften, wirkt es runder und weicher. Das Rouge wird entlang der Wangenknochen und auf die Wangen aufgetragen. Die Augenbrauen sollten schmal sein und nach außen ruhig minimal länger auslaufen. Einen ausgleichenden Effekt erzielt man auch, wenn die Lippen betont werden, gerade wenn die Frau ohnehin schöne Lippen hat. Amina (Look 18), Christa (Look 23, links), Alina (Look 26, Mitte) und Angelica (Look 34, rechts) haben beispielsweise ein längliches Gesicht.

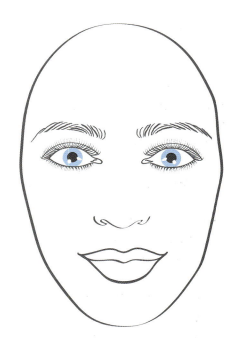

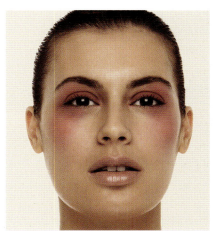

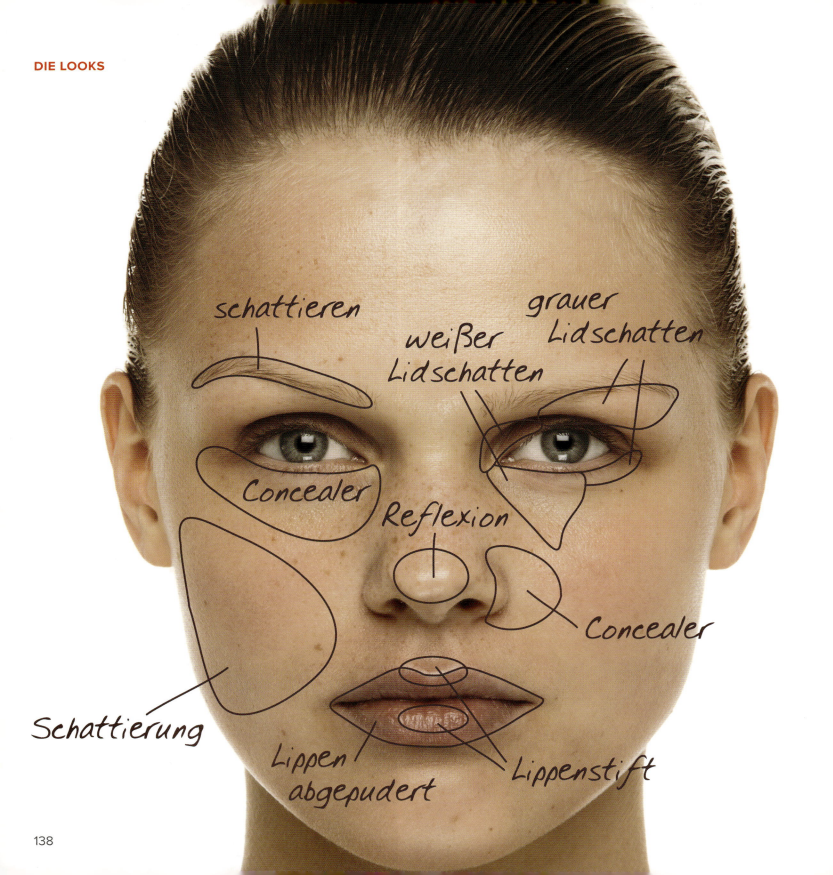

Look 19

Ein strahlendes und vor allem frisches Make-up mit dunklen und hellen Nuancen, das sicherlich die Blicke auf sich zieht. Für dieses nicht ganz normale Make-up mit vielen Effekten habe ich mich von den Laufstegen dieser Welt inspirieren lassen.

GRUNDIERUNG

Zuerst creme ich Carinas Gesicht mit einer reichhaltigen Feuchtigkeitscreme ein, damit die Oberflächenstruktur gleichmäßig wird. Als Nächstes gebe ich flüssiges Make-up auf meine Fingerspitzen und verteile es wie eine Gesichtscreme sorgfältig auf dem Gesicht, sodass der Teint ebenmäßig aussieht, aber die Haut noch durchscheint. Danach trage ich etwas Concealer unter Carinas Augen und um die Nase herum auf, um Unregelmäßigkeiten und Schatten auszugleichen. Die Textur arbeite ich gründlich mit den Fingern in das Make-up ein. Carinas Lippen konturiere ich, indem ich die Lippenlinie von außen nach innen mit dem Concealerpinsel und etwas Concealer nacharbeite. Nun pudere ich das Ganze gleichmäßig ab und setze danach als Reflexion etwas Concealer auf die Nasenspitze, sodass dort ein kleiner Schimmer entsteht.

AUGEN

Beim Lidschatten habe ich mit verschiedenen Texturen gearbeitet. Erst einmal trage ich, angefangen vom inne-

ren Augenwinkel unten sowie bis gut einen Zentimeter unter dem Auge und am Unterlid entlang bis zur Hälfte der Pupille einen weißen Lidschatten auf, verteile ihn gleichmäßig und arbeite ihn so in die Grundierung ein, dass keine harten Ränder mehr zu erkennen sind und alle Übergänge ganz ineinander verlaufen. Nun platziere ich unter dem Auge vom äußeren Augenwinkel einen grauen Lidschatten und schattiere ihn bis zur Mitte der Pupille aus. Auch hier achte ich wieder darauf, dass alle Übergänge fließend sind. Auch am oberen Lid beginne ich im inneren Augenwinkel und gebe weißen Lidschatten auf das komplette bewegliche Lid, dann verteile ich mit einem flachen Pinsel grauen Lidschatten großflächig auf dem unbeweglichen Lid und lasse die dunkle Farbe zur Augenbraue hin sanft auslaufen, sodass es ein wenig düster aussieht. Ich gehe mit dem grauen Lidschatten auch ein bisschen in die Augenbrauen rein, sodass sie zwar schattiert werden, es aber nicht so aussieht, als hätte Carina dunkle Augenbrauen. Mascara benötige ich bei diesem Look nicht, dennoch biege ich die Wimpern mit der Wimpernzange in Form, damit die Augen geöffnet werden.

ROUGE

Rouge oder einen dunklen losen Puder trage ich als Schattierung nur sehr, sehr dezent jeweils auf den höchsten Punkt des Wangenknochens auf und lasse es in kreisenden Pinselbewegungen bis nach vorne zur Nase hin weich auslaufen.

LIPPEN

Mit den Lippen habe ich ein bisschen gespielt. Das heißt, ich habe die Lippen abgepudert und einen metallisch glänzenden Lippenstift mit den Fingern aufgetupft, und zwar in die Mitte der Unterlippe und oben auf den Lippenbogen.

Fast wie ein Dreieck – das herzförmige Gesicht

Das herzförmige Gesicht ist breit an der Stirnpartie, und die Seitenlinien verlaufen weich nach unten, wo sie in ein schmales oder spitzes Kinn münden. Die Form ähnelt ein bisschen einem Dreieck. Die Wangenknochen liegen eher hoch. Das herzförmige Gesicht kommt recht häufig vor und wird an sich schon als relativ harmonisch wahrgenommen. Mit den folgenden Schminktricks kann jeder Look einfach realisiert werden. Bei der Gestaltung des Make-ups für diese Gesichtsform sollte das Kinn dunkler grundiert werden, um es etwas zu verbreitern. Außerdem sollten die Seiten der Stirn und der Bereich unter den Augen, auf der höchsten Stelle der Wangenknochen, schattiert werden. So richtet man den Fokus auf die Gesichtsmitte. Selbstverständlich können auch die Augen betont werden. Wenn man die Schläfen und Wangen leicht einschattiert und so eine weiche Kontur setzt, wird die Breite des Gesichts verringert. Ist die herzförmige Gesichtsform nicht besonders ausgeprägt, sind oft gar keine Kaschierungen notwendig und jeder beliebige Look kann einfach umgesetzt werden. Carina (Look 19), Kairit (Look 22, links), Kristin (Look 27, Mitte) oder Jessica (Look 38, rechts) haben beispielsweise ein annähernd herzförmiges Gesicht.

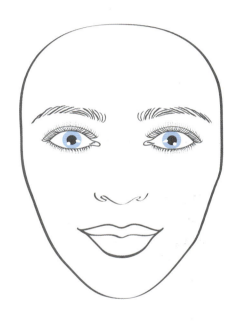

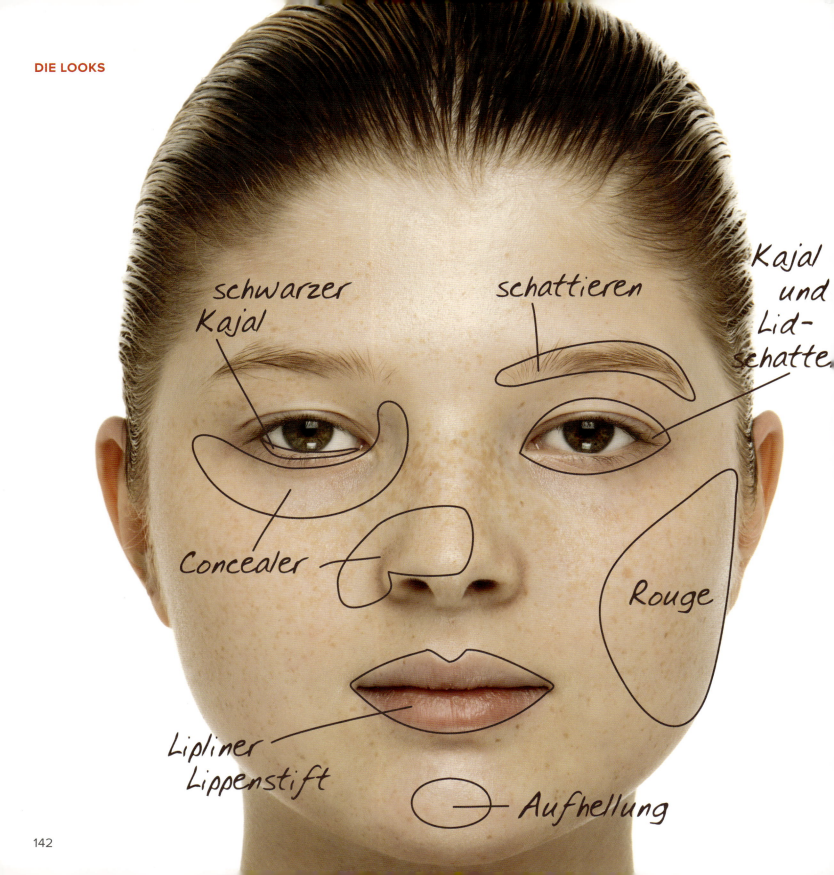

schwarzer
Kajal

schattieren

Kajal
und
Lid-
schatte

Concealer

Rouge

Lipliner
Lippenstift

Aufhellung

Look 20

Carolin trägt ein sensationelles Make-up, das vor allem abends bei besonderen Anlässen zum Einsatz kommen darf. Bei einem Theaterbesuch oder einem eleganten Dinner setzen Sie sich mit diesem Style perfekt in Szene, ohne dass der Look dabei zu aufdringlich wirken würde.

GRUNDIERUNG

Carolins wunderbar reine Haut muss ich nur mit etwas Pflegecreme und Concealer bearbeiten. Ich tupfe unter ihre Augen und um die Nase herum ein wenig Concealer, um Unregelmäßigkeiten auszugleichen, und arbeite die Textur mit den Fingern sorgfältig ein. Dann ziehe ich mit dem Concealerpinsel und etwas Concealer die Lippenlinie von außen nach innen nach, um die Kontur zu schärfen. Auf das Kinn gebe ich mit Concealer eine kleine Aufhellung. Nun pudere ich das Gesicht mit etwas losem Puder ab und schon habe ich die perfekte Basis. Gerade einen Teint wie diesen von Carolin sollte man nahezu unberührt lassen, weil er von Haus aus inklusive seiner eigenen Röte sehr natürlich wirkt.

AUGEN

Carolins Augenbrauen schattiere ich zart mit etwas Lidschatten, sodass sie möglichst natürlich wirken. Um die Augen zu betonen, umrande ich sie zuerst komplett mit einem braunen, ölhaltigen Kajalstift, der sich sehr leicht und zart auftragen lässt, und anschließend noch mit einem braunen, leicht metallisch glänzenden Lidschatten. Kajal und Lidschatten schattiere ich mit einem kleinen Pinsel aus, sodass die beiden Texturen sanft ineinander übergehen und fixiere damit zugleich den Kajalstrich, der aufgrund der eigenen Körperwärme sonst ein wenig »wandern« würde. Mithilfe des Concealers definiere ich nun sowohl am Ober- als auch am Unterlid Anfang und Ende des Lidschattens und softe die Übergänge mit dem Finger aus. Auf das Innenlid trage ich einen schwarzen Kajal auf. Als Lidschatten müssen Sie nicht unbedingt einen Braunton wählen, sondern können ruhig ein bisschen mit den Farben experimentieren: Ein grüner Ton, ein Gelb- oder Goldton passen ebenfalls perfekt zum braunen Kajal. Bevor ich oben und unten sorgfältig Wimperntusche auftrage, bringe ich die Wimpern noch mit der Wimpernzange in Form.

ROUGE

Gerade bei einem etwas rundlichen Gesicht wie dem von Carolin kann man die Gesichtsform mit Rouge ausgleichen. Ich setze das Rouge jeweils unterhalb des Wangenknochens und verteile es in kreisenden Bewegungen bis zu den Ohren und hinauf auf die Schläfen. So wirkt Carolins Gesichtform gleich ein wenig ovaler.

LIPPEN

Mit einem Lipliner, der genau der Farbe des Lippenstifts entspricht, umrahme ich Carolins Lippen sehr akkurat in vier Schritten von außen nach innen. Dann pudere ich die Lippen mit einem losen, farblosen Puder ab, nehme mit einem Pinsel den Lippenstift auf und ziehe Carolins Lippen wiederum von außen nach innen nach.

Wirkt lieblich –
das runde Gesicht

Ein rundes Gesicht ist auf Höhe der Wangenknochen breiter als das ovale oder das vierekkige und erscheint dadurch etwas voller. Meist wirkt es auch etwas kindlich. Oft wird es wenig schmeichelhaft als Mondgesicht bezeichnet, da es von großen Flächen dominiert wird. Durch das passende Make-up kann dem runden Gesicht aber ganz schnell Struktur verliehen werden. Die Bereiche unterhalb der Wangenknochen werden dunkler grundiert. Den Ton in weichen Übergängen von innen nach außen hin zum Haaransatz auslaufen lassen, das Gesicht erscheint dadurch schmaler. Die Partien oberhalb der Wangenknochen sowie die Kinnspitze werden in einem helleren Ton grundiert. So erhalten die Wangenknochen etwas Kontur. Ein dezenter Rougeton wird großflächig direkt unterhalb und entlang der Wangenknochen aufgetragen. Den Fokus kann man nun auf Mund oder Augen legen, das harmonisiert zusätzlich. Bei Carolins rundem Gesicht wurden die Augen beispielsweise stark betont (Look 20), bei Mira (Look 15, unten) wurde der Fokus auf die Lippen gelegt. Ein klar geschminkter Mund und ein reduziertes Augen-Make-up – schon ist ein Schwerpunkt gesetzt. Wer sein rundes Gesicht mag, verzichtet auf eine ausgleichende Grundierung und greift kräftig in den Farbtopf, um Augen oder Mund oder beides zu betonen. Das passende Outfit macht das Styling perfekt.

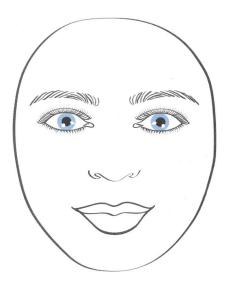

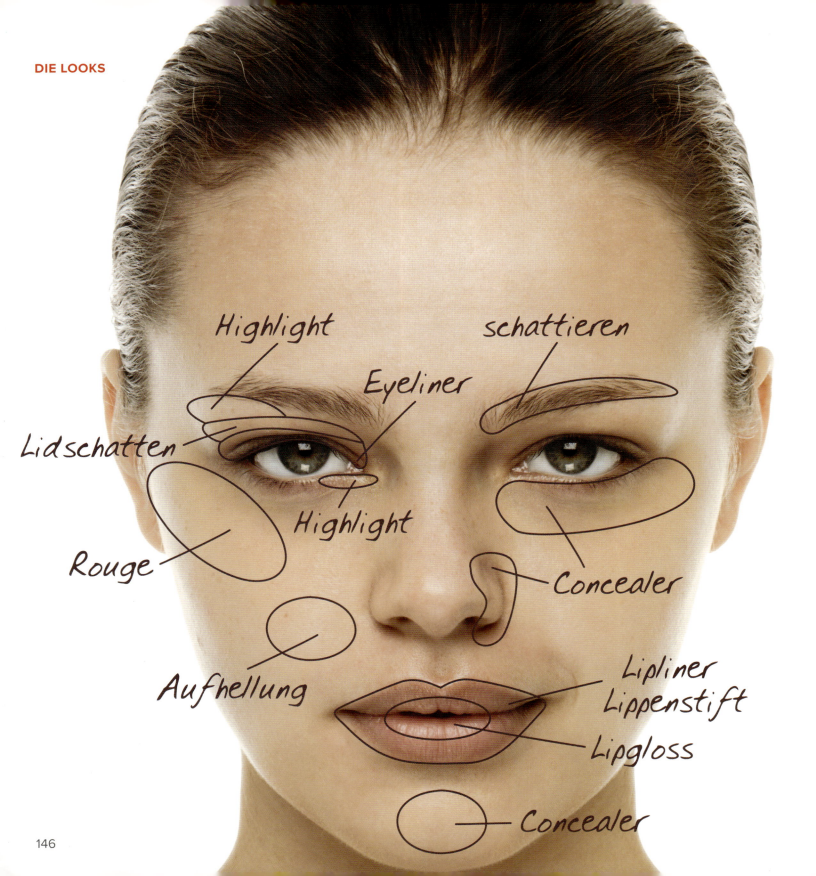

Highlight

schattieren

Eyeliner

Lidschatten

Highlight

Rouge

Concealer

Aufhellung

Lipliner
Lippenstift

Lipgloss

Concealer

Look 21

Auch wenn dieser Look auf den ersten Blick vielleicht einfach erscheint, ist es gerade hier besonders wichtig, sauber und exakt zu arbeiten. Nicoles Gesicht erscheint sehr frisch und natürlich, gleichzeitig aber, gerade durch die Betonung der Lippen, auch wertig und ausdrucksvoll – ein Look, der zu jeder Gelegenheit passt.

GRUNDIERUNG

Der erste Schritt ist, Nicoles Gesicht mit einer passenden Feuchtigkeitscreme einzucremen, um zum Schluss ein ebenmäßiges Aussehen zu erreichen. Danach verteile ich ein Mineral-Make-up sanft auf der Haut und erhalte so ein klares, feines Hautbild. Zur Abrundung des Ganzen bearbeite ich die Partie unter den Augen, am Kinn und um die Nase herum mit etwas Concealer, der mit einem Pinsel aufgetragen wird. So gleiche ich Schatten und Unregelmäßigkeiten wunderbar aus. Dann perfektioniere ich noch die Lippenlinie, indem ich mit etwas Concealer auf einem Pinsel die Kontur von außen nach innen nacharbeite.

AUGEN

Bei diesem sehr frischen und natürlichen Look bleibt der Lidschatten sehr zurückhaltend und dezent. Er soll eigentlich am besten nur das obere Lid etwas aufklären. Denn meistens ist das Lid mit kleinen Äderchen durchzogen und schimmert leicht bläulich oder rötlich. Mit einem Lidschatten, der von der Farbe her dem Hautton sehr nahe kommt, können diese Äderchen kaschiert werden. Das Lid erscheint dann absolut klar, zart und voll. Am Wimpernkranz trage ich etwas Eyeliner auf und verbinde einfach den inneren Augenwinkel mit dem äußeren, in der Mitte wird der Strich etwas dicker, sodass die Augen beim Blinzeln schwerer wirken – ein toller Effekt. Bei der Verwendung von Eyeliner ist vor allem zu beachten, dass die Linie exakt gezogen ist. Um dies zu erreichen, ist es am besten, das Auge zu schließen, die Augenbraue etwas anzuheben und das Lid zur Seite zu ziehen, sodass das Lid gespannt ist. Dann setze ich nur mit der Spitze eines flüssigen Eyeliners ganz vorne im inneren Augenwinkel an und ziehe eine sehr feine Linie so nah wie nur möglich am Wimpernkranz entlang. Bei der Mitte der Pupille stoppe ich und fange von außen dann von Neuem an. So erhalte ich einen sehr feinen Eyeliner-Strich. Dann ziehe ich noch einmal von außen bis zur Mitte, sodass die Linie in der Mitte etwas kräftiger wird. Darüber setze ich eine leichte Schattierung. Zum Schattieren verwende ich einen grauschwarzen Lidschatten, den ich am besten mit einem weichen, flächigen Pinsel oder einem Applikator wirklich nur auf das bewegliche Lid auftrage. Obwohl das Lid ja insgesamt offen wirkt, wird das bewegliche Oberlid so akzentuiert und schwerer, der Blick erhält eine besondere Intensität und es entsteht ein spannender Kontrast zur Augenfarbe von Nicole. Bei allen nicht zu dunklen Augenfarben kann man so einen tollen Kontrast erzeugen. Bei dunklen Augenfarben erscheinen durch diese Methode das Auge und der Blick wunderbar sinnlich.
Nun setze ich mit einem aufhellenden Lidschatten jeweils ein Highlight unter die Augenbraue und an den unteren Augenwinkel, beides soll nicht zu sehr auffallen, entwickelt aber eine große Wirkung.
Die Augenbrauen möchte ich bei diesem Look nicht besonders betonen, sondern lediglich etwas gestalten

und in Form bringen. Mit einem Pinsel trage ich etwas kühlen Lidschatten auf den Augenbrauen auf, sodass sie schattiert sind, aber unbedingt vollkommen natürlich bleiben.

ROUGE

Als Nächstes kommt das Rouge an die Reihe. Ich verwende einen sehr dezenten Farbton, denn bei diesem Look soll wirklich nur die Farbe des Lippenstifts im Vordergrund stehen. Das Rouge setze ich auf den höchsten Punkt der Wangenknochen und arbeite es ein, sodass keine Übergänge zu sehen sind und die ganze Partie einheitlich weich und zart erscheint.

Neben die Nase setze ich schließlich noch zwei Concealer- Punkte mit fließendem Übergang und als Akzente, damit das Gesicht noch frischer, ausdrucksvoller und auch femininer wirkt.

LIPPEN

Nun zu den Lippen, die ja bei diesem Look im Vordergrund stehen. Ich wähle einen dezenten Lipliner in der Farbe der Lippen und ziehe die Kontur der Lippen damit nach. Dann male ich die Lippen mit dem Lipliner aus. Als Lippenstift habe ich die absolute Trendfarbe des Jahres 2009 gewählt: Koralle. Mit den Fingern nehme ich etwas Lippenstift auf und betupfe so lange die Lippen, bis die ganzen Lippen mit Lippenstift betont sind. Das wiederhole ich einige Male. Um wirklich alle Stellen zu erreichen, ist es hilfreich, die Lippen mal zu schürzen, mal nach außen zu ziehen. So oft wie nötig nehme ich neue Farbe auf den Finger und betupfe die Lippen, bis mir das Resultat gefällt. Die Mundwinkel gestalte ich am besten mit einem Pinsel oder einfach mit dem Lippenstift selbst. In die Mitte der Lippen setze ich oben und unten noch etwas Lipgloss, um einen zarten Schimmer zu erhalten, sodass der Fokus in der Mitte der Lippe liegt.

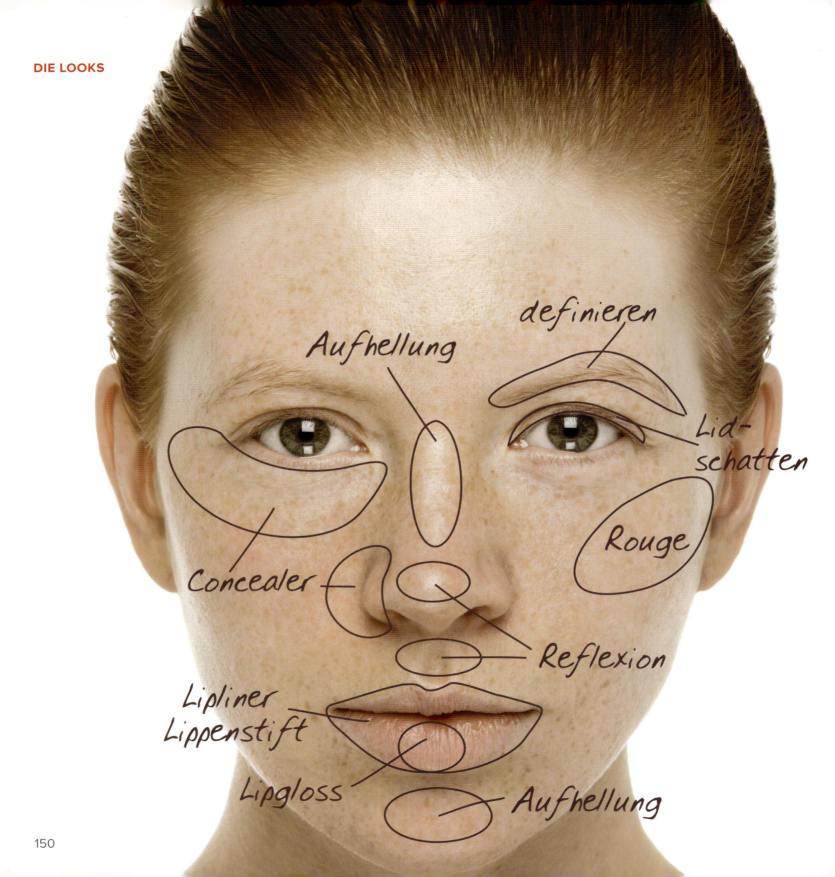

Look 22

Da ich Sommersprossen liebe, gefällt mir Kairits sensationell individuelles Gesicht natürlich besonders gut. Deshalb möchte ich auf keinen Fall diese tolle Haut komplett überdecken, sodass die Sommersprossen nicht mehr zu sehen wären. Gerade Farbakzente passen wunderbar zu diesem Gesicht, also nicht zu schüchtern sein und Farbe bekennen.

GRUNDIERUNG

Als Vorbereitung creme ich Kairits Gesicht nach einer Gesichtsmassage mit etwas Feuchtigkeitscreme ein, um unterschiedliche Hautstrukturen auszugleichen und ein gleichmäßiges Hautbild zu erzielen. Dann gebe ich etwas Concealer unter die Augen und um die Nase herum, so verschwinden unschöne Schatten und Unebenheiten. Mit dem Concealerpinsel und etwas Concealer ziehe ich schließlich noch die Lippenlinie von außen nach innen nach, um die Kontur zu schärfen. Make-up verwende ich bei diesem Look keines. Zum Schluss pudere ich das Gesicht einmal ab.

AUGEN

Nun wende ich mich den Augen zu. Das obere, unbewegliche Lid bleibt vollkommen natürlich, den grellen Lidschatten trage ich nur auf dem beweglichen Lid auf. Dazu lasse ich die Farbe nach hinten, nach innen und nach außen sehr gleichmäßig und weich auslaufen. Schließlich tusche ich noch die oberen Wimpern, die unteren bleiben ungetuscht. Die Augenbrauen sollen bei diesem Look ziemlich natürlich bleiben. Deshalb verwende ich ein Mascarabürstchen, in dem kaum mehr Farbe vorhanden ist – das prüfen Sie am besten zuerst auf Ihrem Handrücken nach –, und fahre damit die Augenbrauen nach, um sie lediglich vorsichtig zu definieren.

ROUGE

Als Rouge verwende ich einen ganz zarten Farbton und setze ihn auf die Wangenknochen, um dem Gesicht Frische zu verleihen, aber die Natürlichkeit nicht zu zerstören. Mit dem Concealer setze ich dann noch eine Aufhellung auf Nasenrücken und Kinn und etwas Glanz auf die Nasenspitze und unterhalb der Nase. Dies modelliert das Gesicht und unterstützt die schöne Frische dieses Looks. Am besten verwenden Sie nur sehr wenig Concealer und verarbeiten ihn einfach mit den Fingern. Wichtig ist immer, dass keine harten Übergänge oder Ränder zu sehen sind.

LIPPEN

Nun gilt es noch, den Lippen ein besonderes Erscheinungsbild zu verleihen. Mit einem Lipliner im Ton des Lippenstifts male ich lediglich die Lippenwinkel etwas nach, um die Lippenlinie zu präzisieren und zu schärfen. Dann nehme ich mit dem Finger etwas Lippenstift auf und betupfe die Lippen so lange damit, bis sie ganz mit Farbe ausgefüllt sind. Zum Schluss gebe ich wieder mit dem Finger etwas Lipgloss auf die Lippen, um ihnen einen schimmernden Glanz zu verleihen. In die Lippenmitte setze ich daher zur besonderen Betonung noch eigens einen Glanzpunkt mit dem Lipgloss.

Eher breit –
das birnenförmige Gesicht

Ein birnenförmiges Gesicht ist an Stirn und Schläfen schmal und wird erst an den Wangenknochen breiter. Dann läuft es in eine breite Kinnpartie aus. Damit diese Gesichtsform in ihren Proportionen ausgeglichen wirkt, muss die Stirn betont werden, um breiter zu erscheinen. Das Gleiche gilt für die Wangenknochen direkt unter dem Auge und die Spitze des Kinns. Außerdem sollten die Wangen bis nach unten auslaufend schraffiert werden, um die Breite der Wangen- und Kinnpartie zu minimieren. Aber keine Scheu vor neuen Trends! Auch mit dieser Gesichtsform können sie umgesetzt werden. Der Schwerpunkt sollte auf ausdrucksstarken Augen liegen. Farblich auffällige Lidschatten eignen sich hervorragend, um den Fokus auf die Augen zu setzen, der Nude-Look, bräunliche Töne und dezente Lidschatten eignen sich für ein Alltags-Make-up. Die Wimpern dabei kräftig tuschen und die Augenbrauen etwas nachzeichnen. So wird die obere Gesichtspartie optisch verbreitert. Auch mit der richtigen Frisur – mit Betonung des vorderen Kopfbereiches – können diese Gesichtszüge harmonisiert werden. Hier empfiehlt sich beispielsweise ein weicher, leicht welliger Pony, der etwas breiter geschnitten wird. Bei einem birnenförmigen Gesicht ist es wirklich wichtig, dass Make-up und Haare sehr gut aufeinander abgestimmt werden, denn nur so bekommt man eine möglichst ausgeglichene Gesichtsform.

Die birnenförmige Gesichtsform kommt eher selten vor. Es war deshalb schwierig, einem der Models diese Gesichtsform zuzuordnen. Generell kann man sagen, dass die meisten Menschen oft eine Mischung aus zwei Gesichtsformen haben und die Tendenz zu einer bestimmten erkennbar ist.

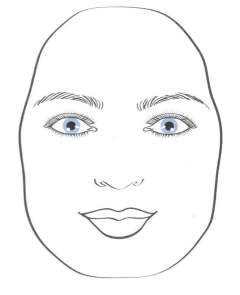

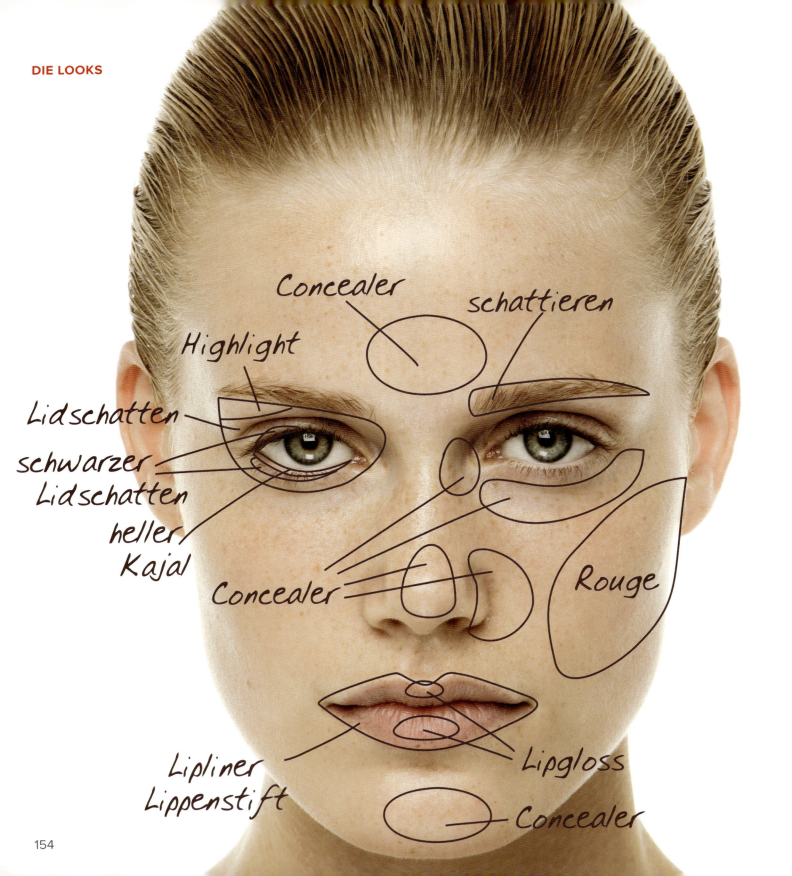

Concealer

schattieren

Highlight

Lidschatten

schwarzer
Lidschatten

heller
Kajal

Concealer

Rouge

Lipliner
Lippenstift

Lipgloss

Concealer

Look 23

Auch wenn ich bei Christas Make-up mit viel Lidschatten und einer intensiven Lippenfarbe arbeite, halte ich alles in denselben erdigen Tönen. Ein intensiver, sehr femininer Nude-Look, bei dem das Augen-Make-up etwas metallischer und die Lippen etwas glänzender sind.

GRUNDIERUNG

Nach der vorbereitenden Gesichtsmassage creme ich Christas Gesicht mit einer Feuchtigkeitspflege ein und lasse die Creme einziehen. Anschließend gebe ich ein wenig flüssiges Make-up auf meine Fingerspitzen und verteile es ebenfalls wie eine Creme gründlich auf Christas Gesicht. Unter den Augen, am inneren Augenwinkel und um die Nase herum arbeite ich mit etwas Concealer, um Schatten auszugleichen. Für etwas Aufhellung tupfe ich Concealer auf ihre Stirn, die Nasenspitze und auf das Kinn und arbeite die Textur in die bereits aufgetragene Grundierung ein. Auch die äußere Lippenkontur male ich mit dem Concealerpinsel exakt von außen nach innen nach, um die Lippenlinie zu schärfen.

AUGEN

Um diesen Look zu gestalten, wähle ich als Lidschatten eine Farbe, die zum Rouge und zu den Lippen passt, und verteile dann den Lidschatten mithilfe eines Pinsels auf dem kompletten Oberlid und auch unter dem Auge. Unter den letzten zwei äußeren Dritteln der Augenbrauen lasse ich etwas Platz, um dort mit einem Nude-Ton, der Christas Hautfarbe entspricht, ein dezentes Highlight zu setzen und um die Farbe sanft auslaufen zu lassen. Am oberen und unteren Wimpernkranz gehe ich mit etwas schwarzem Lidschatten entlang und intensiviere so die letzten beiden Drittel der Wimpern nach außen hin.

Am unteren Auge gebe ich auf das Innenlid einen hellen, beigefarbenen Kajal, der das Weiß der Augen strahlender erscheinen lässt und einen tollen Kontrast zu Christas Augenfarbe darstellt.

Die Augenbrauen bürste ich in Form und gehe dann mit einem Pinsel und dem Lidschatten, mit dem ich Ober- und Unterlid geschminkt habe, über die Brauen, um sie zu schattieren und ein harmonisches Bild zu erhalten. Zuletzt gebe ich noch den Wimpern mit der Wimpernzange einen schönen Schwung und tusche sie oben und unten.

ROUGE

Rouge setze ich bei Christa sehr dezent, nur um ihrem Gesicht ein wenig mehr Struktur zu verleihen. Dabei konzentriere ich mich zunächst auf die Apfelbäckchen, betone sie aber nicht kreisrund, sondern eher länglich, indem ich von den Bäckchen hinauf zur Schläfe gehe und dann wieder runter zum Mund.

LIPPEN

Die Lippenlinie fahre ich mit einem Lipliner, der der Farbe des Lippenstifts entspricht, von außen nach und male damit auch Christas Lippen komplett aus. Darüber trage ich nun den passenden Lippenstift und tupfe als besonderen Akzent jeweils in die Mitte von Ober- und Unterlippe etwas farbloses Lipgloss.

Farbe für die Augen

Ganz generell verwende ich gerne eine Farbe für das ganze Auge, aber vor allem dann, wenn ich einen rauchigen Look erzeugen möchte. Anfangs setze ich zum Beispiel in Blau einen blassen Lidstrich und verstreiche diesen dann. Ist der Farbakzent zu gering, arbeite ich mich vorsichtig in dem Ton vor und intensiviere die Farbe nach Gefallen Schritt für Schritt. Ich arbeite meist am Wimpernkranz am intensivsten und werde nach oben und zu den Seiten dunkler. Es sind aber auch nur Schattierungen entweder am äußeren oder inneren Augenwinkel erlaubt. Gerade bei bunten Farben dürfen Sie kreativ werden – es ist fast alles erlaubt, was gefällt. Doch Vorsicht: Den Pinsel sollten Sie kurz vor dem Auftragen jedes Mal an der Hand abstreichen, damit kein Lidschatten auf die Wange fällt. Zusätzlich können Sie auch mit matten oder glänzenden Texturen arbeiten, die Farben Schwarz und Weiß verwenden. Achten Sie jedoch immer auf weiche Übergänge. Richtig kräftige Farben blenden Sie mit Concealer etwas aus, sodass sich die Farbe wieder reduziert. Das zuvor zu intensive Make-up wirkt so plötzlich fast schon organisch, also eher zurückhaltend, aber doch intensiv. Um diesen Effekt zu erzielen, einfach mit der Spitze des Zeigefingers etwas Concealer aufnehmen und die Übergänge zur Haut hin ausblenden. Es wirkt dann, als ob sich der Lidschatten in der Haut auflösen und verschwinden würde – ein genialer Effekt. Etwas gewagter sind Look 18 (oben) von Amina oder Look 36 (Mitte) von Kim. Eher dezent, aber dennoch reizvoll ist beispielsweise Look 40 (unten) von Laura.

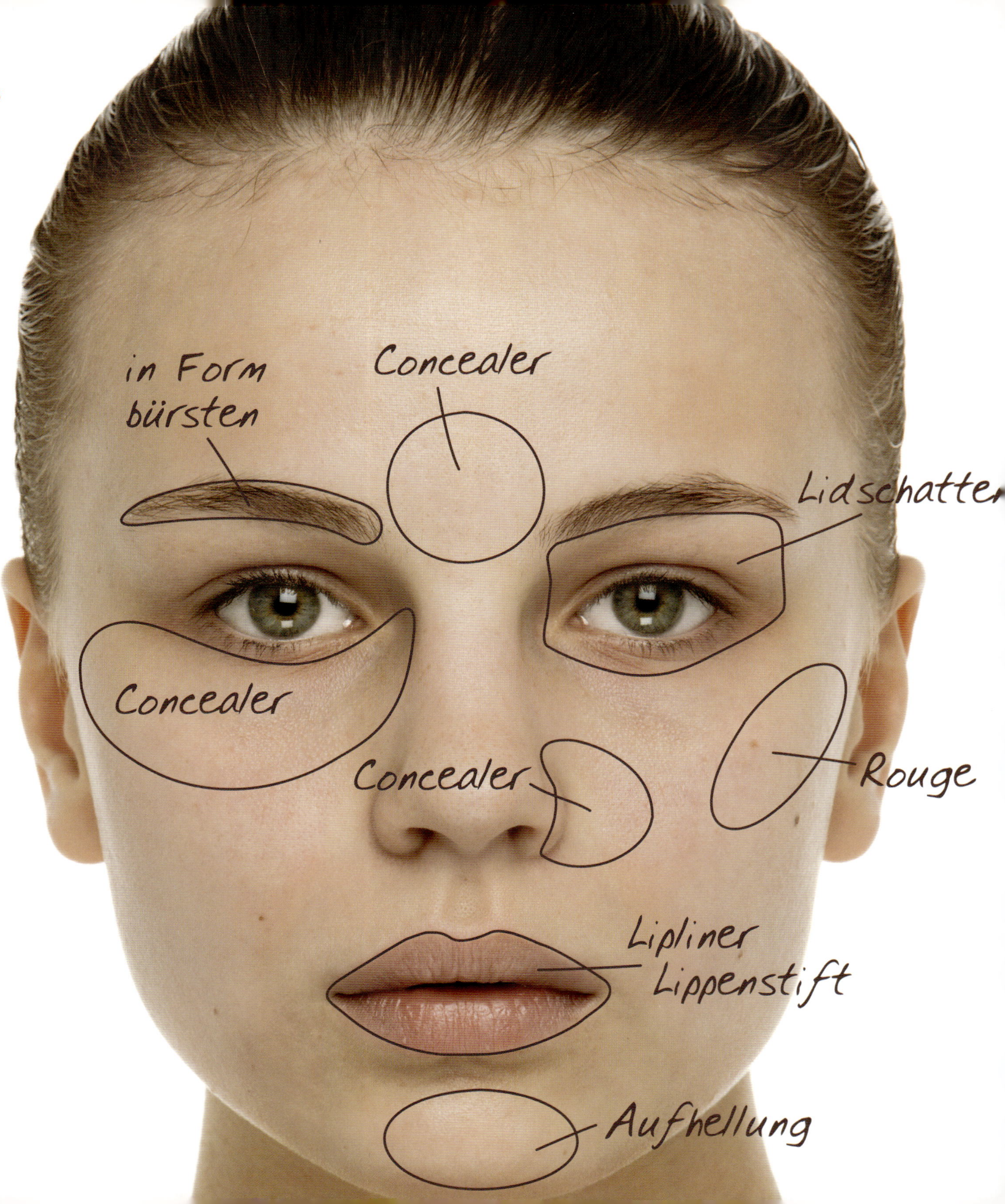

in Form bürsten

Concealer

Lidschatten

Concealer

Concealer

Rouge

Lipliner
Lippenstift

Aufhellung

Look 24

Greta trägt ein stylisches und kontrastreiches Make-up, das vielleicht für tagsüber ein bisschen zu extrem ist, aber perfekt in den Abend passt: für die Oper, die Disco, ein schickes Dinner … Dieses Make-up kann allerdings von der Technik her auch als Tages-Make-up gestaltet werden, dafür müssen Sie lediglich etwas dezentere Töne wählen.

GRUNDIERUNG

Die Haut von Greta creme ich mit einer Feuchtigkeitscreme ein, um trockene Stellen zu ebnen, und lasse die Pflege komplett einziehen. Als Foundation verwende ich ein flüssiges Make-up mit einer hohen Deckkraft und Sonnenschutz. Zwar schützt ein Make-up allein auch schon ein wenig vor schädlichen UV-Strahlen, aber dennoch können Sie Ihre Haut nie genug vor frühzeitiger Hautalterung bewahren (→ Seite 60/61).
Unter die Augen, auf die Stirn und um die Nase herum gebe ich etwas Concealer, um Unregelmäßigkeiten auszugleichen, und arbeite die Texturen sorgfältig ineinander ein, sodass keine unschönen Übergänge mehr zu sehen sind. Mit dem Concealerpinsel und etwas Concealer ziehe ich dann die Lippenlinie von außen nach innen nach, um die Kontur zu schärfen. Am Kinn setze ich mit etwas Concealer eine Aufhellung. Dann pudere ich das Gesicht mit losem Puder ab.

AUGEN

Für das Augen-Make-up verwende ich zwei Farben, die sehr gut miteinander harmonieren. Die etwas hellere Farbe setze ich auf das gesamte Oberlid und ziehe sie bis zur Augenbraue hoch. Dieselbe Farbe verteile ich auch unter Gretas Augen am Wimpernrand entlang. Die zweite, etwas dunklere Farbe trage ich genau am Anfang des inneren Augenwinkels auf, intensiviere damit dann noch zwei-, dreimal die Lidfalte und lasse die Farbe nach außen hin auslaufen. Dann ziehe ich den dunklen Ton vom Augenwinkel bis unter die Augenbraue hoch. Mit einem anderen Pinsel arbeite ich so lange nach, bis die helle und die dunkle Farbe harmonisch ineinander übergehen. An den Übergängen zur Grundierung können Sie mit etwas Concealer nacharbeiten. Sie müssen allerdings aufpassen, dass Sie dadurch den Bereich, den Sie gesoftet haben, nicht wieder schärfen. Nun bringe ich die Wimpern mit der Wimpernzange in Form und trage oben und unten Mascara auf – auf die oberen Wimpern gebe ich dabei ein wenig mehr als auf die unteren. Die Augenbrauen kämme ich mit einem Bürstchen in Form.

ROUGE

Bei Greta setze ich nur einen Hauch Rouge jeweils unter den höchsten Punkt ihrer Wangenknochen und arbeite die Farbe so ein, dass sie nahezu mit der Grundierung verschmilzt. Falls Sie einmal zu viel Farbe auf die Wange aufgetragen haben, können Sie ein wenig Concealer auf die Haut tupfen, einarbeiten und schon ist das Make-up wieder perfekt.

LIPPEN

Die Lippen habe ich zuerst mit dem Lipliner nachgezogen und dann damit ausgemalt. Jetzt gebe ich etwas Lippenstift darauf, pudere die Lippen ab und gebe noch einmal eine Schicht Lippenstift darüber.

Verführerisch – der Metallic-Look

Extravagante Augen-Make-ups heben die Augen absolut in den Mittelpunkt. Bei der Verwendung von Metallic-Farben muss allerdings darauf geachtet werden, dass nicht zu viel davon aufgetragen wird. In der richtigen Menge angewendet, zaubern sie jedoch einen wundervollen Glanz auf die Augen. Sind die Augen solchermaßen akzentuiert, empfehle ich eine matte Grundierung der Haut und wenig oder keine Betonung der Lippen. Ein aktueller Trend bei der Verwendung von Metallic-Farben ist der Wechsel von matten Lidschattenfarben und glänzenden metallischen Farben. Durch diese Kombination von metallischen und matten Farbtönen wird jedes Make-up aufregend. Das Schimmern und Reflektieren dieser Farbtöne funktioniert ebenso als Hightlight wie auch als Darklight. Gerade bei klassischen Smoky Eyes (→ Look 4, Seite 79) vermittelt eine metallische Reflexion auf dunklem Hintergrund absolute Modernität. Solche Augen sind der absolute Hingucker. Diese Reflexion muss gar nicht groß sein, es genügt, wenn auf dem beweglichen Lid kleinflächige Schattierungen gesetzt werden. Besonders im inneren Augenwinkel kann ein metallisches Farbspiel sensationell wirken wie zum Beispiel bei Johanna (Look 10, oben). Verführerisch sind auch die Looks von Carol (Look 44, Mitte) und Kristina (Look 47, unten).

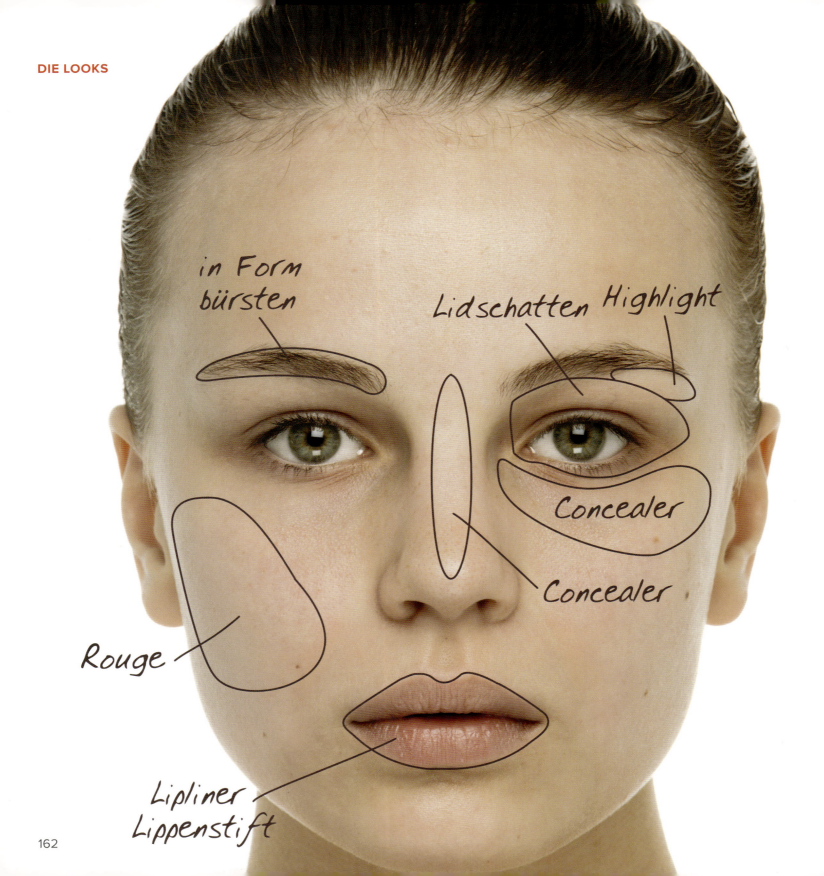

in Form
bürsten

Lidschatten Highlight

Concealer

Concealer

Rouge

Lipliner
Lippenstift

Look 25

Bei diesem starken Look liegt der Fokus eindeutig auf den Lippen, und daher müssen Sie auch den Mund besonders sorgfältig schminken. Um die Konturen wirklich exakt und gleichmäßig zu gestalten, brauchen Sie wahrscheinlich ein bisschen Übung und vor allem einige Geduld.

GRUNDIERUNG

Zur Vorbereitung der Haut creme ich Gretas Haut nach der Gesichtsmassage wieder gründlich mit einer Feuchtigkeitspflege ein und lasse die Creme vollständig einziehen. Darüber gebe ich dann einen Mineralpuder. Je öfter Sie dieses Kompakt-Make-up mit einem weichen Pinsel auftragen, desto höher ist die Deckkraft. Daher ist ein Mineral-Make-up wunderbar bei kleinen Hautunreinheiten geeignet – es ist leicht, parfümfrei und macht eine sensationelle Haut. Den Concealer tupfe ich auf Gretas Nasenrücken und unter die Augen, um Schatten und Unregelmäßigkeiten auszugleichen, und arbeite ihn sanft in die Grundierung ein.

AUGEN

Nun nehme ich mit einem flachen Pinsel ein bisschen Lidschatten auf und klopfe die überschüssige Farbe auf dem Handrücken ab. Grundsätzlich ist es sinnvoll, bevor ich zum ersten Mal mit dem Pinsel auf das Lid gehe, auf dem Handrücken auszuprobieren, wie viel Farbe bei dem ersten Kontakt auf der Haut haften bleibt. So kann ich den Lidschatten besser dosieren und verhindere einen fleckigen Auftrag. Nun setze ich den Pinsel im 90-Grad-Winkel in das äußere Ende der Lidfalte – denn genau dort möchte ich die meiste Farbe haben – und betone die Lidfalte, indem ich sie mehrfach von außen nach innen nachfahre. Wichtig dabei ist, dass die Farbe auch entlang des Wimpernkranzes verläuft, um dort schöne Reflexe zu erreichen. Unterhalb der Augenbraue setze ich mit einem hellen Lidschatten ein Highlight. Die Übergänge vom Lidschatten zum Highlight sowie zur Seite und zur Nase hin arbeite ich soft aus. Sind die Oberlider fertig, setze ich den Pinsel unter dem Auge am äußeren Augenwinkel an und lasse die Farbe zum inneren Winkel hin sanft auslaufen. Bevor ich die oberen und unteren Wimpern tusche, bringe ich sie zunächst mit der Wimpernzange sanft in Form.

Gretas Augenbrauen brauche ich nur ein bisschen zu bürsten. Dies sollten Sie sowieso eigentlich immer machen, denn schöne Augenbrauen sind wichtig, da sie dem Gesicht Symmetrie verleihen. Wenn Sie allerdings zu dunkle Augenbrauen haben, können Sie etwas flüssiges Make-up auf einen kleinen Pinsel geben und damit die Augenbrauen nachfahren, um so die Haarfarbe um ein oder zwei Nuancen zu reduzieren. Dies ist eine gute Möglichkeit, die Brauen stimmig in ein Make-up zu integrieren, ohne sie gleich bleichen oder färben zu müssen.

ROUGE

Das Rouge trage ich zart, mit etwas Abstand neben den Nasenflügeln auf und lasse es von dort zu den Wangen sowie am äußeren Ende unter den Augen weich auslaufen. Das verleiht dem Gesicht etwas Puppenhaftes. Wer es glänzender mag, kann anstelle des Rouges auch etwas farbloses Lipgloss in die Grundierung einarbeiten.

LIPPEN

Auf den Lippen liegt bei diesem Look eindeutig der Fokus. Daher bearbeite ich als Erstes die Lippenlinie mit dem Concealerpinsel und etwas Concealer von außen nach innen, um die Kontur zu schärfen. Mit einem Lipliner in Lippenstiftfarbe ziehe ich dann die Lippenlinie nach und male anschließend die Lippen komplett damit aus. Nun pudere ich den Mund ab. Um den Mund noch stärker zu betonen, können Sie die Konturen erneut mit dem Concealerpinsel sowie dem Lipliner nacharbeiten und das Ganze abpudern. Am Ende male ich die Lippen mit einem dunklen und matten Lippenstift aus.

Um besser erkennen zu können, ob Sie die Lippen auch gleichmäßig geschminkt haben, gibt es einen kleinen Trick: Ich setze links und rechts vom Mund die gestreck-ten Handflächen so an, dass auf beiden Seiten das gleiche Lichtverhältnis herrscht, und kann nun erkennen, ob die Lippenlinien auf jeder Seite identisch gezogen sind. Je öfter Sie die Lippen nachziehen und nacharbeiten, umso intensiver und exakter ist das Ergebnis und genau davon lebt dieses Make-up. Entsprechend dem gewünschten Style können Sie den Mund natürlich auch unterschiedlich formen, dafür bedarf es allerdings einiger Übung.

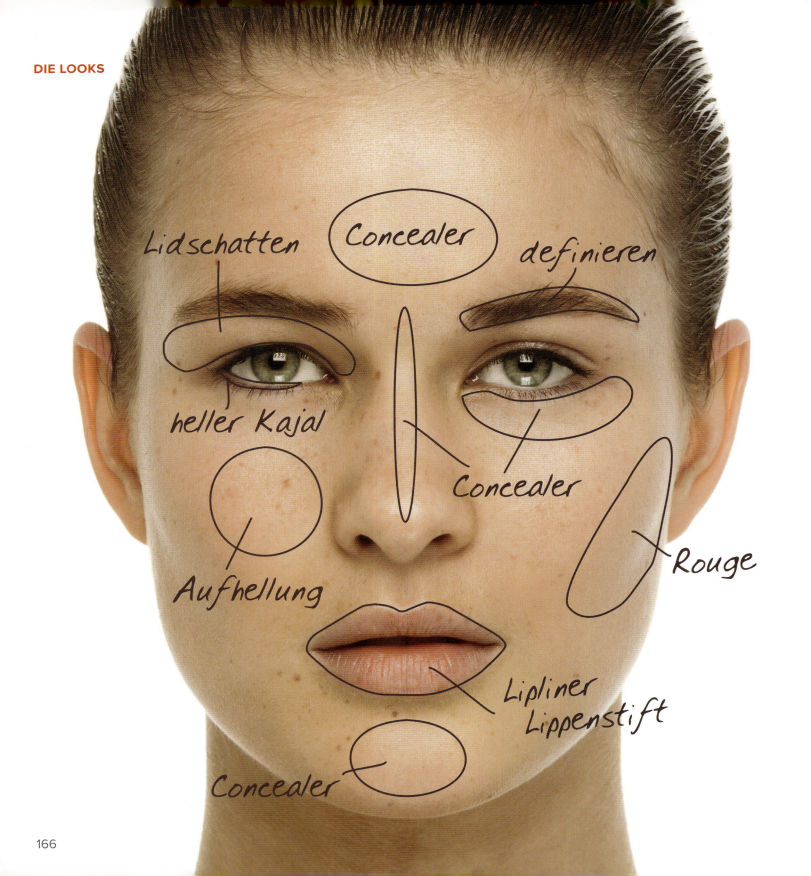

Lidschatten

Concealer

definieren

heller Kajal

Concealer

Aufhellung

Rouge

Lipliner
Lippenstift

Concealer

Look 26

Das strahlende Highlight bei diesem Make-up sind natürlich Alinas metallisch-glänzende, volle Lippen, die dem Look einen Hauch von Dramatik verleihen. Dennoch ist das Make-up nicht nur für den Abend geeignet.

GRUNDIERUNG

Mit einer Feuchtigkeitscreme creme ich das Gesicht sorgfältig ein, damit die Hautoberfläche möglichst ebenmäßig ist, und lasse die Pflege fast vollständig in die Haut einziehen. Um Alinas Hautton genau zu treffen, mische ich auf meinem Handrücken zwei verschiedene Make-up-Töne und verteile die so entstandene Foundation auf Alinas Gesicht. Nun tupfe ich Concealer auf Alinas Nasenrücken, Kinn, Stirn und unter die Augen und arbeite die Textur gründlich in das Make-up ein, sodass keine Übergänge sichtbar sind. Mit dem Concealerpinsel schärfe ich die Lippenkontur von außen nach innen nach. Abschließend pudere ich nur zart unter den Augen, auf der Stirn, auf dem Kinn und an den Schläfen ab. Um den Puder zu fixieren, reibe ich meine Hände aneinander und lege die angewärmten Handflächen auf Alinas Gesicht. Der Puder verschmilzt mit dem Make-up und der Teint sieht dann vollkommen natürlich aus. Bewusst lasse ich einige Glanzpunkte als Reflexion frei, indem ich dort keinen Puder darübergebe, so entstehen hellere Bereiche wie zum Beispiel neben der Nase. Erscheint bei Ihnen kein Glanz,

ist Ihre Tagescreme unter dem Make-up wahrscheinlich nicht reichhaltig genug.

AUGEN

Als Lidschatten wähle ich einen Farbton, der sehr nah an der natürlichen Hautfarbe ist und nur etwas Schimmer auf den Lidern hinterlässt. Ich verteile die Farbe auf dem beweglichen und unbeweglichen Lid und lasse sie nach oben zur Augenbraue hin sanft auslaufen. Sollte der Lidschatten nicht ausreichen, um Äderchen oder Rötungen auf dem Oberlid zu verdecken, können Sie vorher noch einen Hauch Concealer auf das Lid geben. Abpudern vor dem Lidschattenauftrag nicht vergessen! Am unteren Auge gebe ich auf das Innenlid noch etwas hellen Kajal. Die Wimpern bringe ich mit der Wimpernzange in Form und tusche sie kräftig. Alinas Augenbrauen bürste ich in Form und fahre einmal mit einem Mascarabürstchen, das wirklich nur einen kleinen Rest Farbe enthält, darüber, um die Brauen zu definieren.

ROUGE

Das Rouge setze ich jeweils auf den höchsten Punkt der Wangenknochen und lasse es in Richtung der Nase auslaufen.

LIPPEN

Die Lippenkontur ziehe ich mit einem Lipliner in der Farbe des Lippenstifts von außen nach. Damit die Lippenlinien während des Schminkens »gerade« sind, schließen Sie Ihren Mund und lächeln leicht. Dadurch spannt sich die Lippenlinie und Sie können sie exakt nachfahren. Danach entspannen Sie die Lippen wieder und arbeiten Unregelmäßigkeiten nach. Nachdem ich den Lippenstift aufgetragen habe, nehme ich mit dem Zeigefinger etwas von dem verwendeten Lidschatten, tupfe die Farbe auf die Lippen und zaubere so ein kleines Funkeln herbei.

Natürlich schön

Für einen natürlichen Look sind blasse Farben wie Beige, Rosé, Taube oder Ocre für die Augen wunderbar geeignet. Mit diesen Tönen zu arbeiten, ist relativ einfach – auch für Anfänger, da keine harten Ränder entstehen können. Je dunkler die Farben sind, desto schwieriger ist es, damit zu arbeiten, und umso genauer muss man sein.

Natürlich schön kann auch heißen, einmal »nur« mit Wimperntusche aus dem Haus zu gehen, einfach so auszusehen, wie man ist. Natürlich schön ist auch, wer Freude ausstrahlt, glücklich ist oder lacht. Wirkt eine Frau natürlich schön, kann dies bedeuten, dass sie tatsächlich kaum geschminkt ist, oder aber, dass sie nur so wirkt, obwohl tatsächlich mit viel Make-up korrigiert worden ist. Doch der Clou daran ist, perfekt auszusehen, ohne geschminkt zu wirken. Um dies zu erreichen, muss ich den Teint ausgleichen (→ Seite 133), das bedeutet Hautunebenheiten egalisieren, Farbunterschiede ausmerzen und das Gesicht frisch und natürlich erscheinen zu lassen, als ob man gerade vor Glück leicht erröten würde. Die Wimpern werden mit einer Wimpernzange schwungvoll bearbeitet und mit einer braunen Mascara dezent getuscht, als Lidschatten empfehlen sich zurückhaltende Farben, die Rötungen oder Äderchen auf dem Augenlid kaschieren können (→ Seite 265). Etwas Rouge (→ Seite 201) auf den Apfelbäckchen erzeugt den Eindruck, dass Sie vor dem Frühstück bereits 20 Minuten am Strand joggen waren. Die Lippen werden mit Lipliner präzise, aber dennoch sehr dezent nachgezogen. Als Ergänzung noch einen absolut natürlichen Haarstyle, dem man den Friseurbesuch nicht ansieht – fertig! Natürlich schön sind beispielsweise die Make-ups von Alina (Look 26, oben), Dalia (Look 30, Mitte) oder Joana (Look 45, unten).

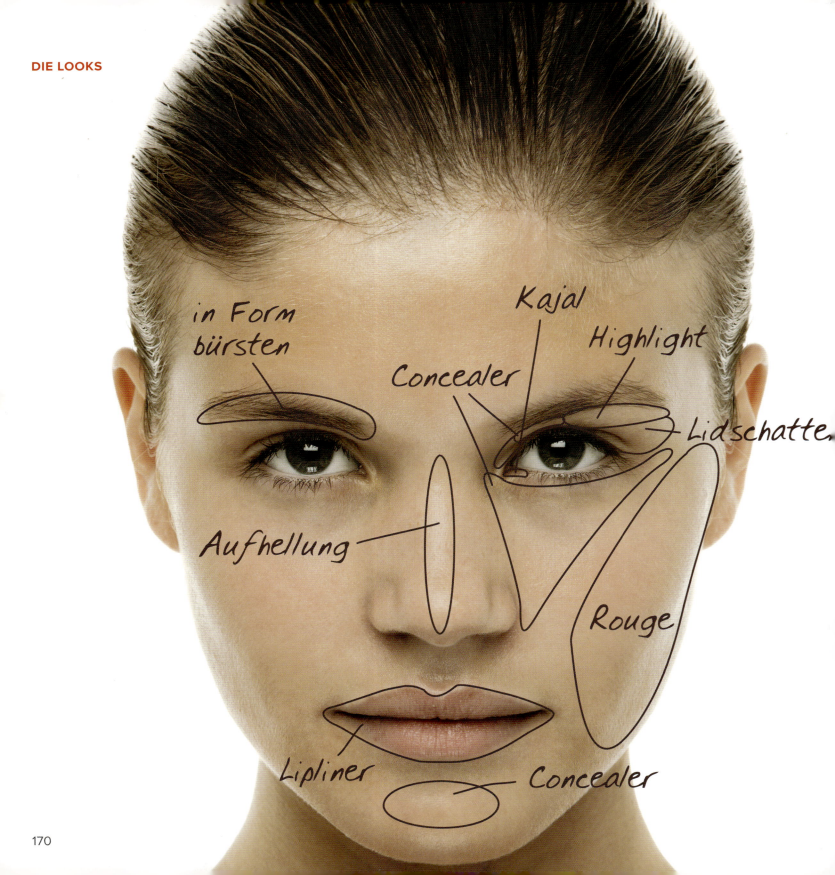

in Form bürsten

Kajal

Highlight

Concealer

Lidschatte.

Aufhellung

Rouge

Lipliner

Concealer

Look 27

Kristin habe ich sehr natürlich geschminkt. Damit dieses Tages-Make-up aber nicht zu schlicht aussieht, habe ich ein paar wenige Highlights in die Foundation und sogenannte Darklights auf den Augenlidern gesetzt.

GRUNDIERUNG

Kristins Haut creme ich nur leicht mit einer Feuchtigkeitscreme ein und verwende dann ein leichtes mineralisches Puder-Make-up, einen Kompaktpuder. Ich nehme den Puder mit dem Pinsel auf, klopfe den Pinsel einmal ab und trage ihn dann in kreisenden Bewegungen auf: auch auf der Nase, um die Nase herum, auf der Stirn und an den Schläfen. Achten Sie darauf, dass zum Hals und zu den Ohren hin keine Übergänge zu sehen sind.

Nun trage ich etwas Concealer unter Kristins Augen, um die Nase herum und auf dem Kinn auf, um ein gleichmäßiges Hautbild zu erreichen. Die Textur arbeite ich gut in die puderige Grundierung ein, um alle unschönen Ränder auszublenden. Mit etwas Concealer setze ich auch eine Aufhellung auf den Nasenrücken. Die Lippenlinie schärfe ich schließlich noch mit dem Concealerpinsel von außen nach innen nach.

AUGEN

Bevor ich mit dem Augen-Make-up beginne, bürste ich Kristins Augenbrauen in Form. Auf das komplette beweg-liche Lid verteile ich bis hin zum Übergang zum unbeweglichen Lid einen rauchigen, etwas dunkleren Braunton, den ich nach innen, nach außen und auch nach oben in das unbewegliche Lid hinein auslaufen lasse. Unterhalb der Augenbraue setze ich von außen bis etwa zur Mitte mit einem hellen Lidschatten ein Highlight. Von der Mitte bis zum inneren Brauenende trage ich dann noch etwas Concealer auf, um einen soften Verlauf zu bekommen und den Hautton auszugleichen. Als Nächstes gebe ich den oberen Wimpern mit der Wimpernzange den nötigen Schwung und tusche nur sie intensiv. Nun kommt noch etwas cremefarbener Kajal auf das untere Innenlid.

ROUGE

Mit dem Auftragen des Rouges beginne ich fast an Kristins Kinn, streife von dort aus mit dem Pinsel die Mundwinkel und lasse es bis zu den Schläfen hin sehr sanft auslaufen. Um die Wangenpartie etwas mehr zu betonen, führe ich den Pinsel dort mit etwas mehr Druck und gehe öfter über die Stelle. Wichtig ist, dass kein Anfang und kein Ende des Rouges zu sehen ist. Haben Sie zu viel Rouge aufgetragen, arbeiten Sie dort mit dem Concealer nach. Aber auch dann gilt: Die Texturen gut in die Haut einarbeiten, damit der Teint am Ende nicht fleckig aussieht.

LIPPEN

Die Lippen ziehe ich mit einem Lipliner in einem Nude-Ton von außen nach und male sie dann komplett damit aus. Die Kontur der Lippenlinie definiere ich von außen nach innen noch einmal mit etwas Concealer und tupfe nun noch etwas Lippenpflege auf die Lippen. Als besonderen Akzent tupfe ich mit dem Lippenpinsel einen Hauch davon auf den Lippenbogen. Fertig!

Wimpern für einen sexy Augenaufschlag

WIMPERNVERLÄNGERUNG

Nicht alles ist so, wie es aussieht. Oft bewundern wir den Augenaufschlag von Stars und fragen uns, wie jemand so lange Wimpern haben kann. Aber hier gibt es einen Trick, der mittlerweile für jede Frau verfügbar ist: künstliche Wimpernverlängerung. In einer etwa einstündigen Behandlung werden einzelne Wimpern auf die natürlichen Wimpern aufgeklebt – Wimper für Wimper. Et voilà – fertig ist der Hollywood-Augenaufschlag. Dieses neue Lebensgefühl hält vier bis sechs Wochen. Wer mit weniger zufrieden ist, der kann sich selbstverständlich auch Wimpern aufkleben, die nur einen Abend lang halten. Ein absolutes Muss bei beiden Methoden ist allerdings genaues Arbeiten.

WIMPERNVERDICHTUNG

Hier kann ich kann nur sagen: Übung macht die Meisterin oder den Meister. Ich behelfe mir beim Ankleben von Bandwimpern mit einem Holzstäbchen (so einem kleinen zum Umrühren von Kaffee zum Beispiel).
Zuerst gebe ich den Klebstoff auf das Band, nur sehr dünn und wenig, das reicht. Vorher reinige ich das Oberlid bis zu den Wimpern, aber Achtung, keine ölhaltige Reinigung verwenden. Danach ziehe ich das Augenlid an der Augenbraue nach oben und setze das Wimpernband an. Mit dem Holzstäbchen die Wimpern so nah wie möglich an den Wimpernkranz drücken. Trocknen lassen, tuschen – fertig! Beim Anbringen von Wimpernbüscheln gehe ich genauso vor, nur verwende ich dafür eine Pinzette.

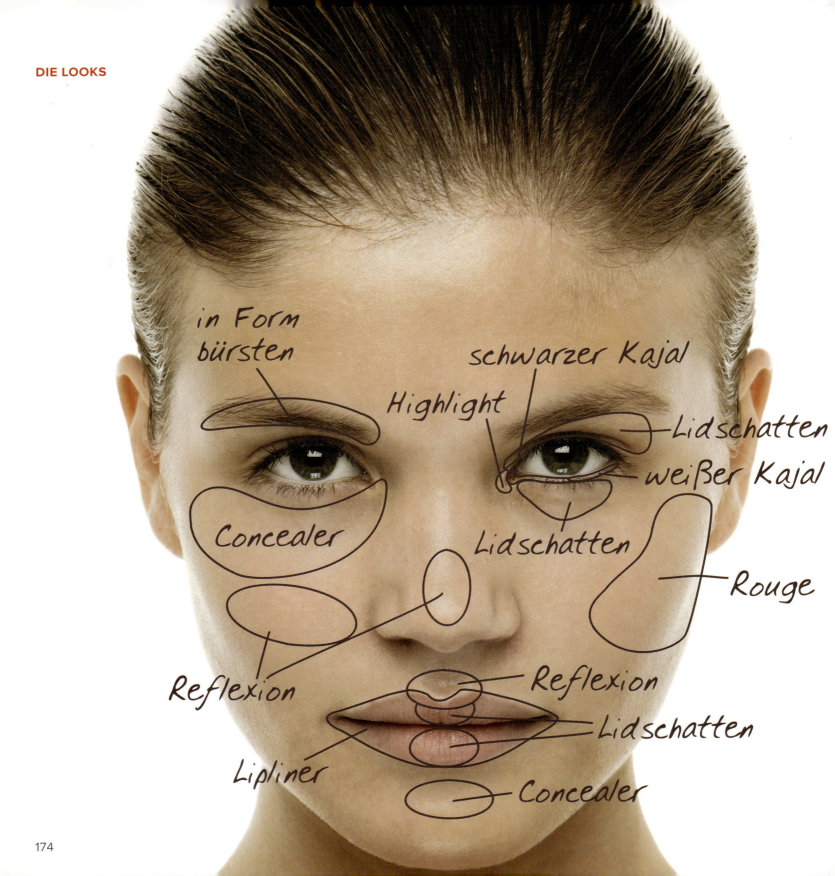

in Form bürsten

schwarzer Kajal

Highlight

Lidschatten

weißer Kajal

Concealer

Lidschatten

Rouge

Reflexion

Reflexion

Lidschatten

Lipliner

Concealer

Look 28

Bei diesem futuristischen Make-up wollte ich, dass Kristin nicht wie »das nette Mädchen von nebenan« aussieht, sondern eher ein bisschen »böser« wirkt. Um dies zu erreichen, arbeite ich mit hellen und dunklen Reflexen in Schwarz und Weiß und verschiedenen Schattierungen. Der Look wirkt so geheimnisvoll und mystisch.

GRUNDIERUNG

Bevor ich nach der Gesichtsmassage mit der Grundierung beginne, creme ich Kristins Gesicht sorgfältig mit einer reichhaltigen Feuchtigkeitscreme ein und lasse sie fast vollständig einziehen. Auch das Flüssig-Make-up verteile ich wie eine Creme von der Nase nach außen auf dem ganzen Gesicht und softe die Übergänge zum Hals und den Ohren hin gründlich aus, damit keine unschönen Ränder mehr zu sehen sind. Um Schatten und Unregelmäßigkeiten auszugleichen, tupfe ich etwas Concealer unter die Augen und auf das Kinn und verarbeite ihn sorgfältig. Dann schaffe ich mit dem Concealer Reflexionen neben der Nase, auf der Nasenspitze und auf dem Lippenbogen und klopfe die Creme sanft ein. Die Lippenkontur schärfe ich, indem ich mit dem kleinen Concealerpinsel und etwas Concealer von innen nach außen an der Lippenlinie entlanggehe. Abschließend mattiere ich Kristins Gesicht, indem ich es sanft mit einem losen Puder abpudere.

ROUGE

Das Rouge setze ich bei diesem Look ganz bewusst vor der Gestaltung der Augen und Lippen, damit das Ergebnis stimmig wird und nicht übertrieben. So kann ich besser erkennen, ob ich an der ein oder anderen Stelle noch mehr machen muss. Das Rouge setze ich jeweils auf den höchsten Punkt unter Kristins Wangenknochen und verteile es von dort bis fast zum Mund. Auch beim Rouge sollten Sie wie immer darauf achten, die Übergänge weich auslaufen zu lassen, sodass keine Ränder zu sehen sind. Der Fokus des Rouges liegt hier auf Nasenhöhe, sodass Kristins Gesicht nach unten hin schmaler wirkt. Außerdem wird der Blick des Betrachters so auf den Gesichtsmittelpunkt gelenkt und der Look erhält eine spannende, geheimnisvolle Note.

AUGEN

Auf das bewegliche Lid setze ich einen dunklen Lidschatten und lasse die Farbe nach außen und auf das unbewegliche Lid sanft auslaufen. Für einen zarten Übergang arbeite ich mit Concealer nach. Den kompletten inneren Augenwinkel betone ich mithilfe eines kleinen Pinsels und einem Goldton, den ich auch in den dunklen Ton im Lidbogen und unter dem Auge auslaufen lasse. Dieselbe dunkle Schattierung, die ich auf das bewegliche und unbewegliche Lid aufgetragen habe, setze ich ebenfalls unter Kristins Augen: Entlang des ersten Drittels, vom inneren Augenwinkel aus gesehen, trage ich die Farbe intensiv auf und arbeite sie mithilfe des Concealers so ein, dass Lidschatten und Grundierung ineinander übergehen.

Nun forme ich mit der Wimpernzange die Wimpern so, dass das Auge geöffnet wird. Die unteren Wimpern betone ich dabei nur an der Stelle mit Mascara, an der ich auch die dunkle Schattierung gesetzt habe, also zum inneren Augenwinkel hin. Die übrigen unteren Wimpern

tusche ich nicht. Die oberen Wimpern werden dagegen komplett getuscht. Zur Betonung trage ich auf dem
oberen und unteren inneren Augenwinkel jeweils bis zur
Pupille dunklen Kajal auf, ab der Pupille einen weißen Kajal. Dieser Übergang soll tatsächlich einmal ganz deutlich
zu sehen sein.

Die Augenbrauen sollen bei diesem Look ganz zurückhaltend und natürlich bleiben, deshalb bürste ich sie einfach
etwas in Form.

LIPPEN

Die Lippen umrahme ich von außen nach innen mit einem Lipliner – das muss bei diesem Look aber gar nicht
zu exakt sein, sondern darf gerne ein bisschen »weicher«
aussehen. Dann male ich mit dem Lipliner die kompletten
Lippen aus. Als Glanzpunkte tupfe ich etwas von dem
goldenen Lidschatten auf die Mitte von Ober- und Unterlippe, mit dem ich bereits Kristins innere Augenwinkel
betont habe. Zum Schluss pudere ich die Lippen noch
ab, damit das Gold leicht »verschwimmt«, aber dennoch
zu erahnen ist.

schattieren

Basis
schwarz

Concealer

Concealer

schwarzer
Kajal

Reflexion

Rouge

Lipliner

Look 29

Hier zeige ich Ihnen eine weitere Variante der Smoky Eyes – dieses Augen-Make-up können Sie immer wieder verändern, indem Sie mit verschiedenen grauen und schwarzen Tönen, aber auch mit Brauntönen arbeiten oder matt oder glänzend schminken.

Bei Kristins von Haus aus tollen Augen konnte ich so richtig in die Vollen gehen. Bei kleinen Augen allerdings sollte man ein bisschen weniger Farbe benutzen, damit die Augen nicht durch die dunklen Wolken »erdrückt« werden. Um kleine Augen größer wirken zu lassen – was übrigens sehr gut auch mit dieser Schminktechnik gelingt –, darf man den Lidschatten nur nicht zu weit nach oben in Richtung Augenbraue auslaufen lassen, sondern man sollte die Augen nur umranden und auf das Innenlid statt eines dunklen Kajals einen hellen setzen.

GRUNDIERUNG

Ich creme Kristins Gesicht erst einmal gründlich mit einer Feuchtigkeitspflege ein. Sobald die Creme vollständig eingezogen ist, gebe ich etwas flüssiges Make-up auf meine Fingerspitzen und verteile es sorgfältig – und natürlich ohne unschöne Ränder am Halsansatz oder am Übergang zu den Ohren zu hinterlassen – wie eine Creme von der Nase nach außen auf Kristins ganzem Gesicht. Unter ihre Augen, um die Nase herum und auf die Stirn tupfe ich etwas Concealer und arbeite die Textur gründlich mit den Fingerspitzen oder einem kleinen Pinsel ein. So erhalte ich ein ebenmäßiges Hautbild. Für eine perfekte Lippenkontur gebe ich den Concealer auf einen kleinen Pinsel und fahre die Außenlinie der Lippen damit exakt von außen nach innen nach. Nun pudere ich das ganze Gesicht einmal mit einem farblosen, losen Puder ab. Auf den Nasenrücken gebe ich kaum Puder, um dort eine Reflexion zu erhalten. Die Haut soll am Ende allgemein nicht allzu matt sein, sondern darf nach wie vor zart glänzen. Dafür gibt es einen kleinen Trick: Nach dem Abpudern einfach etwas Erfrischungsspray aus der Dose, das Sie in gut sortierten Apotheken und in fast jeder Parfümerie bekommen, über das Gesicht sprühen. Der feine Sprühnebel sorgt dafür, dass sich der Puder wunderbar mit der Haut verbindet, und erzeugt so eine tolle natürliche Haut.

AUGEN

Als Lidschatten wähle ich bei Kristin nur eine einzige Farbe. Ich trage die dunkle Farbe mit einem großen, weichen Pinsel vom Wimpernansatz bis fast unter die Augenbraue auf und softe sie zu den Seiten – nach innen und außen – sanft ab. Mit einem großen Pinsel geht das sehr schnell. Unter dem Auge beginne ich mit dem Auftragen am tiefsten Punkt – und zwar unter der Pupille – und blende den Lidschatten von dort aus nach innen und nach außen weich aus. Wichtig ist, dass die Betonung, also die intensivste Farbgebung, jeweils am Wimpernkranz entlang liegt und von dort aus nach außen verläuft. Sie dürfen daher mit dem Pinsel ruhig immer wieder über den Lidschatten drübergehen, um das Ganze großflächig auszusoften. Falls das Augen-Make-up jedoch versehentlich dadurch zu großflächig wird, können Sie den kleinen »Patzer« mit Concealer wieder ganz schnell verschwinden lassen. Der Fokus bei diesem Augen-Make-up liegt »im Augeninneren« – um den Wimpernkranz herum und auf den Innenlidern: Ich trage auf den unteren Innenlidern bis in die Ecken hinein großzügig einen schwarzen Kajal auf – am besten Sie verwenden dafür einen sehr weichen Kajalstift, damit Sie ihn nicht zu stark aufdrücken müssen. Wenn Kristin nun ihre Augen fest zusammenpresst, verteilt sich die Farbe auch auf den oberen Innenlidern.

Vor dem Auftragen der Mascara kommt wieder die Wimpernzange zum Einsatz: Die Zange nah am oberen Wimpernansatz ansetzen und ein- bis zweimal zudrücken, sodass auch wirklich alle Härchen nach oben gebogen werden und sich der Blick öffnet. Danach tusche ich die oberen und unteren Wimpern vom Wimpernansatz bis in die Spitzen. Damit Sie auch wirklich alle Härchen dabei mit der Farbe umhüllen, die Wimpern am besten in Zickzackbewegungen von innen nach außen tuschen. Abschließend bürste ich Kristins Augenbrauen und male die Form mit einem Pinsel und einem leichten Lidschatten in einem kühlen Braunton nach, sodass sie schattiert werden.

ROUGE

Das Rouge setze ich bei Kristin mit einem großen, weichen Rougepinsel jeweils auf den höchsten Punkt ihrer Wangenknochen. Von dort aus verteile ich es in kleinen kreisenden Bewegungen an den Wangenknochen entlang und lasse es weich zur Nase hin auslaufen. Am Ende tupfe ich noch ein bisschen Concealer auf ihre Wangen, um das Rouge sanft in die Grundierung übergehen zu lassen.

LIPPEN

Die Lippen treten bei diesem Styling in den Hintergrund. Ich konturiere sie nur mit einem Lipliner und male sie auch damit aus. Lipliner geben eine tolle Struktur, decken intensiv und halten super, so kann ich die Lippen perfektionieren und genau so betonen, wie ich es möchte.

Wer mag, kann abschließend noch ein wenig Feuchtigkeitspflege für die Lippen, etwas Lippenpomade oder eine Lippencreme, mit dem Finger auftupfen.

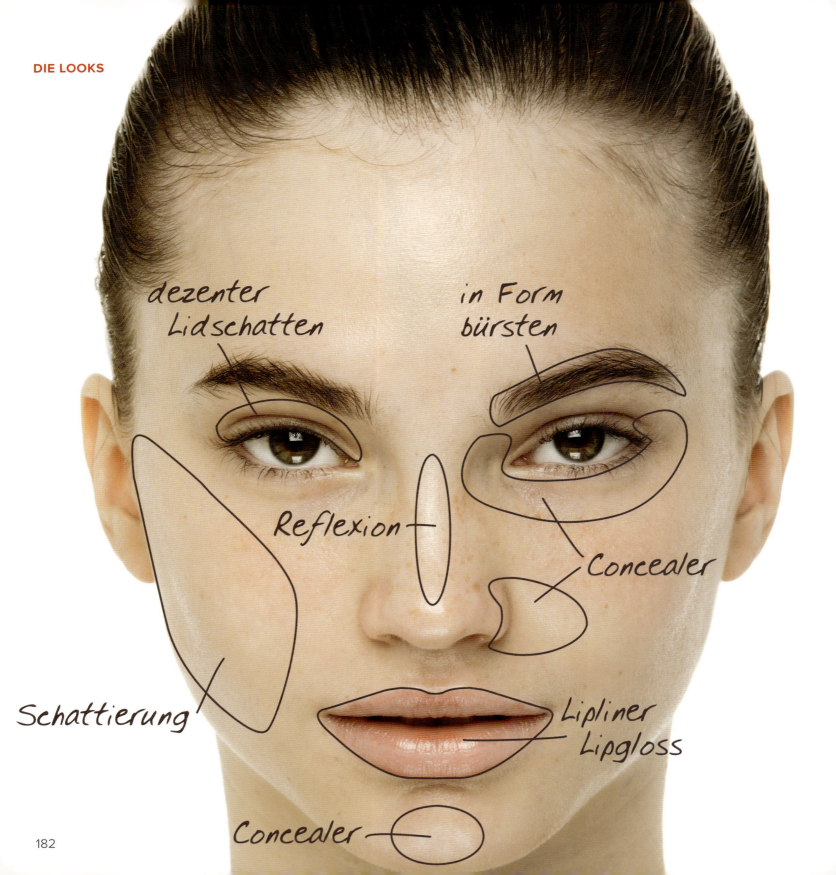

dezenter
Lidschatten

in Form
bürsten

Reflexion

Concealer

Schattierung

Lipliner
Lipgloss

Concealer

Look 30

Dalia trägt hier ein hübsches und auch eher einfach zu schminkendes Fünf-Minuten-Make-up. Durch seine Natürlichkeit und Frische ist es für alle Gelegenheiten tagsüber wunderbar geeignet. Außerdem wird Ihnen dieses Styling sicher immer schnell und gut gelingen, auch wenn Sie es vielleicht einmal ein bisschen eilig haben.

GRUNDIERUNG

Nach der Gesichtsmassage creme ich Dalias Haut mit einer passenden Feuchtigkeitscreme ein und lasse diese vollständig einziehen. In einem nächsten Schritt grundiere ich ihr Gesicht mit einem Mineral-Make-up, einem leichten Kompaktpuder. Dazu nehme ich den Kompaktpuder mit einem Pinsel auf und verteile ihn in weichen, kreisenden Bewegungen sorgfältig auf der Haut, sodass der Teint am Ende matt und vollkommen ebenmäßig aussieht. Achten Sie darauf, dass an den Übergängen zum Hals und zu den Ohren keine Flecken oder Ränder zu sehen sind. Unter den Augen, um die Nase herum und an der Kinnpartie arbeite ich mit einem Mineral-Concealer, der in seiner Textur ebenso leicht ist wie der Puder, um Unregelmäßigkeiten und Schatten zu kaschieren und kleine Aufhellungen zu setzen. Um dem Nasenrücken nun noch einen bezaubernden Glanz zu verleihen, verteile ich mit dem Ringfinger – denn mit diesem Finger üben Sie weniger Druck aus als mit Mittel- oder Zeigefinger – etwas Feuchtigkeitscreme

darauf. Allerdings müssen Sie darauf achten, dass Sie die Creme nicht zu weit oben in der Nähe der Augenwinkel auftragen, denn die Nase endet optisch an der Stelle, an der der Glanz sitzt. Reicht der Glanz bis fast zwischen die Augenbrauen, würde das die Nase optisch verlängern und unschön wirken.

Nun schärfe ich die Lippenkontur etwas nach, indem ich mit dem kleinen Concealerpinsel und etwas Concealer von außen nach innen an der Lippenlinie entlangfahre.

AUGEN

Als Nächstes wende ich mich den Augen zu. Dalias Augen möchte ich nur sehr dezent schminken. Mit einem großen Pinsel trage ich den zarten Lidschatten auf das komplette bewegliche und unbewegliche Lid bis hoch zur Augenbraue hin auf und lasse ihn ganz sanft in die Grundierung auslaufen: Ich setze den Pinsel dazu im 90-Grad-Winkel jeweils am äußeren Wimpernkranz an und fahre sanft hin und her, sodass auf dem ganzen Oberlid ein Hauch Farbe verteilt ist.

Dalias Augenbrauen möchte ich möglichst natürlich belassen, deshalb bürste ich sie lediglich ein bisschen in Form. Anschließend verleihe ich ihren Wimpern mit der Wimpernzange den richtigen Schwung: Dazu setze ich die Zange ganz nah am Wimpernansatz an, drücke fest zu, ziehe die Zange dann einen Millimeter weiter und drücke erneut zu. So arbeite ich mich Stückchen für Stückchen die Wimpern entlang. Das Ganze wiederhole ich noch ein- oder zweimal. Achten Sie unbedingt darauf, dass Sie auch die Wimpern am äußeren Augenwinkel mit der Wimpernzange erwischen, denn nur dann öffnet sich der Blick. Würden ein paar Wimpern nach unten hängen, erhielte der Blick einen traurigen Ausdruck. Nun tusche ich zum Abschluss die Wimpern am Oberlid sorgfältig, die unteren Wimpern bleiben ungetuscht.

ROUGE

Da Dalia so schöne Wangenknochen besitzt, setze ich das Rouge jeweils auf den höchsten Punkt ihrer Wangenknochen und ziehe es von dort aus in weichen, kreisenden Pinselbewegungen hoch bis zur Schläfe und auch bis zum Ohr, sodass ein großer schattierter Bereich entsteht. Dabei muss die Farbe unter dem letzten Drittel der Augen nach außen hin führen. So wird der Blick klar auf die Augen gelenkt. Wichtig ist auch hier wieder, dass fließende Übergänge entstehen und keine unschönen Ränder zu sehen sind.

LIPPEN

Für die sehr natürlich und frisch wirkenden Lippen verwende ich einen Lipliner in einem dezenten Farbton. Zuerst fahre ich die Lippenkontur mit dem Lipliner von außen nach innen sorgfältig nach. Damit diese Lippenlinie auch wirklich ganz exakt wird, sollten Sie den Stift zwischendurch immer wieder anspitzen. Ist der »Rahmen« erst einmal geschaffen, male ich Dalias Lippen mit demselben Lipliner komplett aus. Nun noch ein bisschen schimmernden Glanz. Dafür gebe ich ein paar Tupfen Lipgloss in die Mitte von Ober- und Unterlippe.

Aufhellung

schattieren

flüssiger Eyeliner und Lidschatten

Concealer

Aufhellung

flüssiges Make-up

Schattierung

Look 31

Auch dies ist eine Variante der Smoky Eyes. Zwar werden die Augen nicht ganz so intensiv bis zu den Augenbrauen hinauf geschminkt, aber dennoch sind sie der Mittelpunkt dieses Make-ups. Ich spiele mit verschiedenen Texturen, mit verschwommenen und konkreten Formen, mit reduzierten Lippen. Ein aufwendiges Make-up, das ein wenig Geduld und Übung erfordert, aber das Ergebnis ist wunderschön und ein tolles Styling für den Abend.

GRUNDIERUNG

Dalias Gesicht bereite ich mit einer Feuchtigkeitspflege auf die Grundierung vor. Sobald die Creme vollständig eingezogen ist, arbeite ich mit Kompaktpuder und Flüssig-Concealer, da ich als Basis einen matten Teint mit sehr weichen, ineinanderfließenden Konturen haben möchte. Den Kompaktpuder verteile ich mithilfe eines Pinsels gleichmäßig auf Dalias Gesicht und achte darauf, dass alle Übergänge sanft auslaufen. Den flüssigen Concealer tupfe ich unter die Augen, um Schatten auszugleichen, und gebe damit auch eine Aufhellung von der Stirn über den Nasenrücken und neben die Nase. Den Concealer arbeite ich dann mit den Fingern gut in die Haut ein. Bevor ich die Lippenlinie schon jetzt mit dem Concealer schärfe, gebe ich etwas Lippenpflege, eine Lippencreme oder Lippenpomade, auf Dalias Lippen, um sie ausreichend mit Feuchtigkeit zu versorgen. Nun trage ich den Concealer auf – aber nicht wie sonst mit einem Pinsel entlang der äußeren Lippenlinie, sondern ich ziehe die Linie ein wenig in die Lippen hinein, sodass der Mund kleiner wirkt.

AUGEN

Für das Augen-Make-up male ich als Erstes mit einem schwarzen flüssigen Eyeliner oben am Wimpernkranz entlang einen Lidstrich, der am inneren Augenwinkel fein anfängt, zur Mitte des Auges hin etwas breiter und zum äußeren Augenwinkel hin wieder schmaler wird. Der Lidstrich soll aber nicht über das Auge hinausgehen! Um die Linie möglichst genau ziehen zu können, stützen Sie am besten Ihre Hand auf der Wange ein bisschen ab und ziehen den Strich in mehreren Etappen. Sobald die Farbe getrocknet ist, trage ich auf das komplette bewegliche Lid mit einem schmalen, feinen Pinsel einen schwarzen Lidschatten auf – aber nur innerhalb des eigenen Augenbogens; die Farbe soll nur ein bis zwei Millimeter auf das unbewegliche Lid übergehen, sodass der Fokus über der Pupille liegt.

Auch unter dem Auge ziehe ich einen Lidstrich. Da es dort gar nicht so einfach ist, einen feinen Lidstrich mit einem flüssigen Eyeliner zu ziehen, gibt es hierfür einen kleinen Trick: Ich gebe mit Mascara so viel auf die Wimpern, dass sich am Wimpernkranz eine geschlossene unsaubere Linie ergibt – der Strich darf ruhig breiter sein. Dann nehme ich ein Wattestäbchen, gebe Augen-Make-up-Entferner darauf und ziehe Dalias Auge mithilfe des Ringfingers der Hand leicht nach außen. Mit dem Wattestäbchen in der anderen Hand fahre ich nun an der schwarzen Linie entlang und zurück bleibt ein hauchfeiner Lidstrich. Diesen Schritt können Sie auch ein zweites Mal wiederholen, sodass der Lidstrich am Ende exakt definiert ist. Um den Strich noch mehr zu schärfen, können Sie mit etwas Concealer von außen nacharbeiten.

Nun sind die Wimpern an der Reihe. Erst einmal biege ich sie zwei-, dreimal mit der Wimpernzange nach oben und tusche sie dann »über meinen Finger«. Das heißt, ich lege den Daumen am Wimpernbogen an und ziehe das Lid damit ein wenig nach oben, sodass sich die Wimpern über meinen Fingernagel legen. Nun tusche ich die Wimpern fächerartig auf dem Fingernagel von den Ansätzen bis in die Spitzen, sodass die Wimpern eher breiter wirken. Die unteren Wimpern tusche ich in Zickzackbewegungen von außen nach innen, damit sie gleichmäßig mit Farbe umhüllt sind.

Dalias Augenbrauen bürste ich in Form und gebe mithilfe eines feinen Lidschattenpinsels ein wenig braunen Lidschatten darüber, sodass eine leichte Schattierung der Augenbrauen zu erkennen ist.

ROUGE

Das Rouge setze ich bei Dalia dieses Mal außen, das heißt, ich setze eine dezente Schattierung von den Schläfen bis hinunter auf den Wangenknochen.

LIPPEN

Mit dem Concealer habe ich die Lippenkontur bereits definiert. Um nun die Lippenfarbe zu reduzieren, gebe ich etwas flüssiges Make-up auf ein Schwämmchen oder auf meinen Handrücken, tupfe das Make-up mit dem Schwämmchen oder dem Finger sanft auf die Lippen und pudere sie nur noch mit losem, farblosem Puder einmal ab.

FINISH

Zum Abschluss setze ich unter Dalias Augen noch mal eine kleine Reflexion. Dazu gebe ich unter die Augen ein paar Tupfen eines helleren Make-ups und klopfe es von dort aus sanft bis zu den Nasenhöhlen in die Grundierung ein, sodass diese Partie heller und somit strahlender wirkt. Das Ganze fixiere ich mit ein bisschen Puder.

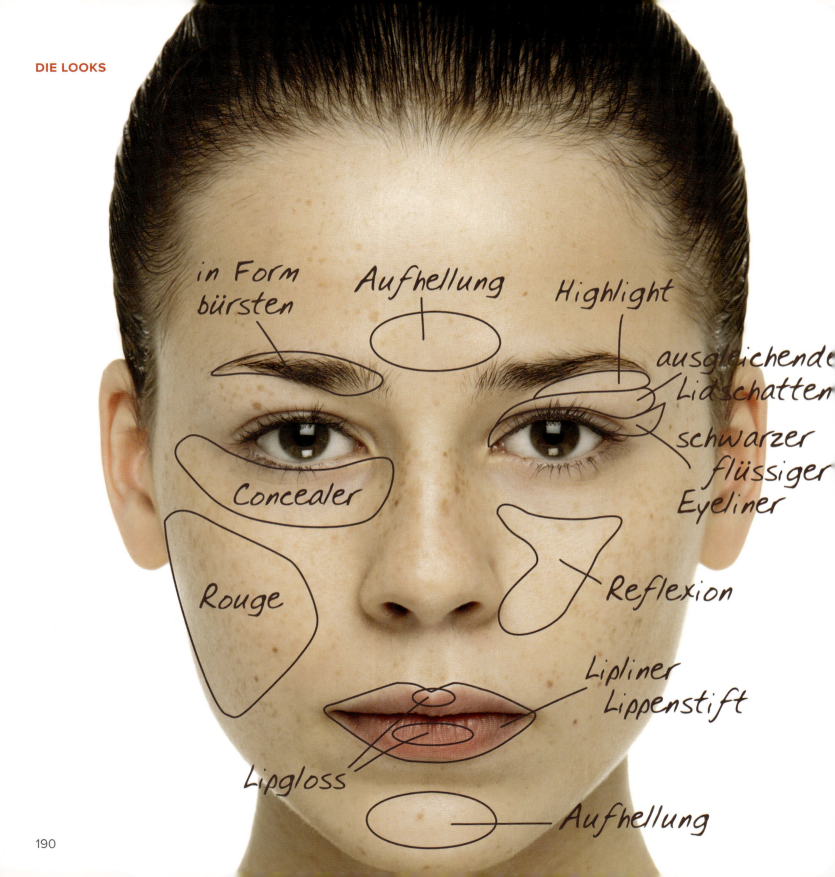

in Form bürsten

Aufhellung

Highlight

ausgleichende Lidschatten

schwarzer flüssiger Eyeliner

Concealer

Rouge

Reflexion

Lipliner Lippenstift

Lipgloss

Aufhellung

Look 32

Elena trägt ein sensationelles Abend-Make-up, bei der das Schminken der Augenpartie aber einiger Übung bedarf.

GRUNDIERUNG

Auch Elenas Haut creme ich zunächst mit einer Feuchtigkeitscreme ein und lasse die Pflege gut einziehen. Da ich Elenas schöne Haut möglichst natürlich belassen möchte, gebe ich nur je einen Tupfen flüssiges Make-up auf ihre Stirn, die Wangen, die Nase und auf das Kinn und verteile es wie eine Creme von der Nase nach außen. Achten Sie darauf, alle Übergänge zart auslaufen zu lassen. Mit dem Concealer lasse ich Schatten unter den Augen verschwinden, und für ein paar Aufhellungspunkte sorgen einige Tupfen Concealer auf der Stirn und am Kinn. Die Lippenkontur schärfe ich, indem ich die Lippenlinie mit dem Concealerpinsel von außen nach innen nacharbeite. Dann pudere ich das Gesicht einmal mit losem Puder ab. Neben der Nase verwende ich kaum Puder, damit eine leichte Reflexion zu sehen ist.

AUGEN

Damit das Oberlid fettfrei ist, gebe ich einen nicht ölhaltigen Augen-Make-up-Entferner auf ein Wattepad und streiche damit über Elenas Augenlider. Dann pudere ich die Lider ab. Nun trage ich einen Lidschatten in einem zarten Nude-Ton auf Elenas bewegliche Lider auf und gestalte

den Übergang zur Haut ganz fließend. Über den ausgleichenden Lidschatten kommt noch ein Highlight mit einem noch helleren Lidschatten.

Als Nächstes biege ich Elenas Wimpern mit der Wimpernzange in Form und tusche dann die oberen Wimpern sorgfältig. So kann ich dem Verlauf der Wimpern folgen, wenn ich mit einem flüssigen Eyeliner den Lidstrich ziehe. Ich setze jeweils im inneren Augenwinkel und ein wenig außerhalb des äußeren Augenwinkels zwei Punkte, die mir den Beginn und das Ende des Lidstrichs zeigen. Dann setze ich den Eyeliner am inneren Punkt an und ziehe die Linie von dort aus Millimeter für Millimeter nach außen. Um die Haut am Ende des Auges etwas zu straffen, ziehe ich mit einem Finger Elenas Augenbraue leicht nach oben. Damit die Farbe auch nach außen hin immer kompakter wird, dürfen Sie den Lidstrich gerne noch mal nachmalen. Den äußeren Punkt der Linie verbinde ich nun mit dem äußeren Augenwinkel, sodass das Ganze wie ein schwungvolles Dreieck aussieht. Dieses Dreieck male ich komplett mit dem Eyeliner aus. Sollte etwas Farbe danebengehen, können Sie den Fehler mit einem dünnen Pinsel und etwas Concealer ausgleichen. Abschließend bürste ich Elenas Augenbrauen noch in Form.

ROUGE

Das Rouge setze ich sehr großflächig jeweils auf den höchsten Punkt von Elenas Wangenknochen und lasse es in weichen, kreisenden Bewegungen bis fast zum Kinn auslaufen.

LIPPEN

Die Lippenkontur fahre ich mit einem Lipliner, der dem Hautton von Elenas Lippen entspricht, von außen nach innen nach, und male die Lippen mit einem zart schimmernden Lippenstift aus. Mit dem Lipgloss setze ich noch einen Glanzpunkt oben und unten in die Mitte der Lippe.

Der perfekte Lidstrich

Den perfekten Lidstrich zu setzen, ist nicht einfach und braucht sicherlich einige Übung. Wer aber ausreichend Erfahrung und ein geschultes Auge dafür hat, kann mit dem Lidstrich nicht nur tolle Akzente setzen, sondern auch wunderbar ausgleichen, wenn Augen größer oder länger erscheinen sollen, oder sie optisch höher oder tiefer sitzen sollen. Da es nicht einfach ist, einen guten Lidstrich zu ziehen, möchte ich hier noch einmal grundsätzlich die Technik beschreiben. Ganz allgemein gilt, dass das Lid vorher unbedingt vollständig gereinigt sein muss und keine öligen Rückstände aufweist, dann wird es einmal mit losem Puder abgepudert. Für den Lidstrich kann ich entweder flüssigen Eyeliner oder Kajal verwenden. Nachteil bei Kajal: Er haftet nicht so lange und verwischt schneller. Kajal ist deshalb besser zum Schattieren und zusätzlich für softe Übergänge geeignet. Mit dem Eyeliner setze ich ein bis zwei Millimeter vor dem inneren Augenwinkel an und ziehe möglichst nah am Wimpernkranz entlang etwa bis zum letzten Drittel des Auges.

Dann fahre ich weiter bis zum höchsten Punkt, den ich erreichen möchte und der am äußeren Ende des Auges liegt. Von dort ziehe ich runter zum Wimpernkranz weiter nach innen, sodass ein Dreieck entsteht.

Die Spitze vorne und hinten wird erst ganz zum Schluss gesetzt. Damit die Linie schön sauber wird, ist es wichtig, in einem Guss zu arbeiten, ruhig weiterzuatmen und nicht die Luft anzuhalten. Nun tauche ich das Eyeliner-Pinselchen noch einmal ein, streiche es etwas ab, setze es mit ganz wenig Druck vorne am inneren Augenwinkel an und gestalte eine präzise, feine Spitze. Dasselbe wiederhole ich an der äußeren Seite des Auges. Ich setze den Pinsel etwa einen Millimeter neben dem höchsten Punkt an und streiche einen ganz kleinen, sanften Spot an den Lidstrich. Falls der Lidstrich an ein oder zwei Stellen nicht ganz perfekt sein sollte, kann dies noch ausgeglichen werden. Einfach etwas Augen-Make-up-Entferner auf ein Wattestäbchen geben, das Lid spannen und die Linie ganz scharf nachziehen. Aber Achtung, nach der Verwendung von Augen-Make-up-Entferner hält kein flüssiger Lidstrich mehr auf dem Lid. Einen Lidstrich mit flüssigem Eyeliner tragen beispielsweise Elena (Look 32) oder Julia (Look 13, oben). Zusätzlich zum flüssigen Eyeliner habe ich bei Johanna (Look 04, unten) für das Unterlid schwarzen Kajal verwendet.

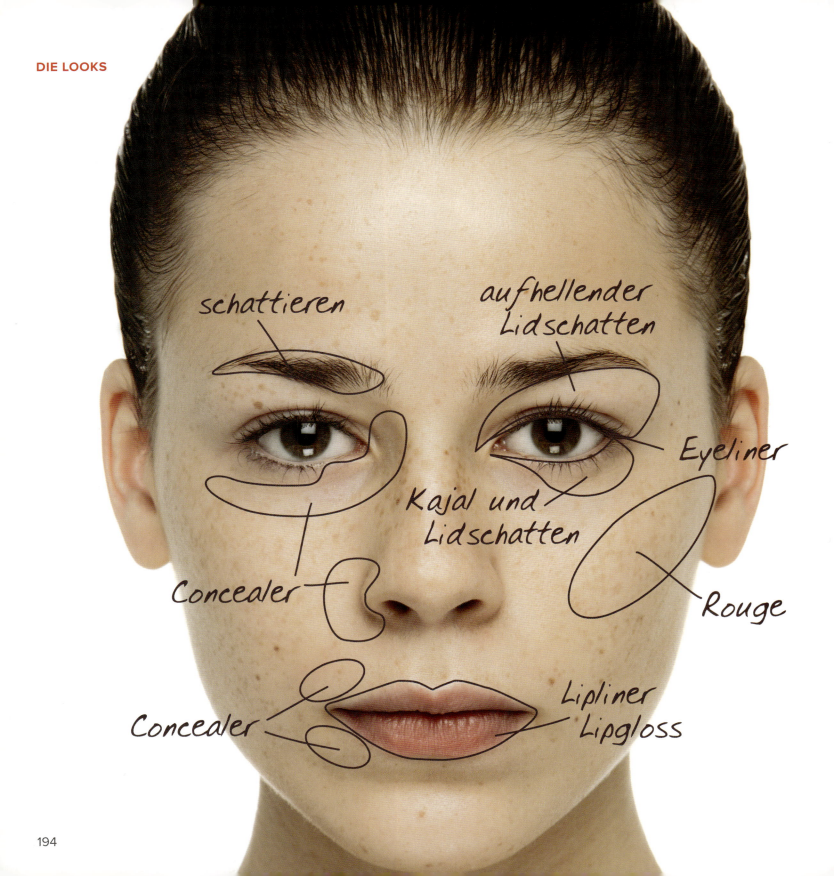

schattieren

aufhellender Lidschatten

Eyeliner

Kajal und Lidschatten

Concealer

Rouge

Concealer

Lipliner Lipgloss

Look 33

Da Elena von Haus aus eine ganz wunderbare Haut hat, kann ich bei diesem Look voll auf Natürlichkeit setzen und ihre tollen Sommersprossen zur Geltung kommen lassen. Die Schattierungen können Sie in jeder beliebigen Farbe vornehmen, mal kräftiger, mal zarter. Da zurzeit so gut wie alle Farben erlaubt sind, können Sie sich ruhig trauen, etwas auszuprobieren.

GRUNDIERUNG

Ich creme Elenas Gesicht zunächst einmal mit einer Feuchtigkeitscreme ein, allerdings verwende ich nur wenig Creme, damit die natürliche Gleichmäßigkeit und Struktur der Hautoberfläche erhalten bleibt. Auf meinem Handrücken mische ich aus verschiedenen Make-ups die richtige Farbe für Elena, wobei ich einen Farbton erzielen möchte, der zwischen der Farbe des Dekolletés, des Halses und des Gesichts liegt. Da sich die Hautfarbe ja beständig zum Beispiel durch Sonneneinstrahlung verändert, sollten Sie immer zwei oder drei Farbtöne zu Hause haben, um die richtige Nuance mischen zu können. Auch wenn das Make-up grundsätzlich dem Hautton entsprechen sollte, können Sie natürlich bestimmen, ob sie lieber einen kühleren, wärmeren oder ganz neutralen Ton wünschen. Das Make-up tupfe ich dann auf fünf Stellen im Gesicht: Zwei Punkte gebe ich auf die Stirn, einen jeweils auf die Wangen, einen auf das Kinn und zwei

weitere Punkte auf die Nase. Dann verteile ich das Make-up sorgfältig, sodass auf jeden Fall die Sommersprossen noch gut herauskommen. Um Sommersprossen wirklich abzudecken, sind zwei oder gar drei Schichten Make-up nötig, und dann würde das Gesicht wie eine Maske wirken. Ich finde Sommersprossen wunderbar und deshalb darf man sie bei diesem Look auch sehen. Um die Sommersprossen nicht zu überdecken, muss ich auch bei der Verwendung von Concealer sehr vorsichtig sein – nur ein bisschen unter den Augen, an den Nasenflügeln und an den Mundwinkeln auftragen und die Lippenkontur schärfen, indem ich mit dem Concealerpinsel von außen nach innen an der Lippenlinie entlangarbeite. Nun pudere ich das Gesicht leicht ab, aber auch hier wieder so zurückhaltend, dass die Haut noch natürlich bleibt. Auch unter den Augen pudere ich mit dem Puderpinsel einmal ganz leicht ab.

AUGEN

Für das Oberlid habe ich einen dezenten, eher etwas aufhellenden Lidschatten gewählt, der von der Farbe her dem Hautton entspricht. Damit kann ich zwar Färbungen am Oberlid kaschieren, aber das Lid wirkt dennoch immer noch absolut natürlich. Mit einem Eyeliner ziehe ich dann einen ganz feinen Strich auf dem beweglichen Lid, und zwar möglichst nah am Wimpernkranz. So wird das Oberlid zwar akzentuiert, aber nur sehr, sehr zurückhaltend. Unter dem Auge ziehe ich mit einem schwarzen Kajal außen einen Strich und gebe dann etwas schwarzen Lidschatten darüber, um den Kajal zu fixieren. Mit einem frischen Pinsel bearbeite ich den Lidschatten nun so, dass er ganz weich und smoky erscheint. Unter dem Auge sind alle möglichen Formen vorstellbar. Man kann den Lidschatten bis ganz nach innen zum Augenwinkel ziehen oder noch weiter nach außen laufen lassen, eher Katzenaugen gestalten oder die Augen dadurch größer machen. Bei Elena wollte ich nicht zu viel Dramatik erhalten, aber dem Auge doch einen edlen, erhabenen Ausdruck verleihen.

Vor dem Tuschen bearbeite ich die Wimpern gründlich mit der Wimpernzange. Ich presse sie also nicht nur einmal am Ansatz zusammen, sondern gestalte sie sorgfältig, indem ich an den Wimpern Millimeter für Millimeter entlangrutsche, sie mit der Zange forme und ihnen so den perfekten Schwung gebe. Dann noch oben und unten Wimperntusche auftragen und fertig.

Da ich die Augenbrauen bei diesem Look möglichst natürlich belassen will, bürste ich sie zunächst einmal und gebe dann mit einem Pinsel etwas Lidschatten in einem kühlen Braun darauf. Das genügt. Ich will die Augenbrauen nicht verändern oder verlängern, sondern belasse die vorgegebene Form, wie sie ist, und versuche nur, sie etwas zu schattieren.

ROUGE

Mit dem Rouge betone ich den höchsten Punkt der Wangenknochen. Dazu nehme ich mit einem großen Rougepinsel Rouge auf, schüttele die Farbe etwas ab und fasse den Pinsel nicht direkt am Stil, sondern vorne an den Haaren und presse ihn ein wenig zusammen. So kann ich ganz genau arbeiten. Ich setze den Pinsel genau dort an, wo ich den Hauptpunkt haben möchte, und ziehe von dort zu den Ohren hoch. Das mache ich natürlich auf beiden Seiten. Danach schüttele ich den Pinsel sehr gut aus, sodass fast kein Rouge mehr daran ist, und gehe damit so, als ob ich etwas wegkehren wollte, großzügig über die Wange und softe den Bereich aus.

LIPPEN

Für die Lippen verwende ich einen Lipliner im Ton der Lippen und ziehe damit nur die Mundwinkel nach, sodass die Lippenlinie geschärft ist. Denn gerade in den Mundwinkeln wirkt die Lippenlinie meist nicht perfekt. Nun noch etwas Lipgloss auf die Lippen. Abschließend setze ich, um noch etwas mehr Glanz zu erzeugen, noch ein bisschen mehr Gloss in die Mitte der Unterlippe.

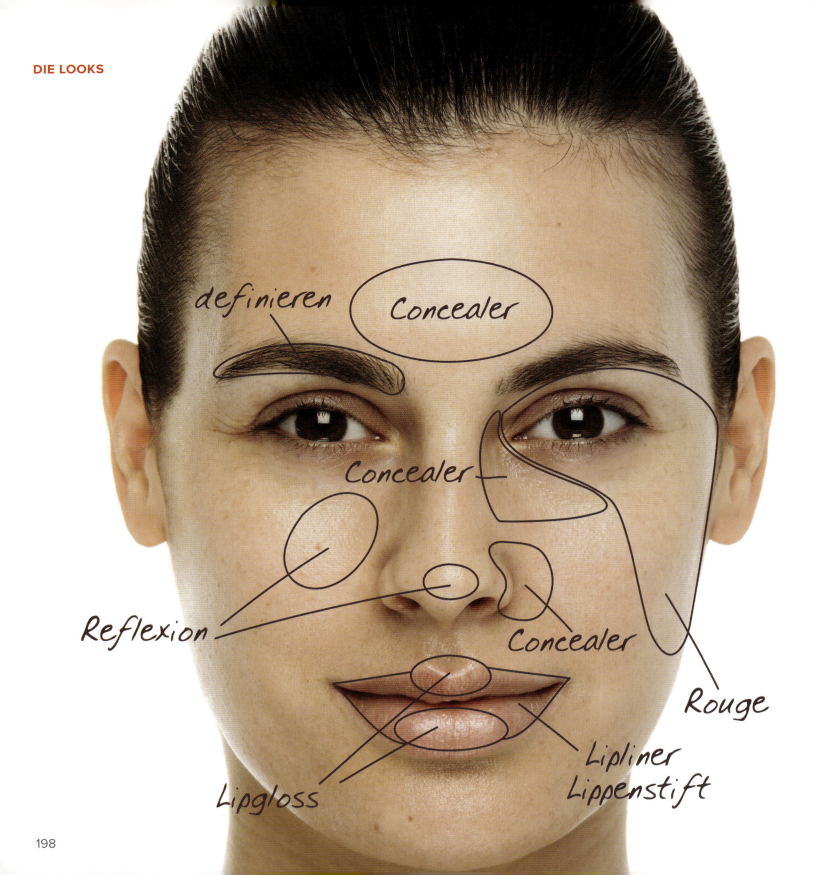

definieren

Concealer

Concealer

Concealer

Reflexion

Concealer

Rouge

Lipliner
Lippenstift

Lipgloss

Look 34

Dieses Make-up habe ich bei der Berlin Fashion Week zusammen mit einem Designer kreiert. In Kombination mit voluminösen Haaren und einem ausgefallenen Styling darf auch das Rouge bis hinauf zu den Augen und als Lidschatten verwendet werden. Natürlich können Sie statt Rot auch kühlere Farben wählen, wie Lila, Taube oder frostige Perlmuttfarben, um diesen Look je nach Anlass zu gestalten.

GRUNDIERUNG

Nach dem Eincremen mit Feuchtigkeitscreme verwende ich bei diesem Look einen deckenden, trockenen Kompaktpuder. Diesen verteile ich dann gleichmäßig auf der Haut – um die Augen herum, auf der Nase, um den Mund, auf Stirn und Schläfen und auch unter dem Kinn entlang. Danach bearbeite ich mit etwas Concealer die Bereiche unter den Augen, um die Nase herum und auf der Stirn, um Schatten auszugleichen. Die Lippenlinie arbeite ich mit etwas Concealer auf dem Concealerpinsel von außen nach innen nach und schärfe sie so.

AUGEN

Als Lidschatten verwende ich dieses Mal ein Rouge. Das Rouge setze ich auf das ganze bewegliche und unbewegliche Lid. Mit einem etwas kleineren Rougepinsel

bringe ich auch Rouge unter dem Auge an und ziehe es hinunter bis zum Wangenknochen. Wichtig dabei ist, zuerst alle erhöhten Punkte im Gesicht zu betonen. Damit dies gelingt, schattiere ich den gewünschten Bereich leicht mit dem Rouge, setze dann unter dem Auge an und führe das Rouge in kleinen Zickzackbewegungen in Richtung Ohr zum Wangenknochen und darüber hinaus. Der Rougebereich sollte nicht zu nah an der Nase liegen, sondern eher zu den Ohren hin. Dann mische ich etwas frostigen Lidschatten und Make-up und setze damit eine Reflexion neben und auf die Nase. Dabei achte ich darauf, eine Verbindung zwischen der Haut und dem Rouge zu schaffen, sodass ein weicher, ebenmäßiger Gesamteindruck entsteht. Falls irgendwo zu viel Rouge aufgetragen wurde, nehmen Sie einfach etwas Concealer auf die Fingerspitze und soften das Ganze ab.

An den inneren Augenwinkel gebe ich unten ein bisschen Concealer, damit auch hier eine weiche Verbindung mit dem Rouge geschaffen wird.

Mit einem Wimpernbürstchen, in dem nur noch sehr wenig Mascara enthalten ist, bürste ich noch die Augenbrauen. So sind sie zwar naturbelassen, aber klar definiert.

LIPPEN

Die Lippen sind in diesem Look sehr zurückhaltend gestaltet. Deshalb wähle ich einen Lipliner, der von der Farbe her dem Lippenfarbton sehr nahe kommt. Damit ziehe ich dann die Lippenwinkel nach, um die Lippenkontur zu schärfen. Lippenbögen und Mitte lasse ich unberührt. Mit dem Finger nehme ich dann ein wenig dezenten Lippenstift, möglichst in der Farbe der Lippen, auf und betupfe damit die Lippen, damit sie ein bisschen voluminöser und perfekter erscheinen. Zum Abschluss noch etwas Lipgloss in die Mitte der Lippen tupfen, sodass der Lippenschwung gut herauskommt.

Farbe für die Wangen

Je nach Mode ist Rouge in der Vergangenheit äußerst unterschiedlich angewendet worden. Aber es ist immer ein sehr wichtiges Element für ein perfektes Make-up. Man kann mit seiner Hilfe die Gesichtsform proportionieren, modellieren und betonen und so dem Gesicht verschiedene Ausdrücke verleihen. Es gibt unterschiedliche Möglichkeiten, das Rouge zu setzen: auf dem Wangenknochen wie bei Joana (Look 45, oben), unter dem Wangenknochen wie bei Alina (Look 26, Mitte), rund als Apfelbäckchen wie bei Laura (Look 41, unten) oder als Übergang vom Augen-Make-up wie bei Angelica hier (Look 34). Heutzutage wird Rouge so verwendet, dass es kaum auffällt, eher zurückhaltend und dezent, also wie eine leichte Schattierung.

Wenn wir die Stars auf dem roten Teppich bewundern, sehen die meist so rosig zart und frisch aus, als ob sie gerade wunderbar ausgeschlafen wären oder vor einer Viertelstunde noch beim Joggen am Meer waren. Nur ein Beispiel dafür, was man mit gekonnt gesetztem Rouge erreichen kann: etwas pinkfarbenes Rouge auf die Schläfen und auf die Apfelbäckchen geben und schon sehen Sie superfrisch aus. Sollten Sie einmal zu viel verwendet haben, verteilen Sie einfach mit den Fingern eine kleine Menge Concealer auf der Haut und schon wirkt das gedämpfte Rouge wieder frisch.

Bei einem ovalen Gesicht kann Rouge überall angewendet werden, bei einem sehr schmalen Gesicht sollte man das Rouge neben der Nase ansetzen und verlaufend bis zum höchsten Punkt der Wangenknochen hin verarbeiten. Bei einem runderen Gesicht setzt man einfach das Rouge unter den höchsten Punkt der Wangenknochen.

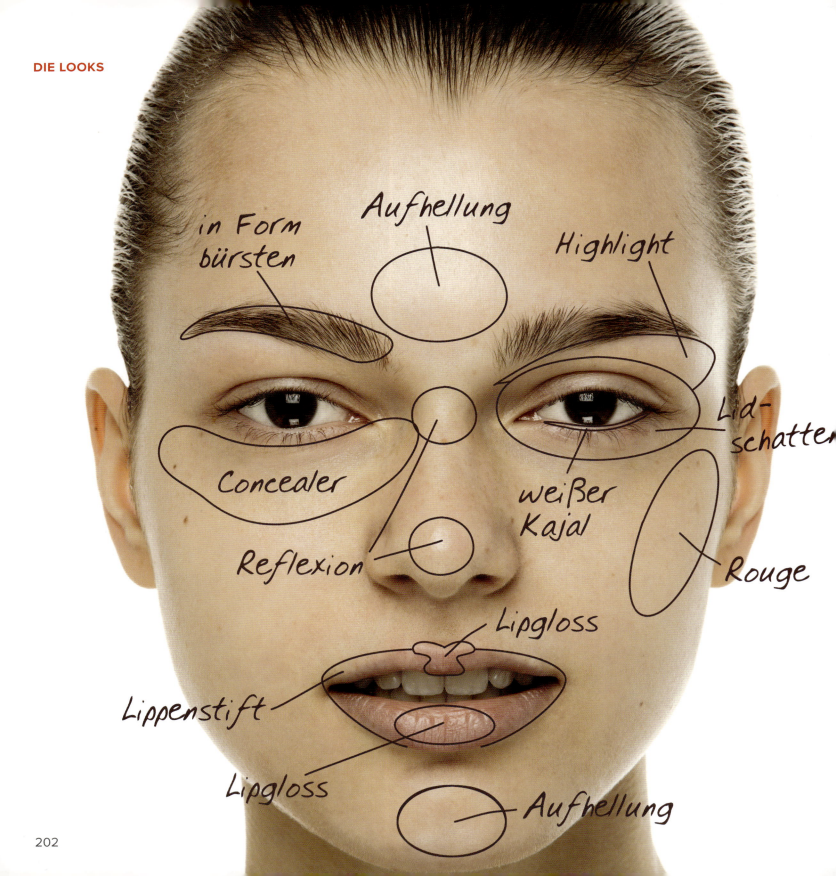

in Form bürsten

Aufhellung

Highlight

Lid-schatten

Concealer

weißer Kajal

Reflexion

Rouge

Lipgloss

Lippenstift

Lipgloss

Aufhellung

Look 35

Auf den ersten Blick mag Kims Look etwas unauffällig wirken. Auf den zweiten Blick ist man von ihrem Aussehen aber garantiert »geblendet« – im positiven Sinn. Dafür sorgen zum einen die Reflexe ihrer hell-dunkel geschminkten Augen, zum anderen ihr glanzvoller Mund. Vielleicht kein Styling für den Alltag, aber für den ersten Frühlingsbummel, eine Essenseinladung … Gelegenheiten gibt es sicher viele.

GRUNDIERUNG

Zuerst creme ich Kims Haut gut ein, um die Oberfläche des Gesichts ebenmäßig zu machen. Würde man die Haut nicht eincremen, könnten später Reste des flüssigen Make-ups an den trockenen Stellen haften bleiben. Während die Creme einzieht, gebe ich eine kleine Menge Flüssig-Make-up auf meine Fingerspitzen und verteile das Make-up wie eine Tagescreme auf Kims Haut und auch auf ihren Ohren, sodass nur ein Hauch Farbe zurückbleibt. Achten Sie beim Auftragen des Make-ups darauf, dass an den Übergängen zum Hals und zu den Ohren keine unschönen Ränder entstehen.
Nun trage ich den Concealer unter Kims Augen auf und zwar von außen nach innen, um die Augenschatten zu kaschieren. Würde ich die Creme von innen nach außen auftragen, könnten sich die Farbpartikelchen in den kleinen Fältchen an den äußeren Augenwinkeln ablagern.

Um auch die Lippenkonturen mit Concealer zu betonen, gebe ich ein wenig Farbe auf einen kleinen Concealerpinsel und konturiere die Lippen von außen nach innen. Außerdem trage ich noch ein wenig Concealer auf dem Nasenrücken auf, angefangen beim späteren Glanzpunkt an der Nasenwurzel bis zur Nasenspitze; zum einen, um noch einmal einen Fokus auf die Mitte des Gesichts zu setzen, zum anderen, weil das Flüssig-Make-up auf der Nase nicht so gut hält und man daher die cremigere oder festere Konsistenz eines Concealers benötigt, damit auch die Nase gleichmäßig abgedeckt wird. Dann gebe ich noch etwas Concealer als Aufhellung auf Kinn und Stirn und setze mit etwas Creme an die Nasenwurzel und auf die Nasenspitze eine kleine Reflexion.
Zu guter Letzt pudere ich das ganze Gesicht ab, sodass der Glanz reduziert wird, aber die Haut trotzdem so natürlich wie möglich erscheint.

AUGEN

Für die Augen habe ich einen matten, dunklen Lidschattenton ausgesucht, damit Kims Augen, die ohnehin schon mandelförmig sind, noch mandelförmiger wirken. Um dieses Augen-Make-up perfekt hinzubekommen, benötige ich einen weichen Pinsel, den ich im 90-Grad-Winkel genau in die Lidfalte setze. Mit dem Pinsel folge ich exakt diesem natürlichen Bogen von vorn nach hinten. Die Übergänge softe ich ab, indem ich mit einem weiteren kleinen Pinsel noch mal über dieselbe Linie fahre. Den dunklen Lidschatten setze ich auch unter die Augen. Dabei ist es wichtig, dass der tiefste Punkt des Lidschattens unter der Pupille sitzt, um einen harmonischen Look zu kreieren. Das heißt, ich male ein kleines Dreieck und gehe dann mit dem Pinsel ganz sanft am Wimpernkranz entlang. Nun »verwische« ich den Lidschatten so mit dem Make-up, dass keinerlei Ränder zu erkennen sind und die Lidschattenfarbe sanft in das Make-up übergeht. Auf das

Innenlid trage ich sehr dezent einen weißen Kajal auf, der die Augen optisch größer wirken lässt.

Mit einem hellen Lidschatten setze ich, von der Augeninnenseite aus gesehen, unter drei Viertel der Augenbraue eine Aufhellung und blende diese zum Ende der Brauen hin aus. Da die verschiedenen Texturen miteinander verschmelzen, entsteht ein sehr softer, aber trotzdem intensiver Blick. Nun fahre ich noch einmal mit dem dunklen Lidschattenpinsel den Lidbogen nach. Das ist übrigens auch eine gute Technik, um Schlupflider zu kaschieren (→ Seite 265).

Was natürlich nicht fehlen darf, ist Mascara. Bevor ich die Wimperntusche auftrage, biege ich die Wimpern mit einer Wimpernzange gleichmäßig nach oben, um einen schönen Wimpernaufschlag zu erhalten. Gebogene Wimpern öffnen den Blick, lassen die Augen größer wirken und auch die Wimperntusche lässt sich leichter auftragen. Das Mascarabürstchen dicht am Wimpernansatz anlegen und bis in die Spitzen durchziehen, um jedes einzelne Härchen – sowohl die ganz kleinen Wimpern am inneren Augenwinkel als auch die äußersten Wimpern – zu betonen.

Da Kim von Haus aus schon tolle Augenbrauen hat, genügt es, die Härchen einfach nach oben und ein wenig zur Seite hin zu bürsten. Die Augenbrauen sind wie das »Dach« des Gesichts und verleihen ihm Kontur. Falls Ihre Augen etwas unterschiedlich sitzen, können Sie mit den Augenbrauen die Proportionen ausgleichen, indem Sie sie entsprechend zupfen (→ Seite 221) oder nachmalen.

ROUGE

Bei Kim habe ich das Rouge nur sehr dezent mit einem Rougepinsel auf den oberen Wangenknochen aufgetragen, um dem Teint Tiefe und Struktur zu verleihen.

LIPPEN

Mit einem Lippenpinsel nehme ich einen dezenten Lippenstift auf und verteile ihn gleichmäßig von außen nach innen auf Ober- und Unterlippe. Würde ich die Lippen von innen nach außen ziehen, würde die Linie abfallen, das heißt, die Lippen würden kleiner wirken. Um vollere Lippen zu bekommen, trage ich die Farbe von außen nach innen auf, sodass ich dabei mit der Hand einen größeren Bogen machen muss, mit dem Effekt, dass ich immer näher an der äußeren Lippenlinie bin, als wenn ich in die andere Richtung arbeiten würde. Genau in die Mitte von Ober- und Unterlippe sowie an den oberen Lippenbogen gebe ich jeweils einen Tupfen Lipgloss, um eine Art Lichtreflex zu setzen.

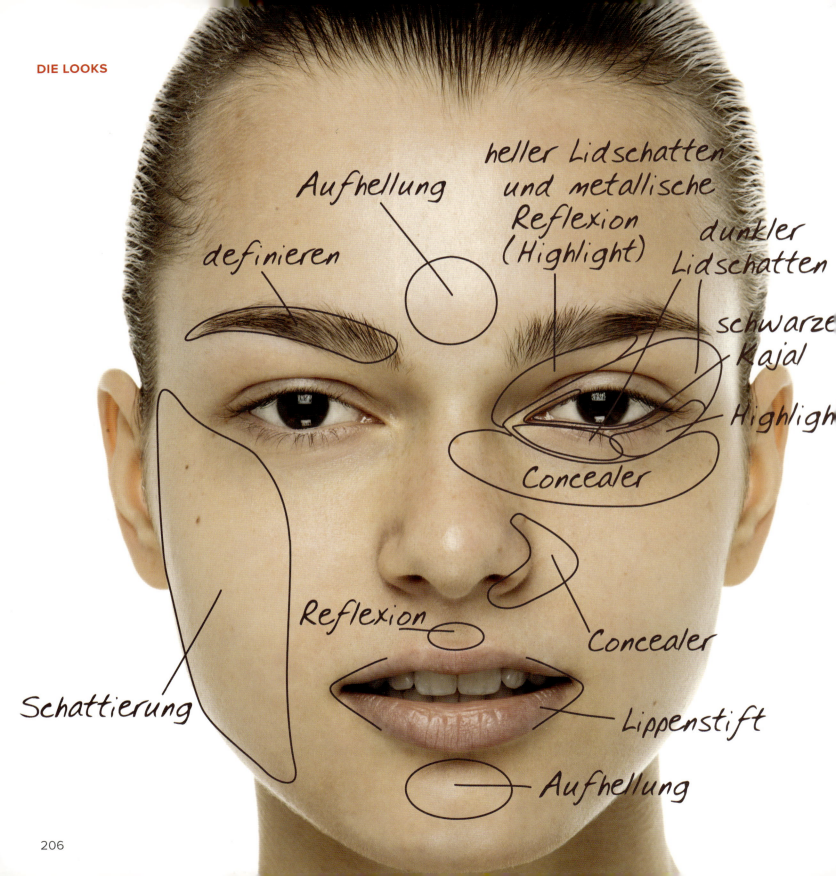

Aufhellung

heller Lidschatten
und metallische
Reflexion
(Highlight)

definieren

dunkler
Lidschatten

schwarze
Kajal

Highligh

Concealer

Concealer

Reflexion

Schattierung

Lippenstift

Aufhellung

Look 36

Bei diesem Make-up von Kim ist es wichtig, mit verschiedenen Texturen zu arbeiten, um den Fokus komplett auf die Augen zu richten. Dadurch, dass Kims Teint am Ende stark mattiert ist, kommt das Glitzern ihrer Augen sehr gut zur Geltung und auch das Highlight setzt sich perfekt von der Haut ab. Stark mattiert heißt aber nicht, dass ich viele Make-up-Schichten auf die Haut gebe, denn mir gefällt es besser, wenn die Haut ein natürliches Aussehen behält. Dieses mystische, ein wenig verruchte Abend-Make-up ist perfekt für den Laufsteg, für eine Party, für den roten Teppich – eben für alle glamourösen Gelegenheiten.

GRUNDIERUNG

Zunächst creme ich Kims Haut mit einer Feuchtigkeitscreme ein, um die Hautoberfläche ebenmäßig zu machen. Sobald die Creme eingezogen ist, gebe ich je einen Tupfen Flüssig-Make-up auf Nase, Kinn und Wangen und verteile die Grundierung gleichmäßig von der Nase aus nach außen. Wichtig ist, die Übergänge zum Hals und zu den Ohren gut auslaufen zu lassen, sodass keine unschönen Ränder mehr zu sehen sind. Den richtigen Ton des Make-ups finden Sie, wenn Sie einen Farbton wählen, der zwischen Ihrem Hautton an den Wangen und dem an Ihrem Hals liegt, denn diese beiden Bereiche müssen später perfekt zueinander passen. Wer gerne Ausschnitt trägt,

sollte zudem die Hautfarbe des Dekolletés mit in seine Farbwahl einbeziehen (→ auch Seite 133).

Nun folgt der Concealer. Ich trage ihn an den Nasenflügeln und unter den Augen auf und achte vor allem auf die Stelle an der Nase, an der die Augen beginnen, denn vor allem dieser kleine Bogen muss mit dem Concealer gut ausgearbeitet werden. Das Gleiche gilt für die äußeren Augenwinkel – auch dort trage ich etwas Creme auf und verteile sie gut, um kleine Schatten zu kaschieren. Mit dem Concealerpinsel arbeite ich die Lippenlinie von außen nach innen nach, um die Lippenlinie zu schärfen. Zum Abschluss gebe ich noch etwas Concealer auf das Kinn und die Stirn als Aufhellung und um das Gesicht zu modellieren. Dann pudere ich das ganze Gesicht gut ab.

AUGEN

Das Augen-Make-up ist ein bisschen anspruchsvoller. Ich beginne am Augeninneren und trage einen hellen Lidschatten entlang des Augenbogens auf, ziehe ihn bis zur Braue hoch und lasse ihn zum Ende der Augenbraue hin sanft auslaufen. Die Augen scheinen dadurch etwas auseinanderzustehen, was im ersten Moment vielleicht ein wenig unnatürlich, aber genau deshalb so spannend wirkt. Danach trage ich denselben Lidschatten auch unter den Augen auf – jeweils an ihrem äußeren Ende.

Mit dem dunklen Lidschatten beginne ich unter den Augen und trage ihn sehr kräftig jeweils von der Mitte des Auges, ein klein wenig versetzt zur Pupille, bis zum inneren Augenwinkel auf. Auf das Oberlid gebe ich, analog dazu, eine hellere, metallische Reflexion: Ich beginne am inneren Augenwinkel, verteile den Farbton bis zur Hälfte der Pupille und ziehe ihn auch ein wenig nach oben in Richtung Augenbraue. Anschließend schattiere ich das komplette bewegliche Lid intensiv in Form des Augenbogens bis zum äußeren Ende der Augenbraue mit dem dunklen Ton. Alle Farben müssen gut ineinander eingearbeitet werden, sodass die Farben einen rauchigen Effekt erzielen und die Übergänge gut ausgeblendet sind. Ruhig öfter nacharbeiten und die Übergänge immer wieder aussoften, damit die Farben nahezu verschwimmen. Wenn Kim nun ihre Augen schließt, verläuft der Lidschatten wie eine dunkle Wolke über ihre Augen, und zwei Highlights, eines oben links und eines oben rechts, kommen zum Vorschein. Sie können für dieses Augen-Make-up auch hellere Farben verwenden, aber richtig dramatisch wirkt es erst mit diesen dunklen Tönen.

Um das Auge noch stärker zu fokussieren, trage ich auf das innere Lid sowie auf den inneren Augenwinkel oben und unten schwarzen Kajal auf; das mache ich vier-, fünfmal, um die Farbe zu intensivieren. Wenn Kim nun ihre Augen ein paar Mal fest zusammendrückt, wirkt das wie ein Stempelkissen, wodurch auch das obere Innenlid Farbe abbekommt. Bevor ich Mascara auftrage, kommt wieder die Wimpernzange ins Spiel. Dann werden die Wimpern getuscht – allerdings gibt es diesmal einen kleinen Clou: Die Wimpern über den hellen Teilen des Make-ups, also an den Partien, an denen die Highlights sind, werden nicht getuscht, was den dramatischen Effekt verstärkt.

Kims Augenbrauen bürste ich mit dem eben verwendeten Mascarabürstchen. Die restliche Wimperntusche, die noch im Bürstchen ist, sorgt dafür, dass jedes einzelne Härchen der Augenbrauen definiert wird; außerdem bleiben die Brauen so länger in Form.

ROUGE

Beim Rouge verwende ich einen erdigen Farbton und trage es mit dem Pinsel intensiv jeweils vom höchsten Punkt des Wangenknochens bis unter den Wangenknochen mit weichen kreisenden Bewegungen auf, sodass eine ganz zarte große Schattierung entsteht.

LIPPEN

Auf die Lippen gebe ich etwas Lippenbalsam und konturiere dann mit einem feinen Lippenpinsel und etwas Flüssig-Make-up die Außenlinie. Den Lippenstift im Nude-Ton tupfe ich sanft mit den Fingern auf. Danach pudere ich die Lippen mit losem Puder einmal ab. In der Mitte des Lippenbogens bleibt ein kleiner Glanzpunkt bestehen.

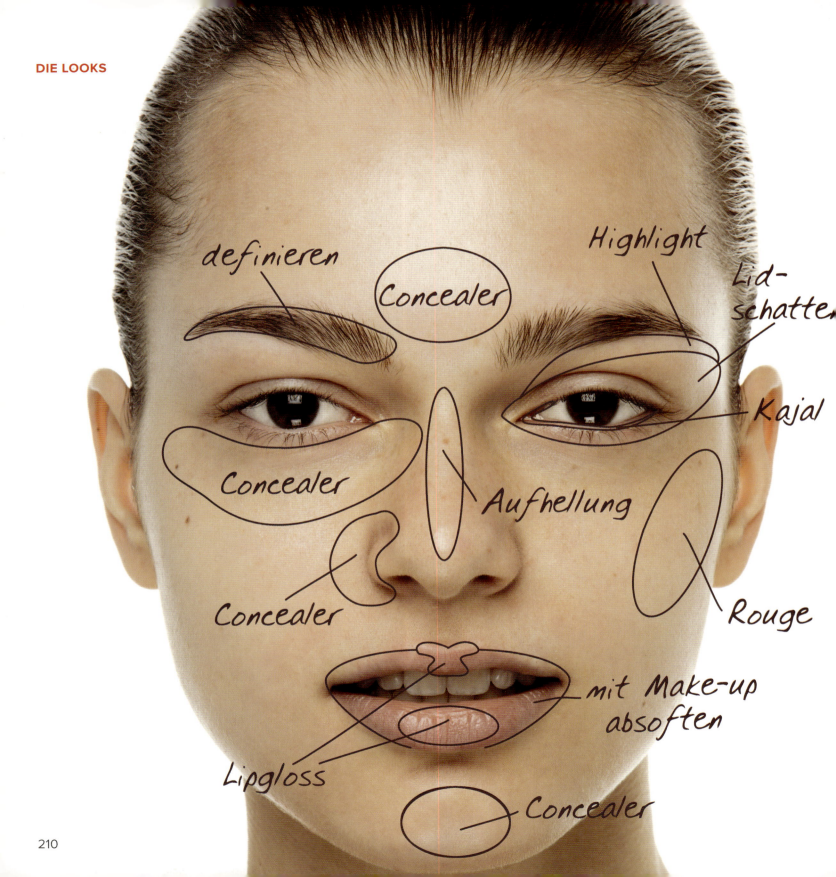

definieren

Highlight

Lid-schatten

Concealer

Kajal

Concealer

Aufhellung

Concealer

Rouge

mit Make-up absoften

Lipgloss

Concealer

Look 37

Dieses sensationelle Augen-Make-up ist immer der absolute Hingucker. Der Look eignet sich daher für all die besonderen Anlässe, bei denen es ruhig einmal ein bisschen mehr sein darf, egal ob für Vernissagen oder den Auftritt auf dem roten Teppich.

GRUNDIERUNG

Um eine wunderbar gleichmäßige Haut zu erhalten, creme ich Kims Gesicht erst einmal mit einer Feuchtigkeitscreme ein. Dann verteile ich Flüssig-Make-up auf der Haut und arbeite anschließend mit etwas Concealer unter den Augen und um die Nase, um Schatten und Unregelmäßigkeiten verschwinden zu lassen. Dann setze ich etwas Concealer auf Stirn und Kinn, um das Gesicht zu modellieren, und als Aufhellung auf den Nasenrücken. Mit dem Concealerpinsel und etwas Concealer bearbeite ich dann die Lippenlinie von außen nach innen, um die Lippenlinie zu schärfen.

AUGEN

Bei diesem sehr auffälligen und beinahe grafisch wirkenden Augen-Make-up ist es unheimlich wichtig, dass beide Augen auch exakt gleich geschminkt sind. Da die Formen hier sehr klar und genau sind, ist das nicht einfach. Zunächst gestalte ich mit dem dunklen Lidschatten die Kontur unter dem Auge und lege den höchsten Punkt für den Lidschatten fest, der in etwa am Ende der Augenbraue liegt. Zur Unterstützung setze ich mit dem Lidschatten einige kleine Punkte und schraffiere dann das komplette Auge einmal aus. Auch am Oberlid gebe ich als Erstes die Form am inneren Augenwinkel vor und ziehe mit einem feinen Pinsel und dem Lidschatten die Linie vor, wie der Lidschatten verlaufen soll. Sobald die Form klar definiert ist, fülle ich den Bereich komplett mit dem dunklen Lidschatten aus. Damit die Farbe schön intensiv wird und einen leichten Schimmer erhält, muss ich zwei- oder dreimal Farbe auftragen. Wichtig dabei ist, dass die Pigmente immer in der gleichen Richtung liegen, nur so entsteht eine ausreichende Reflexion. Nun ist die Form schon einmal richtig schön herausgearbeitet. Als Nächstes gebe ich etwas Augen-Make-up-Entferner auf ein Wattestäbchen und arbeite damit unterhalb der Augenbraue, sodass eine harte, klar abgegrenzte Linie zwischen Haut und Lidschatten entsteht. Genau auf diesen gesäuberten Bereich unter der Augenbraue setze ich dann mit einem hellen Lidschatten ein Highlight, um den Kontrast zu erhöhen. Mit dem Make-up-Entferner arbeite ich wie oben auch außen und unterhalb des Auges. Zusätzlich verwende ich dann noch etwas Concealer, sodass die Lidschattenform wirklich ganz exakt und sauber gezeichnet ist (Bild rechts). Die Schwierigkeit bei diesem Look besteht darin, das zweite Auge nun genau gleich zu gestalten. Jetzt fahre ich mit einem Kajal oben und unten am inneren und äußeren Augenwinkel entlang und ziehe dann unten die gesamte Augenlinie entlang. Als Farbe wähle ich Braun, nicht Schwarz, oder ich mische braunen und schwarzen Kajal. Am besten hält der Kajal, wenn er etwas ölig oder weich ist.

Die Wimpern bearbeite ich zunächst mit der Wimpernzange, damit sie einen schönen Schwung bekommen und tusche sie dann oben und unten.

Da ich die Augenbrauen möglichst unverändert belassen will, bürste ich sie nur mit einem Mascara-Bürstchen nach. Am besten nimmt man hierfür eine alte Mascara, deren Bürste nur noch wenig Tusche enthält. Auf dem Handrücken können Sie ganz einfach ausprobieren, wie viel Farbe noch in der Bürste enthalten ist. Sollte die Bürste noch zu viel Farbe aufweisen, säubere ich sie einfach mit einem Kosmetiktuch. Nach dem Bürsten wirken die Augenbrau-

en definiert, sind aber von der Form her unverändert. Die Augenbrauen bilden nun zusammen mit dem Lidschatten einen klaren und beinahe grafisch gestalteten Höhepunkt, nach unten hin tritt das Make-up dann zurück und wird fließender.

ROUGE

Nun gebe ich ein dezentes Rouge auf die äußeren Wangenknochen, damit der Fokus bei diesem Look auch wirklich auf den Augen liegt. Das Rouge wird am besten mit einem großen Pinsel, den Sie vor dem Auftragen leicht ausschütteln, flächig aufgetragen, sodass keine Ränder entstehen.

LIPPEN

Auf die Lippen trage ich als Erstes etwas Flüssig-Make-up auf, so treten sie vollkommen zurück. Das äußere Drittel links und rechts pudere ich einmal ab, mit einem Pinsel setze ich dann etwas Lipgloss in die Mitte der Unterlippe, um einen schönen Glanz zu erhalten. Wichtig ist, nicht zu viel zu verwenden, um keinen zu krassen Gegensatz zum Schimmer auf der Oberlippe zu erhalten. Da ich den glänzenden Bereich genau begrenzt haben möchte, ist es wichtig, hier mit einem Pinsel zu arbeiten und so klare Kanten zu bekommen. In der Mitte der Oberlippe möchte ich einen leichten Schimmer haben, dafür mische ich am besten eine Feuchtigkeitscreme mit dem Gloss und gebe etwas davon in die Mitte und auf den Lippenbogen. Das Funkeln der Augen findet sich nun auch auf den Lippen wieder. Glänzende und matte Strukturen sind in diesem Look spannend nebeneinandergestellt.

nachzeichnen

schwarzer Eyeliner

Concealer

Reflexion

Rouge

Lipgloss

Lipliner

Look 38

Jessica hat ganz viele Sommersprossen, was für viele vielleicht als kosmetischer Makel gelten könnte. Doch mir gefallen Sommersprossen sehr gut, deshalb möchte ich auch die Haut nicht mit mehreren Schichten Make-up zudecken, um sie zu kaschieren, sondern sie sollen ganz deutlich zu sehen sein. Insgesamt ist dies ein eher einfaches, natürlich wirkendes, aber dennoch schönes Make-up, das sicherlich zu sehr vielen Gelegenheiten passt. Ganz wichtig ist dabei aber der perfekte Lidstrich (→ Seite 193), für den es sicherlich einige Übung braucht.

GRUNDIERUNG

Als Vorbereitung creme ich Jessicas Gesicht nach der Gesichtsmassage zuerst einmal mit Feuchtigkeitscreme ein, um trockene Stellen auszugleichen und später ein wunderbar ebenmäßiges Hautbild zu erreichen. Dann verteile ich etwas Flüssig-Make-up, das keine hohe Deckkraft besitzt, auf der Haut, um die Haut etwas auszugleichen, aber keinesfalls die Sommersprossen überdeckt. Nun verarbeite ich etwas Concealer unter den Augen, um Schatten auszugleichen. Bei Jessica verzichte ich darauf, Concealer auf der Nase aufzutragen, weil mir die Hautstruktur so, wie sie ist, sehr gut gefällt. Da ihre Haut auf der Nase zum Glück auch extrem kleine Poren aufweist, stellt dies kein Problem dar. Mit etwas Concealer und dem Concealerpin-

sel arbeite ich schließlich noch die Lippenlinie von außen nach innen nach, um die Kontur zu schärfen. Jetzt pudere ich das Gesicht ab, auf die Nase gebe ich nur ganz wenig Puder. Ein kleiner Restglanz darf ruhig bestehen bleiben, das wirkt bei diesem Look sehr gut.

AUGEN

Damit ich an den Augen gut mit einem flüssigen Eyeliner arbeiten kann, ist es wichtig, dass das Lid komplett sauber ist. Es dürfen also keine Öl- oder Cremereste oder Rückstände von Make-up-Entferner darauf sein. Das Lid muss vollkommen naturbelassen sein. Ich pudere es lediglich mit losem Puder etwas ab, damit der Lidstrich besser und länger hält. Nun geht es daran, den Lidstrich zu gestalten: Mit den Fingern ziehe ich das Lid vorsichtig straff, indem ich es nach außen und die Augenbraue nach oben ziehe. Dann setze ich mit dem flüssigen Eyeliner am inneren Augenwinkel an und ziehe einen Strich von innen nach außen. Das Gleiche wiederhole ich von außen nach innen. Dann lasse ich das Ganze trocknen und begutachte das Ergebnis bei geöffneten Augen. Wenn ich mit dem Resultat noch nicht zufrieden bin, gehe ich mit dem Eyeliner noch ein bisschen höher oder etwas weiter nach außen. Bevor der Eyeliner schließlich aber komplett getrocknet ist, nehme ich mit einem winzigen Pinsel am äußeren Augenwinkel den noch feuchten Lidstrich auf und schattiere ihn leicht nach unten (Bild rechts). Nach der Gestaltung des Lidstrichs arbeite ich mit etwas Concealer die Eyeliner-Linie nach, damit sie auch wirklich ganz präzise erscheint. Wie auf dem oberen Lid arbeite ich auch auf der Seite mit Concealer, damit der Eyeliner-Bereich ganz klare Konturen bekommt.

Den Wimpern verleihe ich zunächst mit der Wimpernzange den richtigen Schwung und dann tusche ich sie sanft, nicht zu viel, das reicht bei diesem Look vollkommen.

Die Augenbrauen zeichne ich mit einem Augenbrauenstift nach, nehme dann aber ein Wattestäbchen, gehe damit über die Brauen und softe so das Ganze etwas ab. Mit dem Concealerpinsel gehe ich danach um die Augenbraue herum, um eine exakte Form zu erhalten.

ROUGE

Da ich Jessicas Wangenbereich in diesem Look nicht zu sehr betonen möchte, reicht etwas dezentes Rouge, das ich unterhalb der Wangenknochen ganz zart und fein setze.

LIPPEN

Als Nächstes geht es an die Gestaltung der Lippen. Hierfür wähle ich einen Lipliner in der Farbe der Lippen und ziehe damit nur die Lippenwinkel etwas nach, da die Lippenlinie dort meistens nicht sehr präzise ist. Dann male ich mit dem Lipliner die kompletten Lippen aus und gebe abschließend noch etwas Lipgloss auf die Mitte der Lippen.

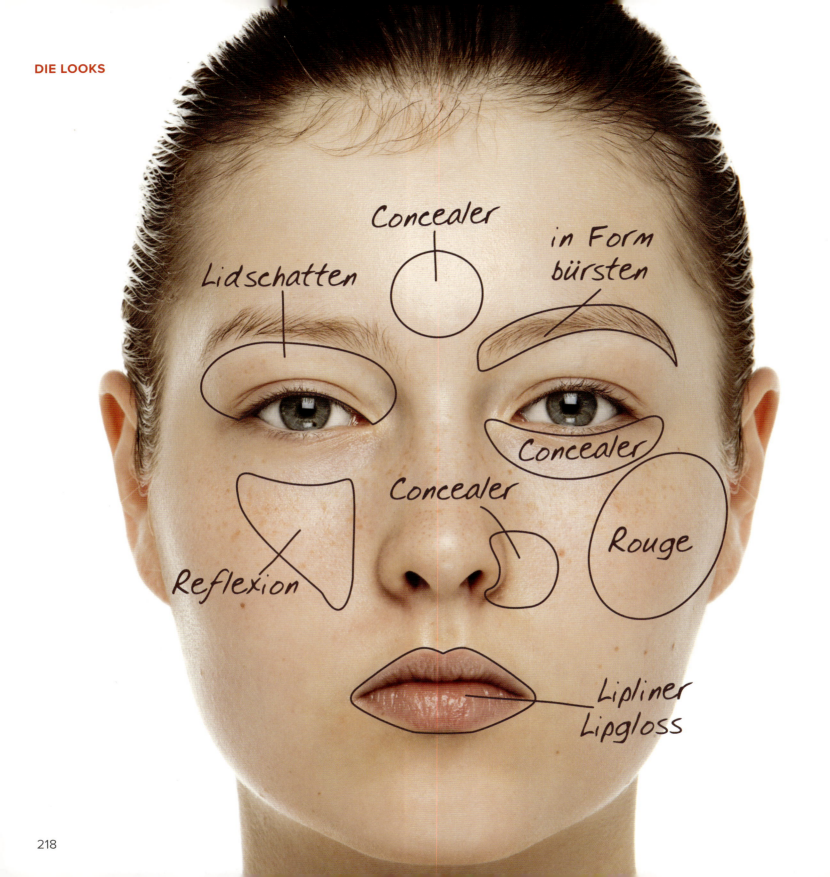

Look 39

Laura trägt ein sehr schönes Make-up, das eher einfach zu gestalten ist. Es eignet sich hervorragend als Tages-Make-up für alle Gelegenheiten. Die betonten Lippen geben dem Ganzen den besonderen Akzent. Natürlich können Sie dafür immer Ihre Lieblingsfarbe verwenden.

GRUNDIERUNG

Als Vorbereitung creme ich Lauras Haut erst einmal mit einer Feuchtigkeitscreme ein, um eine ebenmäßige Oberflächenstruktur zu erhalten. Danach verteile ich flüssiges Make-up gleichmäßig unter den Augen, auf der Stirn und um die Nase herum. Wichtig dabei ist, nicht zu viel zu verwenden und die Hautstruktur vollkommen zu überdecken, sondern nur leicht die Oberfläche zu ebnen. Um Schatten und Unebenheiten gänzlich verschwinden zu lassen, arbeite ich etwas Concealer unter den Augen ein, um die Nase und auf der Stirn. Dann schärfe ich die Lippenkontur, indem ich mit dem Concealerpinsel und etwas Concealer von außen nach innen die Lippenlinie nacharbeite. Schließlich pudere ich das Gesicht mit einem losen Puder ab.

AUGEN

Als Lidschatten wähle ich nur einen Farbton, und zwar ein zartes Lila. Mit einem großflächigen Pinsel verteile ich den Lidschatten dann auf dem beweglichen Lid bis fast hinauf zu den Augenbrauen, und lasse die Farbe zu den Augenbrauen hin, nach außen und innen ganz weich auslaufen. Um dies zu erreichen, ist es wichtig, dass die Pigmentierung zu den Seiten und nach oben hin immer schwächer wird und so ein ganz weicher Übergang erzeugt wird. Sollte etwas zu viel Farbe auf das Lid gekommen sein, können Sie etwas Concealer auf die Fingerspitze nehmen und damit vorsichtig die Übergänge glätten. Als Nächstes gebe ich den Wimpern mit der Wimpernzange eine schöne Form und tusche lediglich die oberen Wimpern. Um den natürlichen Look nicht zu gefährden, bürste ich die Augenbrauen lediglich etwas in Form.

ROUGE

Um die Wangenpartie schön zu akzentuieren, gebe ich etwas Rouge auf den höchsten Punkt der Wangenknochen. Den Bereich neben der Nase bis unter das Auge betone ich mit einer Reflexion. Dazu vermische ich Concealer mit einem Lipgloss oder einem reflektierenden Lidschatten und tupfe davon etwas mit den Fingern auf die Haut. Wichtig ist, dass sich das Ganze gut mit dem Rouge verbindet. Die Kombination von Rouge und dem hellen, schimmernden Bereich lässt Lauras Gesicht wunderbar klar erstrahlen.

LIPPEN

Nun kommt der Hauptakzent dieses Looks an die Reihe. Mit einem Lipliner ziehe ich die Lippenkontur nach und male dann die Lippen vollständig aus. Dann pudere ich den Mund ab. Um die Lippenlinie präzise zu schärfen, arbeite ich mit einem Pinsel mit Concealer von außen an der Lippenlinie entlang. Dann fülle ich die ganzen Lippen mit einem Pinsel mit Lipgloss aus. Die intensive Farbe der Lippen bildet einen wunderbaren Kontrast zum eher zurückhaltenden Augen-Make-up und sorgt für einen klaren Fokus.

Für den perfekten Schwung

AUGENBRAUEN ZUPFEN

Jedes Gesicht bekommt durch die Augenbrauen das gewisse Etwas. Vernachlässigen wir unsere Brauen, fangen sie an zu wuchern, zupft man aber zu viel, entstellt man sein Gesicht. Wichtig ist, die natürliche Form nicht grundlegend zu verändern, denn die Augenbrauen müssen zum Gesicht passen. Augenbrauen sollen eigentlich nur in Form gebracht werden. Die beste Methode hierfür ist die Fadentechnik, die zuerst in arabischen Ländern verbreitet war und sich nun auch bei uns durchsetzt. Hierbei nimmt die Kosmetikerin ein dünnes Garn und spannt es wie eine Acht zwischen den Fingern. Durch sehr schnelle Bewegungen werden dann die Haare herausgerissen, selbst sehr kleine Härchen werden entfernt, die eine Pinzette nicht erwischen würde.

Idealerweise geht eine Augenbraue zu zwei Dritteln nach oben und zu einem Drittel nach unten. Häufig wird der Fehler gemacht, dass die Augenbrauen nur oben gezupft werden und nicht unten.

AUGENBRAUEN FÄRBEN

Aber nicht nur die Form der Augenbraue ist wichtig, auch die richtige Farbe sorgt für den perfekten Ausdruck. Passt der Ton der Augenbrauen nicht zum Haar oder zur Haut, kann man die Augenbrauen färben oder bleichen. Hierbei ist es wichtig, den richtigen Farbton zu treffen. Ich mag es gerne, wenn die Augenbrauen ein bis zwei Farbtöne dunkler sind als die Haarfarbe. Zu helle Augenbrauen geben dem Gesicht zu wenig Kontur. Ich verwende gerne Haarfarben zum Färben, denn die gibt es in allen möglichen Nuancen und nicht nur in den drei meistens als Augenbrauenfarbe angebotenen Farbtönen Braun, Schwarz oder Dunkelbraun. Eine andere Möglichkeit ist auch das Bleichen oder Blondieren. Hierbei muss aber das Gesicht vollkommen ebenmäßig sein. Ist die Augenstellung nicht perfekt oder die Nase krumm oder zu groß, würden blondierte Augenbrauen diese Merkmale noch betonen.

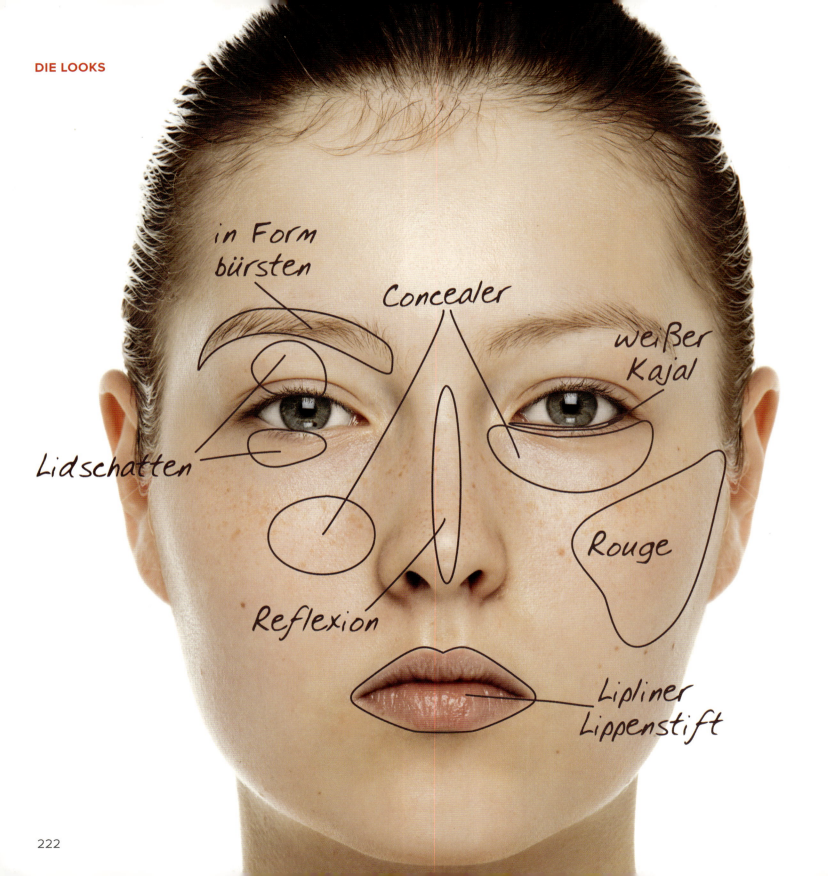

in Form
bürsten

Concealer

weißer
Kajal

Lidschatten

Rouge

Reflexion

Lipliner
Lippenstift

Look 40

Der stechende Blick und der ausdrucksstarke Mund als Zeichen einer selbstbewussten Person führen bei diesem hollywoodreifen Make-up ganz sicher dazu, dass Sie große Aufmerksamkeit erregen. Sie können es gleichermaßen tagsüber oder beim Ausgehen tragen. Bei diesem Look wird deutlich, wie Make-up eine Person und ihre Ausstrahlung verwandeln kann.

GRUNDIERUNG

Um trockene Stellen der Haut auszugleichen, creme ich das Gesicht zunächst einmal mit einer Feuchtigkeitscreme ein. Anschließend verteile ich Flüssig-Make-up auf der Haut. Um ein perfektes Erscheinungsbild zu erreichen, gebe ich Concealer unter die Augen und neben die Nase. Mit einem Pinsel arbeite ich mit etwas Concealer von außen nach innen an der Lippenlinie entlang, damit die Lippenkontur geschärft ist. Nun pudere ich das Gesicht mit losem Puder ab, dabei achte ich darauf, unter den Augen nur sehr wenig Puder zu verwenden, da dieser sich sonst in den kleinen Fältchen absetzt.

AUGEN

Da ich erreichen möchte, dass zum Schluss vor allem die Lippen hervorstechen, verwende ich für die Augen einen sehr dezenten, klaren Lidschatten, der nur einen leichten Kontrast zur Augenfarbe bildet. Auch wenn der Farbton sehr zart ist, gelingt es mit dem Lidschatten, kleine Äderchen oder Färbungen des Lids zu kaschieren und so ein klares, schönes Lid zu erhalten. Den Lidschatten trage ich auf das bewegliche Lid auf und ein wenig auf die Mitte des unbeweglichen Lids. Auch unter das Auge gebe ich in die Mitte etwas Lidschatten. Der kräftigste Punkt des Lidschattens soll oben und unten in der Mitte liegen, die Farbe läuft dann zu den Rändern hin aus. Nun setze ich noch am unteren inneren Augenlid einen weißen Kajal. Im Anschluss daran bearbeite ich die Wimpern sorgfältig mit der Wimpernzange und tusche sie gründlich von den Ansätzen bis in die Spitzen.

Da ich die Augenbrauen nicht besonders akzentuieren möchte, bürste ich sie lediglich ein bisschen in Form.

ROUGE

Das Rouge setze ich auf den obersten Punkt der Wangenknochen und führe es weit in Richtung Nase. Auf den Nasenrücken setze ich mit etwas Creme eine Reflexion, wodurch das Gesicht einen schönen Schimmer erhält.

LIPPEN

Nun geht es darum, den Hingucker dieses Looks zu gestalten: die Lippen. Mit einem Lipliner in der Farbe des Lippenstifts ziehe ich zunächst die Lippenlinie nach und male dann die kompletten Lippen damit aus. Als Nächstes gebe ich etwas Puder darauf und ziehe die Kontur noch einmal mit einem gut gespitzten Lipliner nach. Danach wird die Lippenlinie von außen mit dem Concealerpinsel nachgeschärft. Aber Vorsicht, dass Sie dabei keine Unregelmäßigkeiten in die Linie bringen. Dann trage ich mit einem breiten Lippenpinsel kräftig Lippenstift oder wahlweise Lipgloss auf. Fertig ist dieses tolle und sehr intensive Make-up.

Härchen im Gesicht entfernen

Make-up braucht eine optimale Grundlage. Je glatter die Haut ist, umso glatter wird auch das Make-up. Doch schon ein leichter Flaum im Gesicht kann einen Schatten hinterlassen und somit die Haut unruhiger wirken lassen. Beim Auftragen von Make-up ist es wesentlich einfacher, auf einer möglichst glatten Haut zu arbeiten, denn um jedes kleine Härchen legt sich Make-up, sodass an manchen Stellen dann mehr Make-up ist als an anderen und das Ganze nicht mehr ebenmäßig wirkt. Eine Gesichtsenthaarung kann sicher schmerzhaft sein, doch gewöhnt man sich mit der Zeit daran, und wer schön sein will, muss auch ein wenig leiden können.

Es gibt verschiedene Techniken, um dem feinen Flaum zu Leibe zu rücken. Eine Möglichkeit ist die Fadentechnik, eine andere Wachs. Wichtig ist auf jeden Fall, dass man auch die winzigsten Härchen erwischt. Da die Fadentechnik vielen nicht so geläufig ist wie das Enthaaren durch Wachs, soll sie hier erklärt werden: Als Faden eignet sich am besten ein feiner Baumwollfaden. Der Faden wird möglichst fest in sich verdreht, dann locker ganz nah über die Haut geführt und plötzlich fest gespannt, sodass auch die feinsten Härchen vom Faden erfasst und ausgerissen werden. Da die Härchen hierbei mit den Wurzeln ausgerissen werden, wachsen sie erst nach drei bis vier Wochen wieder nach. Ein Vorteil dieser Technik ist, dass keinerlei chemische Substanzen an die Haut gelangen. Wer diese Technik selbst anwenden möchte, braucht etwas Übung – beim Profi geht es sicher schneller und schmerzloser.

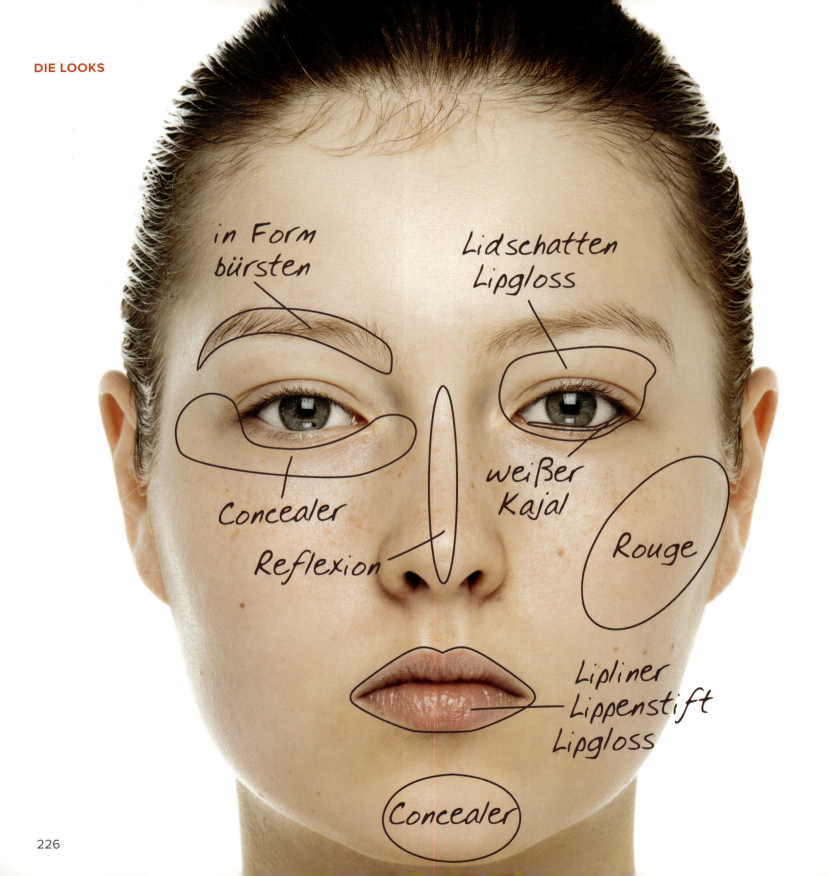

in Form
bürsten

Lidschatten
Lipgloss

Concealer

weißer
Kajal

Reflexion

Rouge

Lipliner
Lippenstift
Lipgloss

Concealer

Look 41

Laura hat so viel Ausdruck in ihren Augen, dass diese nur sehr dezent betont werden können, aber trotzdem sehr präsent wirken. Deshalb lege ich den Fokus bei diesem Look ganz auf ihre Lippen. Die Augen und die Lippen dürfen glänzen, außerdem wirkt das Hautbild sehr leicht und natürlich. Ein Make-up, das zu vielen Gelegenheiten passt und nicht zu schwer zu gestalten ist.

GRUNDIERUNG

Zuerst creme ich Lauras Haut mit einer reichhaltigen Creme ein, sodass ich eine gleichmäßige Hautstruktur erhalte. Hierfür können Sie die eigene Tagescreme verwenden, wenn sie reichhaltig genug ist. Wichtig ist, dass trockene Stellen nach dem Eincremen verschwunden sind. Für diesen Look möchte ich ein ziemlich natürliches Hautbild erhalten, bei dem die Sommersprossen ruhig herauskommen dürfen. Deshalb gebe ich keine dicke Make-up-Schicht auf die Haut, sondern nur einen Hauch Flüssig-Make-up, um die Bereiche an der Stirn, am Kinn und um den Mund ziemlich ebenmäßig und glatt zu machen. Danach arbeite ich mit etwas Concealer am Kinn und auf dem Nasenrücken – auf der Nase darf zum Schluss eine Reflexion zu sehen sein – sowie unter den Augen, um Schatten und Unebenheiten auszugleichen. Mit etwas Concealer und dem Concealerpinsel bearbeite ich die Lippenlinie von außen nach innen, um die Kontur zu schärfen.

AUGEN

Nun kommen die Augen an die Reihe: Zunächst bürste ich die Augenbrauen in Form, ohne sie großartig zu verändern. Dann gebe ich einen glänzenden, changierenden Lidschatten in einem beliebigen Ton auf das obere bewegliche Lid – angefangen vom inneren Augenwinkel bis zum äußeren Augenwinkel – und weiter auf das unbewegliche Lid bis hinauf zur Augenbraue. Ein dezenter Hauch von Lidschatten kommt auch unter die Augen, aber nur an die Stelle, an der sich die höchste Wölbung befindet, also meistens genau unter der Pupille. So wirkt es besonders harmonisch.

Als Nächstes bearbeite ich mit der Wimpernzange die Wimpern, sodass sie richtig schön nach oben geformt sind. Mit einer Stretch-and-Define-Mascara tusche ich danach die Wimpern leicht von den Ansätzen bis in die Spitzen, wobei ich darauf achte, auch wirklich alle kleinen Wimpern am inneren und äußeren Augenwinkel zu erreichen. Ich tusche aber wirklich nur einmal ganz leicht und wiederhole es nicht mehrmals. Zum Schluss gebe ich noch ganz wenig weißen Kajal auf das untere Innenlid, damit die Augen etwas mehr Strahlkraft erhalten.

Für einen besonders schönen schimmernden Effekt sorgt zusätzlich Lipgloss auf dem Augenlid, den ich ganz vorsichtig mit dem Finger auf das unbewegliche Lid tupfe.

ROUGE

Für den Wangenbereich wähle ich ein cremiges Rouge in einem dezenten Rotton, der nah am Hautton liegt. Nach dem Auftrag soll es wirken, als wäre Laura vor dem Frühstück gerade eine halbe Stunde beim Joggen gewesen – also nur leichte Apfelbäckchen, die dem Gesicht ein gut durchblutetes, sehr frisches Aussehen geben. Dadurch kommen auch die Sommersprossen noch ein bisschen besser heraus und das Gesicht erhält eine gesunde Frische, aus der dann später der Mund heraussticht.

LIPPEN

Mit einem ziemlich dunklen Lipliner ziehe ich nun die Lippenlinie nach und male dann die kompletten Lippen damit aus. Damit die Linie auch wirklich präzise wird, müssen Sie unbedingt einen gut gespitzten Lipliner verwenden und immer wieder nachspitzen. Danach pudere ich den Mund mit losem Puder ab und ziehe noch einmal mit demselben Lipliner die Lippenlinie nach. Dadurch wird die Lippenlinie schön geschärft. Um eine noch präzisere Kontur zu erhalten, arbeite ich jetzt mit dem kleinen Concealerpinsel die Außenlinie der Lippen etwas nach, wobei ich auch kleine Korrekturen vornehmen kann. Als Nächstes gebe ich einen metallischen, reflektierenden Lippenstift auf die Lippen. Zum Schluss kommt noch ein metallischer Lipgloss darauf. Die letzten Millimeter zur Lippenlinie hin lasse ich möglichst frei von Lipgloss, um zu verhindern, dass er über den Rand hinausläuft. So wird auch die Innenseite der Lippen stärker betont.

FINISH

Nun pudere ich noch das Kinn etwas ab, um zu vermeiden, dass dort Glanzpunkte bestehen. Dann etwas Puder zwischen die Augenbrauen, auf die Stirn und die Schläfen, sodass die Haut matt wirkt und nur auf den Augen, auf den Wangen, auf der Nase und auf dem Mund Glanz liegt. Ein spannendes Nebeneinander von matt und glänzend, durch das gerade Augen und Mund betont werden.

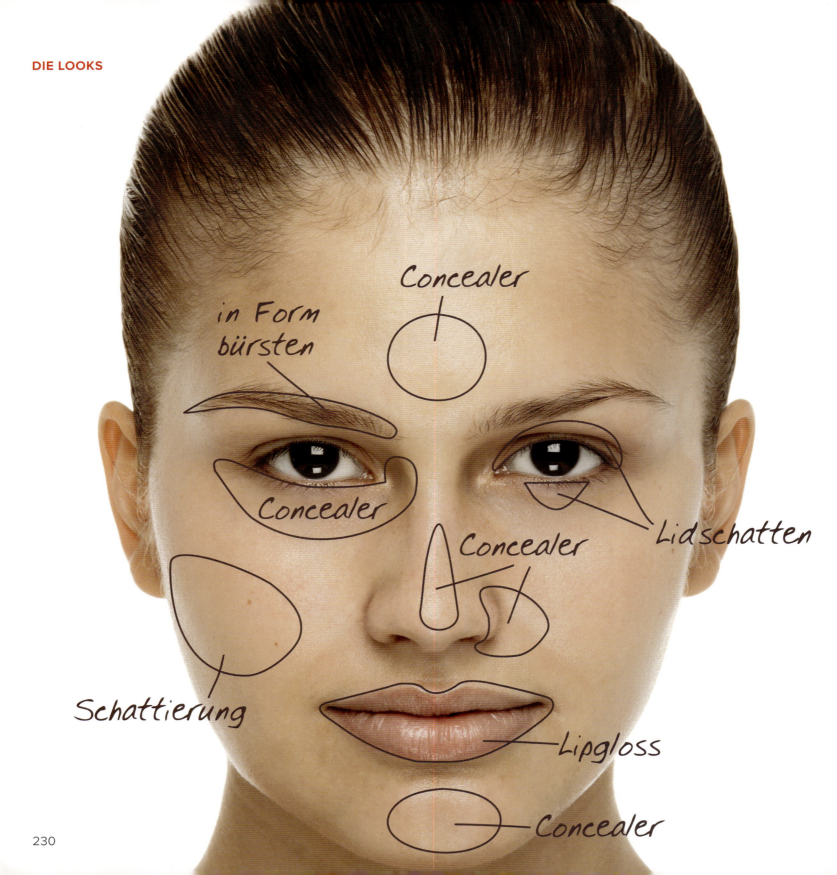

Concealer

in Form
bürsten

Concealer

Lidschatten

Concealer

Schattierung

Lipgloss

Concealer

Look 42

Bei diesem sehr klaren und natürlichen Look betone ich vor allem die Augen und setze dem ganz klaren Hautbild eine verschwimmende Farbe an den Augen entgegen. So entsteht ein faszinierender Kontrast, der dieses frische Make-up so eindrucksvoll macht und Ihnen, egal wo Sie damit auftauchen, viele Blicke sichert.

GRUNDIERUNG

Nach der Gesichtsmassage creme ich Isabells Gesicht zunächst mit einer reichhaltigen Feuchtigkeitscreme ein, um trockene Stellen auszugleichen und ein ebenmäßiges Hautbild zu erreichen, auf dem ich sehr gut weiterarbeiten kann. Dann gebe ich ausreichend Flüssig-Make-up auf die Haut und verteile es gründlich, sodass zum Hals und zu den Ohren hin keine hässlichen Ränder zu sehen sind. Bei diesem Look darf es ruhig ein bisschen mehr Make-up sein, da ich erreichen möchte, dass die Haut wirklich vollkommen ausgeglichen ist und ein bisschen kompakter wirkt, um zum Schluss einen klaren Gegensatz zu der eher diffus verarbeiteten Farbe an den Augen zu bilden. Außerdem besteht die Gefahr, dass dunkle Farbtöne unter den Augen schnell wie Augenringe wirken und ein müder, matter Gesamteindruck entsteht. Dem kann ich vorbeugen, indem ich sämtliche Schatten und Unregelmäßigkeiten verschwinden lasse und die Haut wirklich perfekt erscheinen

lasse. Um das Gesicht aber wieder etwas aufzuhellen und aufzufrischen, verwende ich unter den Augen, auf dem Nasenrücken, um die Nase herum, am Kinn und auf der Stirn ein bisschen Concealer und arbeite ihn gut in die Grundierung ein. Mit einem kleinen Concealerpinsel nehme ich dann noch etwas Concealer auf und arbeite damit die Lippenlinie von außen nach innen sorgfältig nach, um eine wunderbar klare Kontur zu erhalten. Zum Schluss gebe ich noch etwas Puder auf das ganze Gesicht.

AUGEN

Bevor ich den Lidschatten auftrage, pudere ich die Augenpartie leicht ab, damit er später besser hält. Dann gebe ich auf das komplette bewegliche Lid mit einem sanften Übergang zum unbeweglichen Lid etwas grünen Lidschatten. Auch unter dem Auge trage ich etwas Lidschatten auf, und zwar ziemlich in der Mitte, sodass der kräftigste Lidschattenpunkt genau unter der Pupille liegt. Die Farbe darf hier ruhig etwa einen halben Zentimeter unter das Auge reichen. So werden die Augen betont und erhalten gleichzeitig einen sehr aufmerksamen, beinahe schon herausfordernden Ausdruck. Um unter dem Auge eine gleichmäßige, klare Form zu erhalten, arbeite ich außen um den Lidschatten herum mit etwas Concealer. Dann nehme ich einen sauberen Pinsel und verstreiche sorgfältig die Übergänge, wodurch der Lidschatten wunderbar in Form gebracht wird.

Mit der Wimpernzange gebe ich nun noch den Wimpern den richtigen Schwung, indem ich die Wimpern gründlich mit der Zange forme. Dann tusche ich die Wimpern sorgfältig vom Wimpernkranz bis in die Spitzen.

Isabells Augenbrauen passen sehr gut zu diesem natürlichen Look, deshalb muss ich hier nicht viel machen oder verändern. Ich bürste sie lediglich etwas in Form. Perfekt!

ROUGE

Als Nächstes gebe ich mit dem Pinsel etwas Rouge unter den höchsten Punkt der Wangenknochen. Dabei setze ich den Pinsel von unten an und gehe in kleinen kreisenden Bewegungen weiter in Richtung Nase, sodass ich ganz fließende, weiche Übergänge erhalte. Die Betonung durch das Rouge liegt aber unbedingt unter dem höchsten Punkt der Wangenknochen und nicht darüber. Da ich wirklich nur sehr wenig Rouge verwende, ist dieser Rougebereich nicht wirklich zu erkennen, aber ohne die Schattierung würde dem ganzen Look etwas fehlen.

LIPPEN

Um schön voluminöse Lippen zu erhalten, verwende ich bei diesem natürlichen Look einfach nur etwas Lipgloss. Dieses Lipgloss verleiht den Lippen zum einen lang anhaltende Farbe, zum anderen einen strahlenden Glanz – die perfekte Wahl für einen verführerisch glänzenden Mund, der seine Wirkung bis zu zwölf Stunden behalten kann.

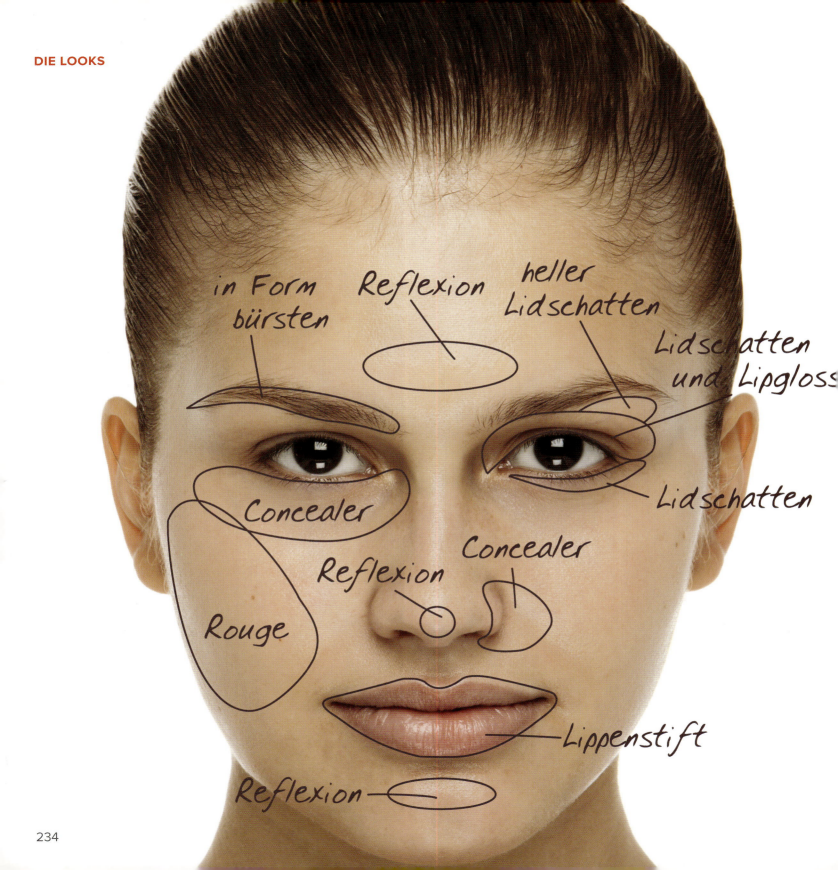

in Form bürsten

Reflexion

heller Lidschatten

Lidschatten und Lipgloss

Lidschatten

Concealer

Concealer

Reflexion

Rouge

Lippenstift

Reflexion

Look 43

Um immer genau die Wirkung zu erzielen, die Sie wünschen, müssen Sie gerade mit Glanzpunkten und bei schimmernden und glänzenden Bereichen sehr kontrolliert und genau arbeiten. Nur so wird es Ihnen gelingen, diese dann auch an der Stelle zu haben, wo sie bei dem entsprechenden Look sinnvoll sind.

Bei Isabell sehen Sie Reflexionen auf der Haut und einen glänzenden Lipgloss auf den Lidern. Sensationelle Glanzeffekte, die dieses ausgefallene Make-up gerade für den Sommer empfehlen, aber auch bei einem Fotoshooting erzielen sie damit gewiss eine große Wirkung.

GRUNDIERUNG

Um trockene Stellen auf der Haut auszugleichen und ein möglichst gleichmäßiges Hautbild zu erhalten, creme ich nach der Gesichtsmassage erst einmal Isabells Gesicht mit einer reichhaltigen Feuchtigkeitscreme ein. Dann nehme ich etwas Flüssig-Make-up und verteile es sorgfältig auf der Haut, sodass keine unschönen Übergänge oder Ränder zum Hals oder zu den Ohren hin mehr zu sehen sind. Nun bearbeite ich die Bereiche unter den Augen und an den Nasenflügeln mit etwas Concealer. So verschwinden alle störenden Schatten und Unregelmäßigkeiten und die Haut wirkt wunderbar gleichmäßig und eben. Mit einem kleinen Concealerpinsel nehme ich dann noch etwas Concealer auf und

arbeite damit sorgfältig die Lippenlinie von außen nach innen nach, um eine klare Kontur zu schaffen. Durch ein abschließendes Abpudern der Haut erhalte ich dann ein perfekt gleichmäßiges Hautbild. Beim Abpudern ist es wichtig, darauf zu achten, dass an die Stellen, an denen Reflexionen sitzen sollen – wie etwa am Kinn, an der Nasenspitze und an der Stirn –, kein Puder gelangt. Nur so bleiben die glänzenden Bereiche auf der Haut bestehen und sorgen für einen schönen Gegensatz von matt und glänzend.

AUGEN

Als Nächstes kommen die Augen an die Reihe, der absolute Hingucker bei diesem Look. Zuerst gebe ich einen pudrigen Lidschatten auf das Lid, ziehe ihn etwas über das äußere Ende des Auges hinaus und verteile auch ein bisschen Lidschatten unter dem Auge, etwa bis zur Augenmitte. Besonders kräftig ist der Lidschatten dabei um den Wimpernkranz herum, nach außen läuft die Farbe weich aus, sodass ein sanfter Übergang von Lidschatten zu Haut entsteht. Die Wimpern forme ich zunächst sorgfältig mit der Wimpernzange, danach gebe ich nur auf die oberen Wimpern Mascara. Die unteren Wimpern werden nicht getuscht. Nun geht es an die Gestaltung der Besonderheit bei diesem Look. Mit einem klaren Lipgloss setze ich glänzende Akzente auf das Lid. Doch Achtung, es ist wichtig, den Gloss nicht auf den Wimpern zu verteilen, sondern diesen nur auf das Lid zu geben. Deshalb lasse ich zum Auge hin etwa zwei bis drei Millimeter frei und setze den Gloss nur in die Lidfalte. Nach oben hin muss der Gloss weich auslaufen. Schon habe ich einen ungewöhnlichen und faszinierenden Augenglanz geschaffen (Bild rechts). Da sich die Farbintensität des Lidschattens durch den Gloss verändert, sollten Sie nicht zu viel Lipgloss verwenden, eine kleine Menge reicht vollkommen aus. Damit die Augenpartie am Ende wirklich schön klar und offen erscheint, setze ich unter die Augenbrauen noch ein Highlight mit einem Lidschatten in der Farbe der Haut.

Da ich die Augenbrauen nicht groß verändern oder bearbeiten, sondern möglichst natürlich belassen möchte, bürste ich sie nur etwas in Form.

ROUGE

In einem nächsten Schritt setze ich etwas Rouge außen an den oberen Punkt des Wangenknochens, so etwa auf Höhe des Ohres, und ziehe nach innen unten, etwa dorthin, wo das Auge beginnt. Natürlich dürfen auch hier keine harten Ränder oder Übergänge zu sehen sein. Mehr ist bei der Gestaltung dieses Looks nicht nötig, der Teint wirkt nun wunderbar frisch.

LIPPEN

Die Lippen sollen bei diesem Look eher zurückhaltend gestaltet sein und nicht besonders betont werden. Denn der Akzent liegt hier natürlich eindeutig auf den glänzenden Augen. Daher gebe ich nur etwas dezenten Lippenstift mit einem schönen Schimmer auf die Lippen.

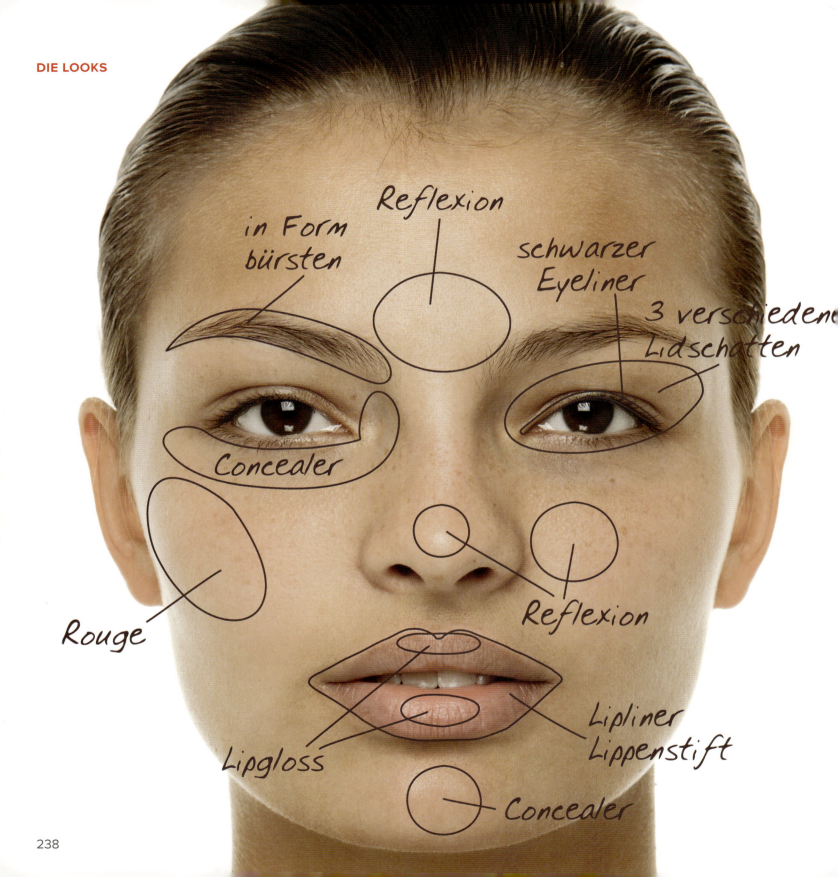

Reflexion

in Form
bürsten

schwarzer
Eyeliner

3 verschiedene
Lidschatten

Concealer

Rouge

Reflexion

Lipgloss

Lipliner
Lippenstift

Concealer

Look 44

Dieses freundliche Make-up ist ein Spiel mit der Farbpalette, bei dem alle nichtmetallischen und auch metallischen Farbtöne eingesetzt werden können, und es ist perfekt für den Alltag. Aber auch im Blitzlichtgewitter oder bei großen Auftritten fällt dieser Look ins Auge, da er sinnlich ist, zugleich aber auch selbstbewusst und feminin.

GRUNDIERUNG

Bei diesem glamourösen Look darf es ruhig ein bisschen glitzern. Bei Carols toller Haut brauche ich nur etwas Feuchtigkeitscreme auftragen und lasse die Creme vollständig einziehen. Achten Sie darauf, die Wimpern nicht mit einzucremen, da sonst später die Wimperntusche nicht hält. Nun verteile ich etwas Flüssig-Make-up auf meinen Fingerspitzen und trage es sorgfältig von der Nase nach außen auf Carols Gesicht auf. Dabei achte ich darauf, dass die Übergänge vom Gesicht zum Hals und zu den Ohren gut ineinander verlaufen und kein unschöner Rand zu sehen ist. Mit einem kleinen Concealerpinsel beginne ich, die Lippenlinie von außen nach innen nachzuziehen. So erhalte ich eine genau definierte Linie. Dabei ist es entscheidend, dass der Concealer dem eigenen Hautton entspricht. Anschließend pudere ich das Gesicht mit losem Puder ab, um das Make-up zu fixieren, und arbeite dann mit einem Concealer unter den Augen und am Kinn, um Schatten zu kaschieren und ein

schönes Hautbild zu erreichen. Dort, wo ich etwas Glanz erhalten möchte, trage ich kaum oder gar keinen Puder auf. Die kleine Reflexion zwischen den Augenbrauen öffnet das Gesicht und stellt zugleich eine Verbindung zwischen Augen und Mund her. Durch die ganzen Reflexionspunkte – zwischen den Augenbrauen, auf der Nasenspitze und neben der Nase – wirkt das Make-up schließlich sehr harmonisch.

AUGEN

Beim Augen-Make-up habe ich drei verschiedene Lidschattenfarben verwendet. Auf dem Augenbogen, also dort, wo die Lidfalte ist, trage ich mit einem flachen Pinsel einen im Vergleich zum Make-up relativ dunklen Lidschatten auf und verteile ihn von innen nach außen. Am äußeren Ende des Augenlids, unterhalb der Braue, setze ich den Pinsel erneut an – und zwar in einem 90-Grad-Winkel zum Gesicht. Dabei habe ich einen kleinen Trick: Da der flache Pinsel zwei Seiten hat, habe ich nur mit einer Seite Farbe aufgenommen. Die »leere« Seite zeigt nach unten, also zur Nase hin, und die Seite mit der Farbe zeigt in Richtung der Augenbraue. Ich drücke den Pinsel nun so auf, dass er fast in der Lidfalte verschwindet, und bewege ihn dann immer wieder hin und her. So kann ich wunderbar eine gewisse Tiefe des Auges erzielen. Auf das bewegliche Lid setze ich nun einen helleren Lidschatten: Ich ziehe ihn von ganz vorn, vom inneren Augenwinkel aus, bis ganz nach hinten zum äußeren Augenwinkel und blende die Farbe mit dem Lidschatten in der Lidfalte aus, sodass das Ganze abgedämpft ist und der Fokus auf dem inneren Augenwinkel liegt. Wenn ich solche Reflexe im Augen-Make-up haben möchte, muss ich den »Glanzpunkt« so flächendeckend wie möglich setzen, denn nur eine große Fläche reflektiert; eine ganz kleine Fläche wird nie wirklich Licht auffangen. Unter den Augen lasse ich den dunklen Lidschatten ganz sanft und weich zum inneren Augenwinkel hin auslaufen, sodass kein Anfang und kein Ende des Augen-Make-ups zu erkennen ist. Den oberen Wimpernkranz ziehe ich mit schwarzem Lidschatten nach. Dafür nehme ich etwas Farbe mit einem feinen Pinsel auf, trage den Lidstrich vom inneren bis zum äußeren Augenwinkel auf und softe das Ganze dann erneut mit dem hellen Lidschatten ab.

Bevor ich Mascara auftrage, benutze ich eine Wimpernzange – und zwar nicht nur einmal. Ich setze die Wimpernzange sehr nah am Wimpernansatz an und drücke die Zange einige Sekunden fest, aber vorsichtig zu. Anschließend trage ich die Wimperntusche oben und unten in Zickzackbewegungen vom Wimpernansatz bis in die Spitzen auf. Das Tuschen können Sie gerne wiederholen, damit die Wimpern von allen Seiten Farbpartikelchen bekommen. Die Augenbrauen bürste ich nur in Form.

ROUGE

Rouge trage ich dezent jeweils unter dem höchsten Punkt des Wangenknochens auf und lasse es zum Ohr hin auslaufen, sodass es ganz weich und harmonisch aussieht.

LIPPEN

Für die Lippen verwende ich einen Lippenstift, der schon von sich aus stark reflektiert, und ziehe die Lippen mit einem Lippenpinsel genau nach. Wer mag, kann seine Ober- und Unterlippe auch erst mit einem Lipliner in der eigenen Lippenfarbe konturieren. Der Lipliner sollte dafür aber immer gut gespitzt sein, denn nur dann können Sie eine exakte Linie ziehen. Sind die Lippen eingerahmt, trage ich den Lippenstift auf. Wichtig dabei ist, immer von außen nach innen zu arbeiten, um die Lippen optisch zu vergrößern. Zu guter Letzt setze ich noch auf dem Lippenbogen oben sowie unten auf der Unterlippe einen Glanz mit Lipgloss.

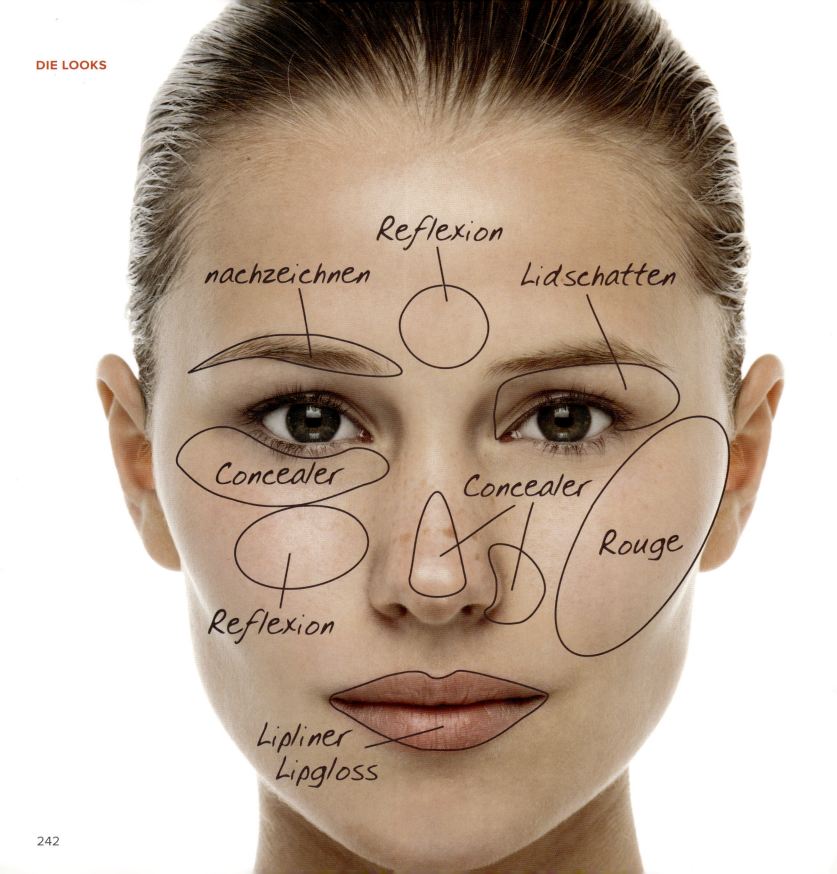

Look 45

Für die Gestaltung dieses sehr natürlichen Looks verwende ich wenig Farbe und keine aufwendigen Tricks. Umso wichtiger ist es, ein ganz klares Hautbild zu erzielen und dem ganzen Gesicht einen bezaubernden Schimmer zu verleihen. Joanas Gesicht wirkt dann vollkommen klar, offen und interessant. Natürlich muss bei einem so sauberen und strahlenden Make-up irgendein Akzent gesetzt werden, der ein bisschen Bewegung in das Ganze bringt: In diesem Fall sind das die Wimpern, die herausstechen und die Augen in den Vordergrund rücken.

GRUNDIERUNG

Der erste Schritt ist die Feuchtigkeitscreme, mit der ich das Gesicht eincreme. Danach mische ich etwas Concealer mit Feuchtigkeitscreme und setze damit einige Punkte neben die Nase und auf die Stirn, damit das Make-up am Ende möglichst lebendig wirkt. Gerade bei einem so einheitlichen, klaren Make-up ist es essenziell, durch verschiedene Texturen, den Einsatz von aufhellenden Materialien und den Gegensatz von matt und schimmernd für Bewegung und Spannung zu sorgen und das Gesicht erhaben und interessant wirken zu lassen.
Nachdem ich mit dem Concealer die Reflexionen gesetzt habe, verteile ich sorgfältig Flüssig-Make-up auf der Haut. Unter den Augen, um die Nase herum und auf der Nase arbeite ich den Concealer in die Haut ein, um eine sehr

gleichmäßige und ebene Haut zu erhalten. Mit einem kleinen Concealerpinsel und etwas Concealer arbeite ich dann die Lippenlinie von außen nach innen nach, um die Kontur zu schärfen. Abschließend pudere ich das Ganze nur sehr leicht ab, denn ich möchte die Reflexion an der Stirn und neben der Nase erhalten, und die Haut soll lebendig wirken. Der Concealer hat sich jetzt wunderbar mit dem Make-up verbunden und nach etwa zehn Minuten dringt er wieder durch das Make-up durch, sodass das Gesicht bei verschiedenen Lichteinflüssen ganz unterschiedlich wirkt.

AUGEN

Da ich bei diesem Look keine kräftige Farbe verwenden möchte, greife ich zu einem dezenten, zum Hautton passenden, schimmernden Lidschatten. Diesen trage ich gleichmäßig auf das Lid auf, von der Augenbraue bis hin zum Wimpernkranz. Zum inneren Augenwinkel hin und nach außen lasse ich den Lidschatten sanft ausblenden und quasi in der Haut verschwinden. Falls ich irgendwo etwas zu viel Lidschatten aufgetragen habe, nehme ich mit dem Finger ein bisschen Concealer auf und dämpfe den Lidschatten damit etwas ab. Bei diesem Look ist es wirklich entscheidend, dass der Lidschatten schön ausläuft, also immer weniger verwendet wird, kein Anfang oder Ende sichtbar ist, sondern lediglich ein gleichmäßiger Schimmer zu sehen ist.
Als Nächstes tusche ich die oberen und unteren Wimpern sorgfältig von den Ansätzen bis in die Spitzen. Beim Tuschen unbedingt darauf achten, dass alle Wimpern erwischt werden, gerade auch die winzigen im inneren Augenwinkel. Am äußeren Auge die obere und untere Wimpernreihe sorgfältig trennen, dazu verwenden Sie am besten ein Holzstäbchen. Die Wimpern sollen nicht ganz ordentlich und starr erscheinen, denn bei diesem so klaren Make-up sollen sie für etwas Be-

wegung sorgen. Die Augen treten nun ganz klar hervor und auch die Augenfarbe wird schön betont.

Die Augenbrauen intensiviere ich mit einem braunen Kajal, aber nicht zu stark, sondern möglichst weich. Wenn das Ganze etwas zu hart wirkt, kann ich mit einem Wattestäbchen oder einem Augenbrauenbürstchen darübergehen und den Strich etwas auflösen und weicher gestalten. Mit dem Concealerpinsel – der ist für mich irgendwie fast vergleichbar mit einem Radiergummi – gehe ich dann noch einmal um die Augenbrauen herum, damit sie ganz genau definiert erscheinen.

ROUGE

Joana hat von Natur aus sehr ausgeprägte, tolle Wangenknochen, die ich noch ein bisschen mehr hervorheben möchte. Dafür setze ich mit sehr wenig Rouge am höchsten Punkt der Wangenknochen an und ziehe Richtung Mundwinkel. Nach oben und unten lasse ich das Rouge ganz sanft und weich auslaufen.

LIPPEN

Für die Lippen verwende ich einen Lipliner in der Lippenfarbe und male sie damit komplett aus. Dann gebe ich etwas Lipgloss darauf. Durch die Verwendung des Lipliners wirken die Lippen schön definiert und der Gloss ist genau abgegrenzt. Auch ein Gloss muss ganz sauber aufgetragen werden und genau sitzen, damit er die richtige Wirkung erzeugt. Schließlich sollen die Lippen ja einladend und verführerisch glänzen.

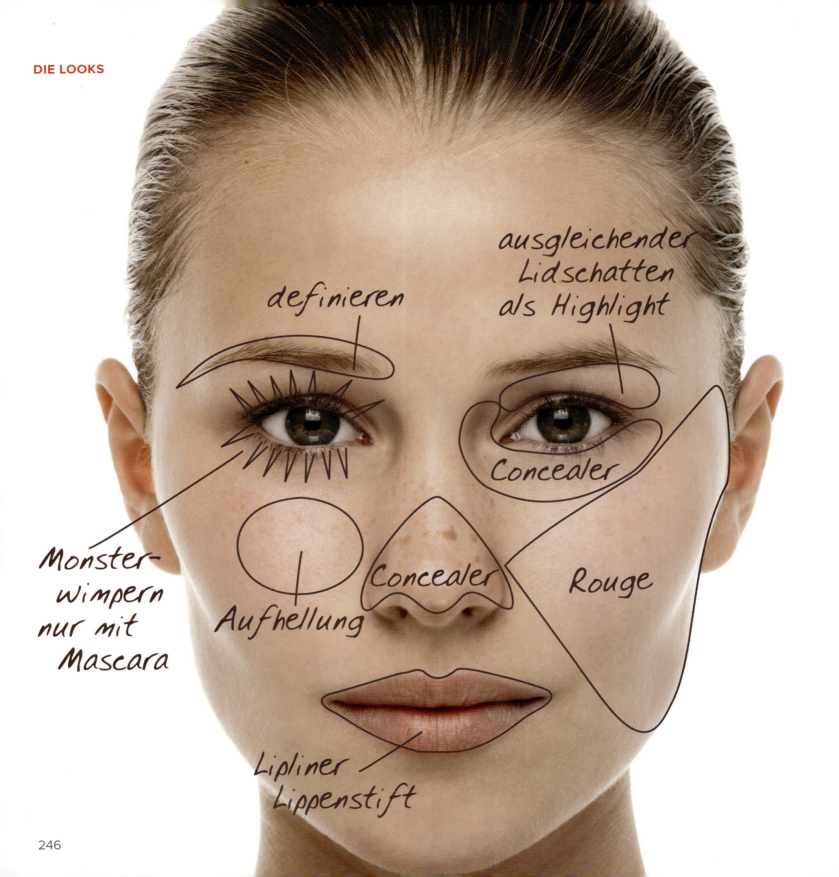

definieren

ausgleichender
Lidschatten
als Highlight

Concealer

Monster-
wimpern
nur mit
Mascara

Aufhellung

Concealer

Rouge

Lipliner
Lippenstift

Look 46

Was für außergewöhnliche Effekte Sie nur mit Wimperntusche erreichen können, zeigt dieses tolle und richtig heftige Make-up. Es sind keinerlei Kunstwimpern verwendet worden, sondern das vorhandene Material wurde nur extrem verstärkt. Dafür sollten Sie unbedingt Colossal Mascara verwenden. Auffallend ist dieser Look auf jeden Fall und daher eignet er sich auch besonders für extravagante Partys, Maskenbälle oder andere herausragende Gelegenheiten. Am besten passt dazu Kleidung aus Latex oder ein schwarzes Leder-Outfit. Perfekt für alle, die gerne mal im Mittelpunkt der Aufmerksamkeit stehen.

GRUNDIERUNG

Zunächst creme ich Joanas Gesicht mit etwas Feuchtigkeitscreme ein, um eine schöne gleichmäßige Oberfläche zu erhalten. Dann verteile ich sorgfältig Flüssig-Make-up auf der Haut, sodass keine unschönen Ränder oder Übergänge zu sehen sind. Mit etwas Concealer bearbeite ich die Bereiche unter den Augen bis in den inneren Augenwinkel hinein und auf der Nase inklusive der Nasenflügel und gleiche damit alle Schatten und Unebenheiten aus. Auch um die Lippen herum verwende ich Concealer. Die Lippenlinie ziehe ich schon jetzt ganz präzise und sorgfältig von außen nach innen mit dem Concealerpinsel nach, damit ich zum Schluss auch wirklich klar abgegrenzte, exakte Lippen erhalte. Dann pudere ich das Ganze leicht

ab. Um gerade unterhalb der Augen eine Aufhellung zu erreichen, nehme ich entweder etwas Concealer, der einen Ton heller ist als normal, oder, wenn der Effekt nicht ganz so stark sein soll, ein helles Make-up und arbeite es gut in die Grundierung ein.

AUGEN

Als Nächstes wende ich mich den Augenbrauen zu. Mit der Bürste einer ausrangierten Wimperntusche, die kaum mehr Farbe enthält, ziehe ich die Augenbrauen etwas nach, sodass sie deutlich definiert sind, aber nicht wirklich verändert werden – fertig!

Nun kommt der Lidschatten an die Reihe: Mit einem ganz neutralen Lidschatten im Hautton gleiche ich Färbungen oder Äderchen auf dem Lid aus. Ich trage ihn auf das bewegliche Lid bis hinauf zum unbeweglichen Lid auf. Unter die Augenbraue setze ich mit etwas hellem Lidschatten ein leichtes Highlight, und zwar beginne ich fast am inneren Augenwinkel und gehe außen bis zum Ende der Augenbraue.

Jetzt kommen die Wimpern an die Reihe: Als Erstes bringe ich sie mit der Wimpernzange in Form. Am geeignetsten für diese Art der Wimperngestaltung ist Great Lash oder vor allem Colossal Mascara. Ich ziehe das Bürstchen so aus der Wimperntusche, dass vorne ein kleiner Tuschefaden hängen bleibt, den ich dann direkt an der Wurzel der Wimpern ansetze. Dabei erfasse ich immer die gleiche Anzahl von Wimpern. Dann ziehe ich weiter bis in die Spitzen. Das wiederhole ich viele Male, sodass die Wimpern zum Schluss gleichmäßig zusammenkleben und einzelne Wimpernflächen bilden. Mit dieser Technik tusche ich sowohl die oberen als auch die unteren Wimpern. Das richtig hinzubekommen, ist gar nicht einfach, aber mit etwas Übung ist es machbar. Auf jeden Fall brauchen Sie wirklich viel Geduld dafür. Ich benötige pro Auge mindestens 20 Minuten. Natürlich muss das Ganze schön sauber wirken.

Sollte irgendwo ein Tupfen Wimperntusche auf die Haut gelangen, nehme ich den zum Schluss einfach mit etwas Augen-Make-up-Entferner weg.

ROUGE

Um die Wangenpartie zu gestalten, verwende ich zweierlei Rouge. Mit dem einen, dem dunkleren Ton, setze ich am höchsten Punkt der Wangenknochen an und gehe damit bis fast rauf zur Schläfe. Unter die Augen gebe ich ein frostiges, kühles, leicht schimmerndes Rouge, um dem Look etwas Kühles, Zerbrechliches, ja auch Unnatürliches zu verleihen. Die Übergänge zur Haut hin gestalte ich sehr weich und fließend.

LIPPEN

Auch die Gestaltung der Lippen ist bei diesem Look nicht schnell erledigt. Mit einem gut gespitzten Lipliner in einem kräftigen Rot ziehe ich die Lippenlinie nach, um wirklich scharfe und exakte Lippen hinzubekommen. Dann male ich die komplette Lippenfläche damit aus und pudere den Mund einmal ab. Nun ziehe ich die Lippenlinie noch einmal mit dem Lipliner nach und male auch die Fläche noch einmal damit aus. Dann pudere ich die komplette Fläche erneut ab. Im Anschluss daran gehe ich mit dem Concealerpinsel sehr vorsichtig außen an der Lippenlinie entlang und schärfe die Kontur noch mal von außen nach.
Als Nächstes gebe ich mit einem Lippenpinsel möglichst viel Lippenstift auf die Lippen. Wenn ich hier richtig viel Lippenstift verwende und damit an der Lippenlinie entlangfahre, bildet sich ein winziger Rand, der die Kontur zusätzlich schärfer erscheinen lässt. Durch diesen intensiven Auftrag bleiben die Lippen wunderbar lange schön und bilden mit dem extravaganten Augen-Make-up einen wirklich starken Look – ideal für ausgiebiges Feiern!

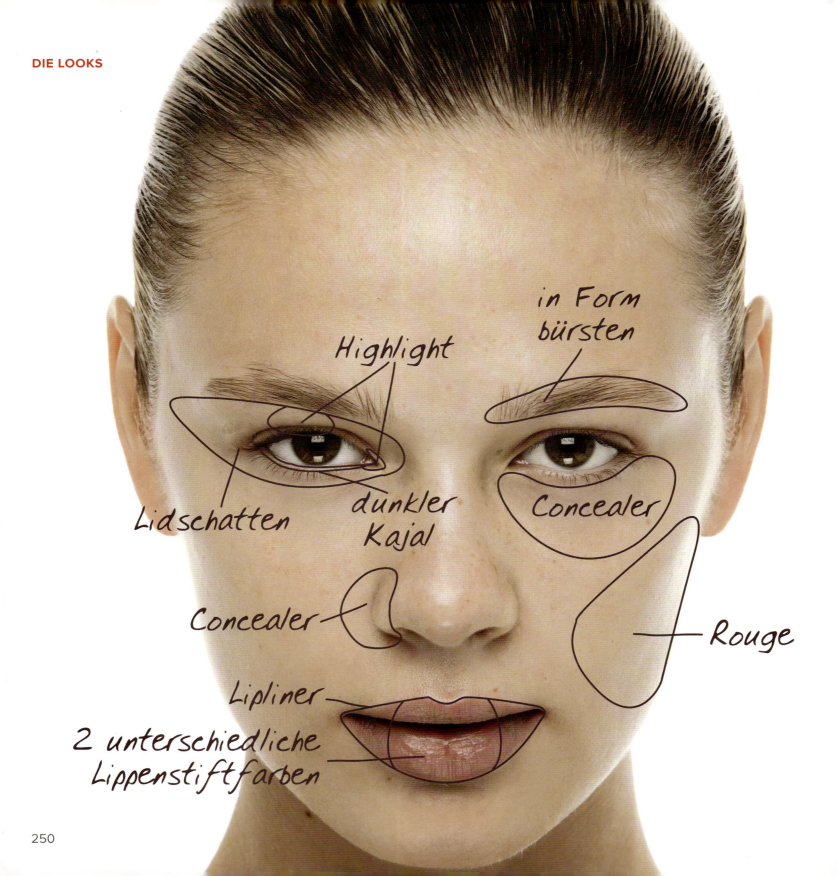

in Form bürsten

Highlight

Lidschatten

dunkler Kajal

Concealer

Concealer

Rouge

Lipliner

2 unterschiedliche Lippenstiftfarben

Look 47

Dieses sensationelle Make-up lässt das Gesicht zugleich relativ kühl und schön feminin wirken. Ein toller Look, der sicher vielen Frauen ausgezeichnet steht und mit dem Sie abends überall den perfekten Auftritt haben.

GRUNDIERUNG

Um diesen Look richtig gut hinzubekommen, ist ein sehr lebendiges und weiches Hautbild wichtig. Dazu creme ich Kristinas Gesicht zuerst einmal mit einer reichhaltigen Creme ein und verteile sofort danach Flüssig-Make-up auf der Haut: zwei Tupfen auf die Nase, drei Tupfen auf die Stirn, etwas auf die Wangen und das Kinn. Sorgfältig verarbeite ich das Make-up nun wie eine Creme unter dem Auge, ziehe es rauf bis zur Schläfe, gehe am Mund und darunter entlang, am Kinn entlang und auch unter dem Kinn zum Hals – schon habe ich eine wunderbar gleichmäßige und lebendige Basis. Wichtig dabei ist, dass keine unschönen Ränder oder Übergänge mehr zu sehen sind. Dann pudere ich das Gesicht einmal ganz leicht ab und arbeite mit dem Concealer unter den Augen und um die Nase, damit alle Schatten und Unregelmäßigkeiten verschwinden. So erhält das Gesicht eine wunderbare Lebendigkeit, die die Augen später perfekt herausstrahlen lässt. Die Lippenlinie ziehe ich von außen nach innen mit dem Concealerpinsel und etwas Concealer nach, um die Kontur zu schärfen.

Sollte die Haut an einigen Stellen noch glänzen, darf das hier gerne so bleiben. Gerade auf der Nasenspitze dürfen ruhig noch Glanzpunkte existieren, und unter die Augen setze ich noch einen ganz hellen Concealer, damit der Bereich unter den Augen und am Wangenanfang etwas heller erscheint.

AUGEN

Als Erstes setze ich einen aufhellenden Lidschatten als Highlight unter die Augenbrauen, so etwa in die Mitte. Dann gebe ich einen dunkelbraunen Lidschatten auf das komplette bewegliche Lid, aber wirklich nur auf das bewegliche Lid. Unter das Auge gebe ich auch etwas Lidschatten und schattiere die braune Farbe mit einem weichen Pinsel aus. Der tiefste Punkt des Lidschattens soll dabei genau unter der Pupille sitzen, denn das verleiht dem Augen-Make-up Harmonie. Danach kommt der grüne Lidschatten an die Reihe, hierbei achte ich ganz genau darauf, dass ich oben und unten im inneren Augenwinkel anfange. Auf das bewegliche Lid trage ich diesen grünen, reflektierenden Lidschatten in mehreren Schichten auf und schattiere nach oben hin aus. Um den inneren Augenwinkel setze ich nun mit dem aufhellenden Lidschatten ein Highlight. Unter dem Auge setze ich die grüne Farbe nur bis zur Pupille und lasse die Farbe schnell auslaufen, sodass ich gar nicht über die Pupille hinauskomme. Zum Schluss nehme ich einen dunkelgrauen Kajalstift und betone damit die Innenseite des Lides. Anschließend tusche ich die Wimpern, nachdem ich sie mit der Wimpernzange geformt habe.

Die Augenbrauen möchte ich bei diesem Look gar nicht großartig verändern, deshalb bürste ich sie lediglich etwas in Form.

ROUGE

Das Rouge setze ich auf und unter den höchsten Punkt der Wangenknochen. Mit dem Rougepinsel gehe ich von unten nach oben, beginne also unter dem höchsten Punkt des Wangenknochens, gehe dann nach oben und zur Seite und setze so den Hauptakzent. Jetzt lasse ich den Rougebereich schön weich auslaufen, sodass keine Übergänge sichtbar sind. Zum Schluss nehme ich noch ein bisschen Concealer auf den Concealerpinsel und gehe damit über das Rouge. So blende ich es noch etwas mehr aus, sodass es gar nicht mehr bewusst wahrgenommen wird, sondern der Haut nur eine absolut natürliche Frische verleiht.

LIPPEN

Mit einem Lipliner in einer kühlen Farbe ziehe ich die Lippenlinie nach und gehe dann mit einem Wattestäbchen darüber, sodass die Linie nicht mehr zu sehen ist. Dann trage ich auf die gesamten Lippen mit einem Pinsel Lippenstift auf. Dazu habe ich mehrere Farben gemischt. Jetzt noch etwas Puder darauf und mit dem Concealerpinsel die Lippenlinie von außen um die Lippen herum nacharbeiten, damit die Lippenlinie geschärft wird. Nun nehme ich erneut ein Wattestäbchen und softe die Lippenlinie damit wieder ab. Der dunkelste Bereich auf den Lippen sollte im Mund liegen. Um dies zu erreichen, gebe ich bei geschürzten Lippen genau in die Mitte, wo die Lippen aufeinandertreffen, etwas dunklen Lippenstift in einer frostigen Farbe. Dadurch erhält der Mund noch etwas mehr Lebendigkeit, mehr Struktur, mehr Volumen.

Look 48

Dieser Look wirkt sehr klar und unaufdringlich, gleichzeitig aber auch selbstbewusst und feminin. Er passt sicherlich zu vielen Gelegenheiten und lässt sich je nach Anlass und Stimmung auch ganz nach Belieben intensivieren.

GRUNDIERUNG

Zuerst creme ich Kristinas Haut mit einer Feuchtigkeitscreme ein, um sie optimal auf das Make-up vorzubereiten. Dann tupfe ich ein wenig Concealer auf die Stirn, auf den Nasenrücken und unter die Augen und verteile ihn exakt am unteren Wimpernkranz entlang, um eine harmonische und ebenmäßige Basis zu schaffen. Danach gebe ich etwas Flüssig-Make-up in meine Hände und verteile es sanft von der Nase nach außen auf dem ganzen Gesicht. Achten Sie darauf, dass Concealer und Make-up so ineinander verlaufen, dass die Konturen weich und harmonisch sind und dass keine Übergänge am Hals oder zu den Ohren hin zu sehen sind. Nun pudere ich das Gesicht ab, lasse aber den Nasenrücken aus, um dort eine Reflexion zu erhalten.

ROUGE

Das Rouge habe ich bei diesem Look als Erstes gesetzt, noch vor dem Augen- und Lippen-Make-up. Ich setze den Rougepinsel jeweils auf den höchsten Punkt des Wangenknochens und lasse das Rouge von dort aus ganz zart bis fast zur Nase hin nach vorne auslaufen. Sie können für diesen Look kühle Rougetöne verwenden, die farblich auch in das kühlere Augen-Make-up übergehen.

AUGEN

Die oberen und unteren Wimpern tusche ich nur dezent. Dann gebe ich Lidschatten auf das bewegliche Lid und lasse die Farbe weich nach oben hin zu den Augenbrauen auslaufen. In Augenhöhe blende ich Rouge und Lidschatten mit dem Concealer aus, sodass keine Übergänge zu sehen sind. Die Farbe fängt also intensiv am Wimpernkranz an und verbindet sich komplett mit dem gesamten Make-up, sodass das Gesicht am Ende perfekt modelliert ist. Eine spannende Schminktechnik, die dem Gesicht Tiefe verleiht und es trotzdem natürlich aussehen lässt. Zum Abschluss des Augen-Make-ups bürste ich Kristinas Augenbrauen mit einem Mascarabürstchen, das kaum mehr Farbe enthält, sodass sie schön definiert sind. Schon sind die Augen eine kleine Sensation!

LIPPEN

Die Lippenlinie bearbeite ich mit dem Concealerpinsel und etwas Concealer von außen nach innen, um die Kontur zu schärfen. Dann ziehe ich die Lippen mit einem Lipliner von außen nach innen nach – die Kontur muss bei diesem Look gar nicht zu exakt sein. Wichtig ist, die Kontur von außen nach innen zu ziehen, damit die Lippen optisch größer wirken. Ober- und Unterlippe male ich mit demselben Lipliner aus. Anschließend tupfe ich mit den Fingern nur ein wenig Lippenstift in derselben Farbe auf und intensiviere zusätzlich die Mitte der Unterlippe. Genau dort setze ich auch mit dem Finger und etwas Lipgloss einen Glanzpunkt.

Schön gebräunte Haut

Direkte Sonneneinstrahlung ist ja bekanntlich nicht besonders gesund für die Haut. Und gerade im Winter bekommt man oft nicht so viel Sonne ab, wie gewünscht. Deshalb sieht man dann blass und schnell auch müde aus. Eine leicht gebräunte Haut wirkt da gleich viel besser. Selbstbräuner sind eine wunderbare Möglichkeit, dem Körper in kalten Monaten ein wenig Bräune zu verleihen. Abraten würde ich auf jeden Fall davon, in ein Solarium zu gehen. Der neueste Trend aus Amerika ist die Ganzkörperbräune aus der Sprühdose. Wer abends aussehen möchte, als wäre er gerade in der Südsee gewesen, der hat hier das richtige Mittel dafür. Es ist bestens geeignet, um allgemein wach, frisch und sexy auszusehen. Bei den Ganzkörperbräunern kann man zwischen verschiedenen Farbtönen wählen, wie zum Beispiel European, Spanish oder Brasilian. Das Ergebnis ist sofort sichtbar und verstärkt sich noch innerhalb von sechs Stunden. Wichtig ist allerdings, vorher ein Ganzkörperpeeling durchzuführen, dann wird das Ergebnis noch besser. Die Nägel sollten vor einer Anwendung mit einer Feuchtigkeitscreme abgedeckt werden, ebenso die Ellenbogen und Knie, denn dort ist die Haut meist trockener und würde daher mehr Farbe annehmen. Um unliebsame Überraschungen zu vermeiden, sollte man vor dem ersten echten »Einsatz« erst einmal testen, wie die Haut auf den Selbstbräuner reagiert und das Ergebnis nach der Anwendung aussieht.

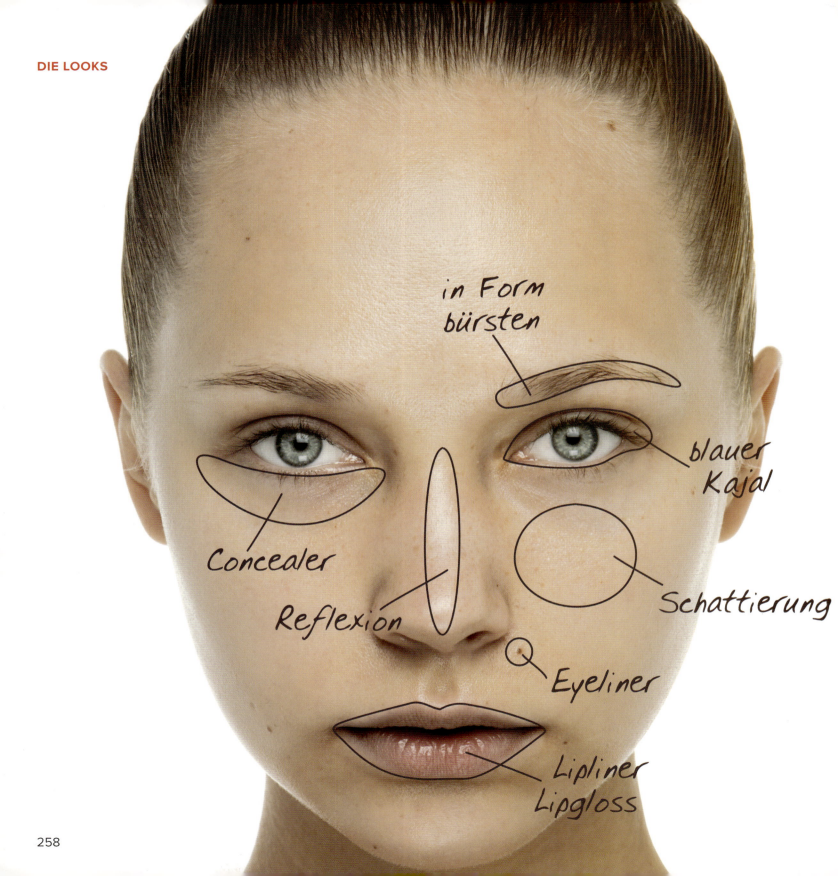

in Form
bürsten

blauer
Kajal

Concealer

Reflexion

Schattierung

Eyeliner

Lipliner
Lipgloss

Look 49

Olga ist vom Typ her eher kühl, daher lässt es sich bei ihr wunderbar mit kräftigen Farben und Kontrasten spielen, wie mit dem Schwarz bei dem Look von Seite 265 oder hier mit Blau. Gerade bei kühlen Typen mit sensationell schöner Haut und dieser Augenfarbe ist es spannend zu sehen, was passiert, wenn kräftige Akzente gesetzt werden. Im Fall von Olga lässt sich das gut an den beiden Make-ups erkennen. Zum einen sehen Sie ihr ungeschminktes Gesicht und dann sind einmal die Lippen und einmal die Augen betont. Beim Vergleich der Bilder wird deutlich, was kräftige Farben bewirken und wie sie den persönlichen Ausdruck verändern können. Der Look mit den blauen Augen wirkt sehr modern und futuristisch und ist gerade für sehr modebewusste Menschen geeignet. Da das Make-up einfach gehalten ist, geht es aber ziemlich schnell. Dennoch kann der eigene Typ durch diesen starken Akzent bewusst verändert werden.

GRUNDIERUNG

Als Erstes creme ich Olgas Gesicht mit Feuchtigkeitscreme ein und verteile dann etwas Flüssig-Make-up auf der Haut. Mit ein bisschen Concealer gleiche ich Schatten und Unregelmäßigkeiten unter den Augen aus. Den Schönheitsfleck zwischen Nase und Mund betone ich mit etwas flüssigem Eyeliner. Einfach einmal auf den Punkt

tupfen, sodass er schön intensiv wird. Auch auf den Nasenrücken gebe ich Concealer. Nun können Sie bei Bedarf das Gesicht mit losem Puder ganz leicht abpudern, nur der Nasenrücken bleibt frei, damit dort eine Reflexion zu sehen ist. Insgesamt sollten Sie nur wenig Puder verwenden, denn die Haut darf – abgesehen vom Kinn – ruhig einen leichten Schimmer aufweisen. Nun arbeite ich mit dem Concealerpinsel die Lippenlinie von außen nach innen nach, um die Kontur zu schärfen.

AUGEN

Bei der Gestaltung dieses Augen-Make-ups verzichte ich ganz auf Mascara und umrande die Augen nur mit einem blauen Kajal. Natürlich können Sie hier auch andere Farben verwenden. Am besten ist es, einfach einmal verschiedene Farben auszuprobieren und zu sehen, wie sich dies auf die Augenfarbe auswirkt und wie sich das Erscheinungsbild verändert. Durch das Blau erstrahlt das Augenweiß sehr viel weißer und obwohl die Augen etwas leerer erscheinen, wirkt der ganze Look einfach sensationell schön.
Olgas Augenbrauen bürste ich nur in Form. Wenn Sie zu dunkle Augenbrauen haben, können Sie mit etwas Flüssig-Make-up auf einem Pinsel darübergehen.

ROUGE

Bei diesem Look verwende ich einen Frostton als Rouge und schattiere damit den Wangenbereich. Dann gehe ich noch einmal mit etwas Flüssig-Make-up und Concealer darüber, damit dem Gesicht zwar Frische verliehen, aber kein konkretes Rouge erkennbar ist.

LIPPEN

Mit einem Lipliner ziehe ich die Lippenlinie nach und gebe dann nur etwas Lipgloss darauf – fertig!

Make-up für Brillenträgerinnen

Augen: Wenn Ihre Augen eher eng beieinander stehen, sollten Sie Brillen mit markanten Backen-Bügeln und einem schmalen, eher unauffälligen Nasensteg wählen. Für das Make-up empfiehlt es sich, am inneren Augenwinkel mit einem hellen Farbton zu beginnen und ab Mitte des beweglichen Lids nach außen hin dunkler zu werden.

Ist der Augenabstand weit, sollte eine Brille den Nasenbereich betonen. Beim Schminken den inneren Augenwinkel mit intensiven Farben betonen, den äußeren mit helleren und dunklen Kajal auf dem inneren Unterlid auftragen. Plus- und Minusgläser bei Weit- und Kurzsichtigkeit verändern die Augen durch die Gläser: Plusgläser vergrößern die Augen. Deshalb sollten Sie keine Schminktechniken anwenden, die das Auge noch mehr vergrößern. Am besten benutzen Sie einen dunklen Kajal für den Lidstrich und eher dunkle Erdfarben als Lidschatten. Den Lidschatten nur vom Wimpernkranz bis zur Lidfalte auftragen. Zum Schluss noch die Wimpern dunkel tuschen.

Minusgläser lassen die Augen kleiner erscheinen. Setzen Sie daher einen weißen oder hellen Lidstrich und betonen Sie den äußeren Lidrand. Um die Augen zusätzlich zu öffnen, müssen Sie den Wimpern mit der Wimpernzange einen extra Schwung verpassen. Tragen Sie hellen Lidschatten bis fast unter die Augenbrauen und in die inneren Augenwinkel auf. Statt schwarzer Wimperntusche eher eine farbige verwenden.

Nase: Haben Sie eine lange Nase, verkürzt ein eher tief liegender Steg optisch. Die schmale Nase erscheint durch eine tiefe, gerade oder nach unten akzentuierte Brücke über dem Nasensteg breiter. Bei Ihrem Make-up sollten Sie die Nase optisch verkürzen, indem Sie eher Mund oder Augen betonen. Außerdem können Sie mit dem Finger etwas Concealer auf dem Nasenrücken auftragen und so eine Aufhellung setzen. Eine eher kurze Nase ist kein Problem.

Augenbrauen: Brille und Augenbrauen sollten einen ähnlichen Schwung haben. Die Augenbrauen sollten nicht hinter dem Rahmen verschwinden, da sie dem Gesicht Struktur geben.

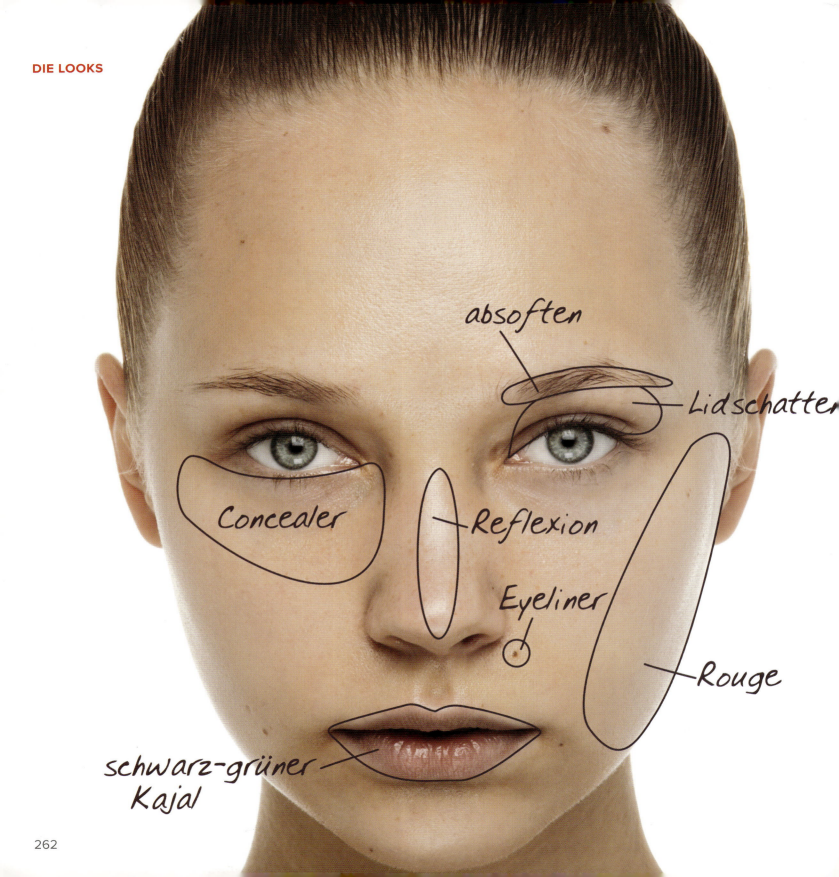

absoften

Lidschatten

Concealer

Reflexion

Eyeliner

Rouge

schwarz-grüner
Kajal

Look 50

Diesen Look mag ich ganz besonders gern. Er ist ideal für den Laufsteg, coole Partys – eben für ganz spezielle Gelegenheiten und sicherlich nicht für jeden Tag. Olga hat eine wunderbare Haut und eine schöne Augenfarbe und deshalb wollte ich ausprobieren, wie ein extrem starker Akzent auf den Lippen wirkt. Durch den grün-schwarzen Lippenstift sticht die Augenfarbe sensationell heraus – ein toller Effekt!

GRUNDIERUNG

Da das Hautbild bereits sehr fein ist, verwende ich nur sehr wenig Creme zum Eincremen, gebe nur einen Hauch Make-up auf die Haut und ganz wenig Concealer unter die Augen, um Schatten auszugleichen. Mit dem Concealerpinsel arbeite ich die Lippenlinie von außen nach innen nach, um die Kontur zu schärfen. Dann pudere ich das Gesicht einmal kurz ab. Auf den Nasenrücken setze ich mit den Fingerspitzen etwas Glanz, dazu mische ich etwas Concealer mit Feuchtigkeitscreme. Wichtig ist dabei, zwischen innerem Augenwinkel und Nasenspitze zu bleiben. Geht man hierbei noch weiter nach oben, verlängert dies die Nase, was nicht schön aussieht.

Den kleinen Punkt neben der Nase betone ich mit flüssigem Eyeliner und arbeite dann mit etwas Concealer außen herum, damit er gestochen scharf wirkt. Nun gebe ich etwas Puder darüber und tupfe noch einmal mit flüssigem Eyeliner darauf. Der Punkt soll zwar nicht hervorstechen, aber ganz deutlich abgegrenzt erscheinen.

AUGEN

Für die Augen wähle ich einen dezenten Lidschatten in der eigenen Hautfarbe und trage ihn so auf dem Lid auf, dass Färbungen oder Äderchen verdeckt werden und das Lid dadurch klar, aber ganz natürlich erscheint. Als Nächstes forme ich die Wimpern mit der Wimpernzange, tusche sie aber nicht. Für die Augenbrauen gebe ich ein bisschen Flüssig-Make-up auf einen Pinsel und softe sie damit leicht nach. Dann bürste ich sie in Form.

ROUGE

Das Rouge lasse ich von den Schläfen bis fast runter zum Kinn laufen, sodass das Gesicht noch etwas mehr Form erhält. Dabei achte ich darauf, dass keine Übergänge zu sehen sind, sondern der Bereich zwar betont wirkt, aber kein deutlicher Rougeauftrag zu erkennen ist.

LIPPEN

Die Lippen ziehe ich mit einem schwarz-grünen Kajal nach. Damit das wirklich gut und präzise wird, brauche ich sehr viel Zeit. Die Verwendung von Schwarz für die Lippenlinie ist eine schwierige Herausforderung. Allgemein gilt: Je dunkler die Farbe ist, desto genauer muss gearbeitet werden, um eine präzise Linie zu erhalten, und desto schwieriger ist es. Sie müssen wirklich Millimeter für Millimeter nacharbeiten und immer wieder kontrollieren, ob das Ergebnis passt. Schon minimale Abweichungen lassen die Lippenlinie unregelmäßig erscheinen und verderben den ganzen Look. Die perfekte Lippenlinie gelingt sicher nicht gleich beim ersten Mal, aber mit etwas Übung werden Sie es hinbekommen.

Schlupflider und Augenringe kaschieren

Schlupflider lassen die Augen oft müde und traurig wirken. Mit der richtigen Make-up-Technik lässt sich hier einiges machen.

Grundsätzlich gilt: Helle Farben heben etwas hervor, dunkle kaschieren und lassen gewisse Partien zurücktreten. Diesen Effekt kann man gerade hier sehr gut nutzen, um den Blick zu öffnen.

Ich setze einen sehr hellen Lidschatten als Highlight direkt unter die Augenbrauen. Danach muss das obere Lid optisch »geliftet« werden. Hierzu verwende ich einen dunklen Lidschatten, der gut zu sehen sein muss. Mit einem Pinsel trage ich diesen quasi auf den Knochen der Augenhöhlen auf. Für einen weichen Übergang sollten Sie die Linie sanft nach oben zu den Augenbrauen hin verwischen. Anschließend kommt auch auf das bewegliche Lid dunkler Lidschatten. Nun forme ich die Wimpern mit der Wimpernzange – das öffnet das Auge zusätzlich – und tusche sie richtig dunkel. Fertig ist das perfekte Augen-Make-up, das von dem Schlupflid ablenkt.

Augenringe lassen sich mit dem geeigneten Make-up wunderbar kaschieren. Am besten funktioniert das mit einem Concealer, der dem Hautton sehr nahe ist. Empfehlenswert ist, eher einen helleren Ton zu wählen, da ein zu dunkler Ton die Schatten noch verstärken würde.

Und so wird's gemacht: Ich setze mit dem Concealer drei Punkte unter das Auge, tupfe die Farbe dann sanft mit den Fingern von außen nach innen auf und lasse den Concealer weich auslaufen, damit keine harten Übergänge entstehen. Wer will, kann den Concealer anschließend noch mithilfe eines kleinen Pinsels mit ganz wenig transparentem Puder fixieren. Sollte es nötig sein, können Sie auch nach dem Abpudern noch mit Concealer nacharbeiten, da seine hohe Pigmentierung es erlaubt, in hauchdünnen Schichten zu arbeiten. Natürlich können Sie auch erst Make-up auftragen und dann Concealer verwenden. All diese Handgriffe beanspruchen nicht viel Zeit, zaubern aber helle und strahlende Augen – es lohnt sich!

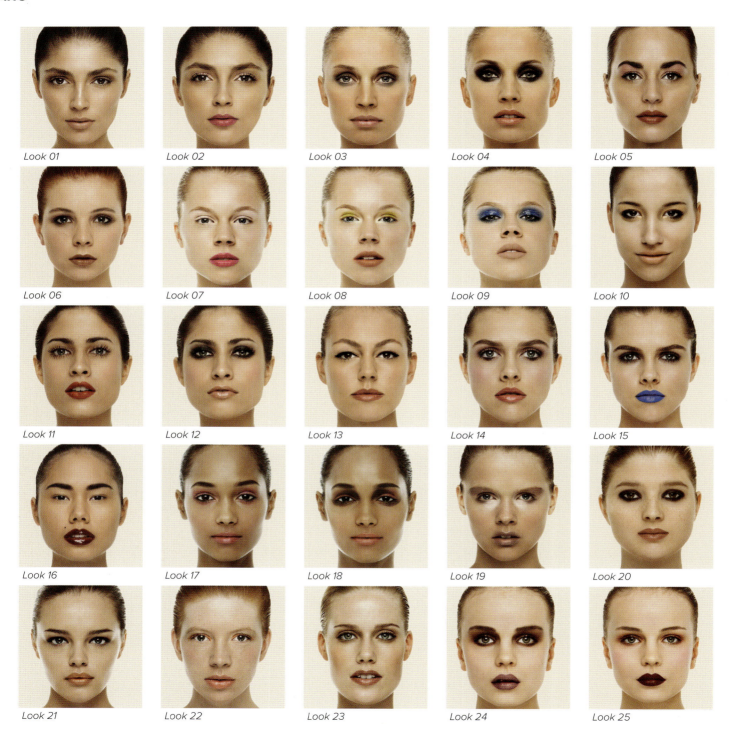

Look 01 Look 02 Look 03 Look 04 Look 05

Look 06 Look 07 Look 08 Look 09 Look 10

Look 11 Look 12 Look 13 Look 14 Look 15

Look 16 Look 17 Look 18 Look 19 Look 20

Look 21 Look 22 Look 23 Look 24 Look 25

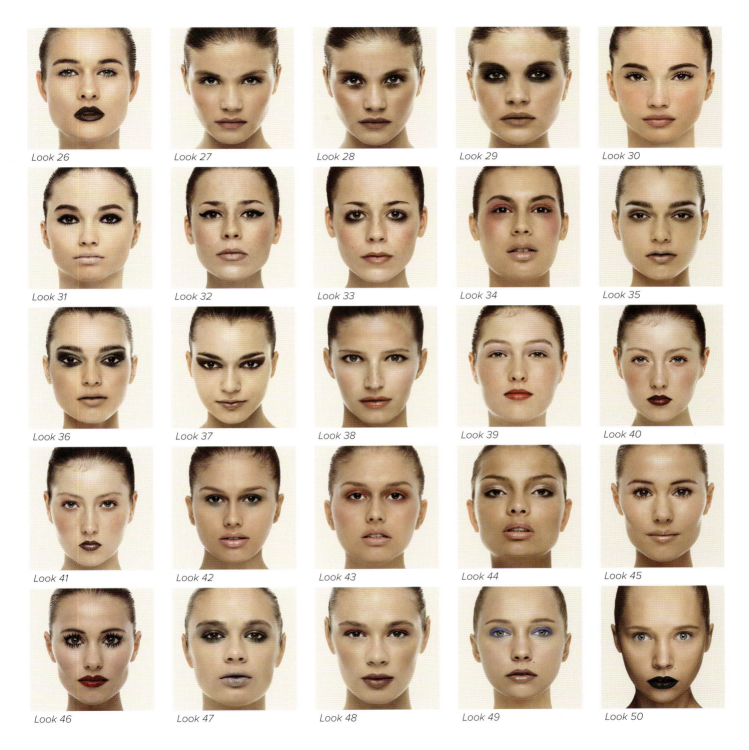

Look 26

Look 27

Look 28

Look 29

Look 30

Look 31

Look 32

Look 33

Look 34

Look 35

Look 36

Look 37

Look 38

Look 39

Look 40

Look 41

Look 42

Look 43

Look 44

Look 45

Look 46

Look 47

Look 48

Look 49

Look 50

GLOSSAR

ALLANTOIN

(auch Alantoin) Fester wasser- und fettlöslicher Stoff, der den Zellaufbau beschleunigt und bei Hautirritationen beruhigend wirkt. Allantoin besitzt auch wundheilende Eigenschaften.

ANTIOXIDANTIEN

Fangen Freie Radikale ein und wandeln sie in ungefährliche Moleküle um. Auch Radikalfänger genannt. Für die Haut wichtige Antioxidantien sind die Vitamine A, C und E, die man über die Nahrung zu sich nimmt, aber auch in Hautpflegeprodukten enthalten sein können. Auch das Coenzym Q10 wirkt antioxidativ.

ARGANÖL

Ein aus Marokko stammendes Öl, das Freien Radikalen mit vielen Antioxidantien und ungesättigten Fettsäuren den Garaus macht.

CERAMIDE

→ Lipide, die zusammen mit anderen Hautbestandteilen in der Hornschicht eine natürliche Barriere bilden und damit die Haut vor Umwelteinflüssen und dem Austrocknen schützen. Ceramide wirken als »Kittsubstanz« zwischen den Hautzellen und werden auch synthetisch hergestellt. Manche Pflegeprodukte unterstützen die Bildung hauteigener Ceramide.

COENZYM Q10

→ Q10

DNA-REPAIR

Spezielle Wirkstoffe (zum Beispiel Reispeptide) in Cremes, die die Lebensdauer der Zellen verlängern sollen und ihnen damit die Möglichkeit zur »Selbstreparatur« geben.

ELASTIN

Ist ähnlich wie Kollagen ein Faserprotein, das im Zusammenspiel mit Kollagen für die Elastizität der Haut mitverantwortlich ist.

EMULSION

Fein verteiltes Gemisch aus einer fetthaltigen und einer wässrigen Komponente, also zwei Flüssigkeiten, die normalerweise nicht mischbar sind. Dabei sind unterschiedliche Mischungsverhältnisse möglich (→ O/W-Emulsion und → W/O-Emulsion). Ein Emulgator sorgt dafür, dass sich beide Komponenten in sehr feinen Tröpfchen und dauerhaft verbinden.

FREIE RADIKALE

Entstehen automatisch bei allen Stoffwechselabläufen im Körper und in den Hautzellen, insbesondere durch die UV-Strahlen der Sonne. Auch Stress, Alkohol und Nikotin begünstigen Freie Radikale. Aufgrund ihrer Molekülstruktur greifen Freie Radikale Körperzellen, also auch die Hautzellen an und zerstören unter anderem Kollagenfasern. Dies führt zu einer beschleunigten Hautalterung. Antioxidantien können Freie Radikale unschädlich machen. Auch das körpereigene Schlafhormon Melatonin wirkt Freien Radikalen entgegen.

GELEE ROYALE

Kopfdrüsensekret der Honigbienen, mit dem die Honiglarven aufgezogen werden. Gelee Royale enthält Spurenelemente, die Vitamine A und E sowie das Provitamin B. Wirkt besonders bei empfindlicher Haut glättend und nährend.

GLYCERIN

Zählt zur Gruppe der Alkohole und wird als Hautbefeuchter in Kosmetikprodukten eingesetzt. Glycerin macht Cremes weich und streichfähig.

HARNSTOFF

→ Urea

HYALURONSÄURE

Körpereigene Substanz mit hohem Wasserbindungsvermögen, die vor dem Austrocknen schützt. Hyaluronsäure wirkt in der Haut stützend, glättend und straffend, aktiviert die Zellerneuerung und regt die Kollagenbildung der Haut an. Da der Körper mit zunehmendem Alter weniger Hyaluronsäure produziert, ist es vorteilhaft, wenn Pflegeprodukte diese Substanz enthalten. Synthetisch hergestellte Hyaluronsäure ist identisch mit der körpereigenen Substanz und wird von der Haut entsprechend gut aufgenommen.

JOJOBAÖL

Eigentlich ein Pflanzenwachs, das aus dem nussähnlichen Samen des Jojobastrauchs gewonnen und erst bei Zimmertemperatur flüssig wird. Es enthält Vorstufen der Vitamine A und E und schützt die Haut vor dem Austrocknen. Jojobaöl revitalisiert und regeneriert beanspruchte Haut und wirkt der Fältchenbildung entgegen.

KOLLAGEN

Eiweißmolekül, das ein wesentlicher Bestandteil unserer Haut ist. Kollagen verknüpft sich im Bindegewebe zu Fasernetzen und unterstützt so die Festigkeit der Haut. Mit zunehmendem Alter produziert der Körper weniger Kollagen, und die Haut verliert ihr jugendliches Aussehen.

LANOLIN

Natürliches Produkt, das aus dem gereinigten Wollfett von Schafen gewonnen wird und ideal bei trockener, spröder Haut ist. Wird in großem Umfang in der Pharmazie und Kosmetik verwendet.

LIPIDE

Sammelbegriff für ganz oder größtenteils wasserunlösliche Fette, die Bestandteil menschlicher Zellen sind und die in der Kosmetik die Haut vor dem Austrocknen schützen und sie geschmeidig machen.

LIPOSOME

Mikroskopisch kleine Fettkügelchen, die Vitamine, Feuchthaltemittel und Pflanzenextrakte durch die Hornschicht in die tiefer liegenden Hautschichten transportieren.

O/W-EMULSION

Öl-in-Wasser-Emulsion. In O/W-Emulsionen überwiegt der Wasseranteil. O/W-Emulsionen sind leicht und in erster Linie feuchtigkeitsspendend. Sie ziehen relativ schnell und ohne zu fetten in die Haut ein. Empfehlenswert für jüngere, normale und fettige Haut.

PANTHENOL

Auch Provitamin B_5 genannt. Verbessert die Regenerationsfähigkeit und Wundheilung der Haut nach Schädigungen und wirkt entzündungshemmend. Panthenol besitzt eine gute feuchtigkeitsspeichernde Wirkung, macht die Haut geschmeidig und elastisch.

Q10

Körpereigene fettlösliche, antioxidativ wirkende Substanz, die bei der Energiegewinnung der Zellen eine wichtige Rolle spielt und dafür sorgt, dass gerade alternde Zellen kein Energiedefizit aufbauen, also ihre Regenerationsfähigkeit erhalten. Das Coenzym Q10 ist in zahlreichen Hautpflegeprodukten enthalten und aktiviert die Aufbauleistungen der Hautzellen, was sich in einer reduzierten Faltentiefe bemerkbar macht.

RADIKALFÄNGER

→ Antioxidantien

RETINOL

Heißt auch Vitamin A_1 und regt die Zellen des Bindegewebes zur Eiweißsynthese an, was zu mehr Festigkeit führen und die Hautalterung verlangsamen kann.

SEIDENPROTEINE

Werden aus echten Seidenfasern hergestellt und bestehen aus einer Eiweißkörpergruppe, die im Aufbau der menschlichen Haut und dem Bindegewebe ähnelt. Seidenproteine regulieren das natürliche Feuchtigkeitsgleichgewicht der Haut, schaffen ein geschmeidiges Hautbild und mildern Fältchen.

SHEABUTTER

Wird aus den Nüssen des afrikanischen Karitébaumes gewonnen, auch als Karitébutter bekannt. Sheabutter enthält viel Vitamin E, Karotin und → Allantoin und wird deshalb für die Herstellung pflegender Cremes verwendet.

UREA

Synthetisch hergestellter Harnstoff, der als wichtigster Feuchtigkeitsfaktor in Kosmetikprodukten gilt.

W/O-EMULSION

Wasser-in-Öl-Emulsion. In W/O-Emulsionen überwiegt der Ölanteil. Sie regulieren den Fett- und Feuchtigkeitsbedarf der Haut und bilden eine reichhaltige, langanhaltende Schutzschicht, die die Haut intensiv pflegt und vor dem Austrocknen bewahrt. Empfehlenswert für trockene Haut.

REGISTER

Fett gedruckte Seitenzahlen verweisen auf Abbildungen.

ADRESSEN

BrandFaktor
Die Markenmacher
Sigrid Engelniederhammer
Augsburgerstraße 12
80337 München
www.brandfaktor.com

dirk schmidt photography
Lange Reihe 27
20099 Hamburg
www.dsphotos.de

Andreas Doria Postproduction
repräsentiert von upfront
Schlüterstraße 81
20146 Hamburg
www.andreasdoria.de
www.upfront.de

Parfümerie Schöner
Film- und Theaterschminke
Thiereckstraße 4
80331 München
www.parfuemerie-schoener.de

Adam & Eve Beautylounge
Steinwegpassage 5 & 28
20355 Hamburg
und
Mühlenkamp 13
22303 Hamburg
www.adameve-hamburg.de

MODELAGENTUREN

Body & Soul
Mittelweg 22
20148 Hamburg
www.bodyandsoul-models.de
Models: Carina Tank
und Christa Verboom

**Model Management
Heidi Gross GmbH & Co. KG**
Hartungstraße 5
20146 Hamburg
www.model-management.de
Models: Dalia Günther
und Carolin Rahn

Mega Model Agency
Kaiser-Wilhelm-Straße 93
20355 Hamburg
www.megamodelagency.com
Models: Laura Birkholz, Sarah
Chinerman, Isabell Rist, Alina Schütz,
Elena Weidemann und Nicole Wronski

m4models management gmbh
Rothenbaumchaussee 79
20148 Hamburg
www.m4models.de
Models: Julia Glaser, Jessica Kruse,
Olga Simon und Cynthia van Strate

md management
Eppendorfer Weg 213
20253 Hamburg
www.md-management.com
Models: Natalia Gal
und Carol Remer

Modelwerk Modelagentur GmbH
Rothenbaumchaussee 1
20148 Hamburg
www.modelwerk.de
Models: Alina Damitz, Kim Glaser,
Amina Gerlach, Johanna Kehlbeck,
Kristin Schoenig, Kristina Scerbakova,
Joana Schünemann, Natalie Soetedjo,
Sina Studt und Greta Warnken

4play Model Management
Gasstraße 4
22761 Hamburg
www.4playhamburg.de
Models: Mira Gestalter, Kairit Krass,
Angelica Lagator und Johanna
Wiemann

**VON BORIS ENTRUP
BEREITS ERSCHIENEN:**

Schön mit Boris Entrup
Beauty-Tipps vom Starvisagisten
riva Verlag
136 Seiten
19,90 €